신흥평화의 세계정치

개념과 사례의 탐색

신흥평화의 세계정치

개념과 사례의 탐색

2023년 6월 23일 초판 1쇄 인쇄
2023년 6월 30일 초판 1쇄 발행

엮은이 김상배
지은이 김상배·전재성·민병원·윤정현·송태은·이승주·조한승·정헌주·이신화

편집 김천희
디자인 김진운
마케팅 김현주

펴낸이 권현준
펴낸곳 (주)사회평론아카데미
등록번호 2013-000247(2013년 8월 23일)
전화 02-326-1545
팩스 02-326-1626
주소 03993 서울특별시 마포구 월드컵북로6길 56
ISBN 979-11-6707-112-5 93340

이 저서는 2022년 서울대학교 국제문제연구소의 지원을 받아 수행된 연구임; 이 저서는 2020년 대한민국 교육부와 한국연구재단의 지원을 받아 수행된 연구임(NRF-2020 S1A3A2A01095177).

신흥평화의 세계정치

개념과 사례의 탐색

김상배 엮음

김상배·전재성·민병원·윤정현·송태은·이승주·조한승·정헌주·이신화 지음

사회평론아카데미

머리말

『신흥평화의 세계정치: 개념과 사례의 탐색』이라는 제목을 내건 이 책은 2022년 서울대학교 국제문제연구소에서 진행한 연구 프로젝트의 결과물이다. 국제문제연구소는 2010년대 중반부터 신흥안보(emerging security) 연구를 진행해 왔다. 사이버·데이터 안보와 보건·환경안보, 그리고 미래전(未來戰)의 도래라는 맥락에서 보는 신흥기술 안보 등의 주제를 다루고 있다. 이 책은 기존의 신흥안보 연구의 방향을 조금 조정하여 '신흥평화(emerging peace)'를 주제로 시작된 연구의 첫 시도이다. 전통안보론을 넘어서는 새로운 안보 연구의 지평을 열어간다고 하면서 평화를 보는 시각을 '전통평화론'의 테두리 안에만 가둬 둘 수는 없다는 문제의식의 발로이다. 비유컨대 새 술을 헌 부대에 담을 수는 없는 노릇이다. 이 책을 시작으로 하여 앞으로 국제문제연구소는 신흥안보 연구와 짝을 맞추어 신흥평화에 대한 이론적·경험적·실천적 고민을 펼쳐보려고 한다.

이 책에서 시도한 신흥평화 연구는 코로나19 위기가 막바지에 이르렀던 2022년에 줌(ZOOM) 화상회의로 진행된 집합지성(collective intelligence)의 과정을 통해서 생산되었다. 2021년 12월 27일 첫 세미나에서 개념적 지평의 설정과 경험적 사례의 선정을 위한 논의를 벌이고, 2022년 1월에 서울대학교 국제문제연구소에서 발간한 이슈브리핑 특집호에 일부 챕터의 초기 버전과 함께 필진이 모두 참여하여 벌인 라운드테이블 토론의 내용을 담았다. 이후 2022년 상반기 '신흥평화 공부 모임(일명: 신평공)'이라는 이름으로 준비세미나를 진행했고, 2022년 하반기에는 필자들이 준비한 초고를 토대로 중간발표회를 개최했으며, 2022년 12월 2-3일에 개최된 한국국제정치학회 연례학술회의에서는 "신흥평화의 세계정치: 개념과 사례의 탐색"이라는 주제로 학술회의를 구성하여 연구의 결과를 학계에 소개했다. 이러한 작업의 결과가 오늘에 이르러 아홉 편의 원고로 이 책에 실리게 된 것이다.

　제1부 '신흥평화의 개념'에는 신흥평화에 대한 개념적이고 이론적 논의를 담은 세 편의 글을 실었다.

　제1장 "신흥평화의 개념적 탐구: '창발(emergence)'의 시각에서 본 평화 연구의 새로운 지평"(김상배)은 평화 연구의 새로운 지평을 여는 차원에서 '신흥평화(emerging peace)'의 개념을 탐구하였다. '신흥안보(emerging security)'로 대변되는 새로운 안보위협의 도전에 직면하여, 최근 안보 분야에서는 새로운 이론적 시각을 도입한 연구가 활발히 진행되고 있지만, 평화 연구는 여전히 전통적 시각에만 머물러 있다는 문제를 제기하였다. 실제로 탈냉전 이후 평화 연구는 괄목할 만한 이론적 혁신을 이루지 못한 채 다소 정체된 감이 없지 않다. 안보 연구 분야 못지않게 평화 연구 분야에서도 시대적 환경의 변화에 걸맞은 새롭고도 적극적인 연구를 펼칠 필요가 있다. 이러한 문제의식을 바탕으로 이 글은 복잡계 이론(Complexity Theory)의 시각, 특히 '창발(創發, emergence)'의 개념을 원용하여 신흥평화의 개념을 세 가지 차원에서 탐구하였다. 첫째, 신흥평화는 전통안보가 아닌 '새로운(new)' 분야, 특히 '신흥안보 분야'에서 거론되는 평화를 의미한다. 둘째, 신흥안보 분야의 평화는 전통적인 평화 연구가 상정했던 '정태적 상태'의 개

넘이 아니라 정중동(靜中動)과도 같은 '동태적 과정'으로 보아야 하는 개념이다. 끝으로, 신흥평화는 안보위협의 창발에 대해서 환원적 제어를 부과하는 상호작용, 즉 자기조직화의 메커니즘에서 생성되는 '항상성(恒常性)'의 개념을 통해서 이해해야 한다. 이렇게 세 가지 차원에서 이해한 신흥평화는 '창발'의 다의성에 주목한 개념설정으로 각기 분리된 양상이라기보다는 서로 중첩되는 복합적이고 축차적인 현상이라고 할 수 있다. 이렇게 신흥평화 개념의 '삼면성(trinity)'을 이해하려는 시도는 실증주의 과학철학에 기반을 둔 단순계적 인식론을 넘어서는 노력과 병행될 필요가 있다. 이러한 개념적 논의를 바탕으로 오늘날 안보현실의 변화에 대응하는 신흥평화의 실천전략에 대한 구체적인 고민도 함께 이루어져야 할 것이다.

　　제2장 "탈냉전의 종식과 우크라이나 전쟁 전후 세계질서의 변화와 신흥평화의 가능성"(전재성)은 2022년 2월 24일에 발발한 우크라이나 전쟁을 계기로 보는 신흥평화의 가능성을 살펴보았다. 우크라이나 전쟁은 전통안보를 둘러싼 갈등과 질서의 변화가 신흥안보를 둘러싼 협력의 흐름을 제압하고 다시 국가 중심, 그리고 군사력 중심의 시대를 만들고 있다는 전망을 제시하고 있다. 과연 앞으로의 시대가 평화의 시기가 될지, 신흥안보의 다양한 문제들이 전통안보를 둘러싼 흐름을 변화시킬 수 있는 시대가 될지 살펴볼 필요가 있다. 현재의 시대는 전통안보와 신흥안보, 전통적 의미의 평화와 신흥평화를 구별하기가 점점 어려워지고, 양자의 영역이 융합되어 가고 있어서 기존의 분류가 현실에서 무의미해질 정도로 복잡해지고 있다. 시대의 변화 역시 단순히 미국 단극구조에서 미중 전략 경쟁이라는 세력배분 구조의 변화가 아니라, 기존의 자유주의 규칙기반 질서의 약화, 이를 뒷받침하는 기본 규칙들의 위배 및 약화 현상이 나타나고 있다. 세력전이가 아니라 질서

의 전이이며, 국가의 권능이 약화되는 복합거시이행의 시대라고 할 수 있다. 그런 의미에서 탈냉전기의 종식, 혹은 탈탈냉전기의 도래는 명확히 하나의 논리로 규정하기 어려운 상황에 있다. 그 속에서 평화의 의미를 밝히는 일은 실로 어려운 학문적, 개념적 도전이라고 본다. 전통적 평화와 신흥평화의 구분뿐 아니라, 소극적 평화, 안정적 평화, 적극적 평화 등 기존의 개념을 모두 새롭게 정의할 필요가 있다. 신흥영역의 평화를 확보하기 위해서는 현재 일어나고 있는 국제질서 전반의 변화, 그리고 전통안보이슈에서의 변화를 함께 고찰해야 하며 이들 분야의 안보가 평화와 어떻게 연결되는지 중요한 문제이다. 이러한 맥락에서 본 제2장은 현재 벌어지고 있는 현상들을 추적하고 개념화하는 노력을 통해 평화의 개념을 파악하려는 시도이다.

제3장 "평화의 형이상학과 경합주의적 개념화: 국제정치의 이론적 기초"(민병원)는 '신흥평화'라는 개념화 작업의 기초로서 기존의 평화 개념이 담고 있는 본질적인 측면을 부각하고, 이를 통해 새로운 평화 개념의 가능성을 타진하였다. 1970년대 이후 평화를 새롭게 개념화하려는 추세가 나타나기 시작했는데, 이는 냉전과 데탕트를 거치는 시대적 변화를 기반으로 한다. 이는 전통적인 전쟁 상태에 대한 대응 개념으로서 평화의 구조적 측면을 강조하였고, 개념의 적용 범위를 확장한 '적극적 평화'를 널리 유행시켰다. 제3장은 현실정치의 변화를 배경으로 하여 전개되어온 평화 개념의 확대가 어떻게 이루어져 왔고, 또 무엇을 그 이론적 핵심으로 하는지 살펴보았다. 이러한 작업을 위해 제3장은 평화 개념의 형이상학적 전제조건을 분석하고, '상태로서의 평화' 개념이 적과 상대의 다원적 존재를 제대로 인정하지 않는다는 점에서 '정치적인 것'의 핵심적인 모습을 담아내지 못하고 있음을 비판한다. 아울러 대안으로서 제기되고 있는 '과정으로서의 평화' 개념을

부각시킴으로써 이 개념의 형이상학적인 변환을 시도한다. 이를 통해 그동안 평화 개념을 설정하는 준거였던 자유주의적 접근의 한계를 넘어 평화가 어떻게 경합주의적으로 이해될 수 있는지, 그리고 평화가 어떻게 '잠정협정'이라는 과정적 개념으로 재정립될 수 있는지를 살펴보았다.

제2부 '신흥평화의 사례'는 이 책에서 제시한 신흥평화의 개념을 검토하는 차원에서 사이버 평화, 인공지능 평화, 공급망 평화, 보건 평화, 환경 평화, 난민·이주 평화의 여섯 가지 사례를 살펴보았다.

제4장 "신흥안보와 사이버 평화론"(윤정현)은 현재 사이버 공간에서는 소극적 의미에서부터 적극적이고 포괄적인 의미에 이르기까지 사이버 평화 개념을 둘러싼 다양한 해석이 존재하고 있다는 지적에서 시작한다. 중요한 점은, 사이버 공간이 창출된 이후로 인류가 영위하는 온라인 활동 범위가 비약적으로 확장되었으며, 이에 따라 '안전하고 평화적인 사이버 공간'이 갖는 포괄적 의미 역시 한정하기 어려워지고 있다는 점이다. 특히, 증대되고 있는 '신흥안보' 이슈의 부상은 사이버 공간의 평화 개념을 어디까지 확장할 것인가에 지대한 영향을 미치는 주요 변수로 자리 잡고 있다. 특히, 가상과 현실이 융합하고 이슈 간 경계를 허물고 있는 사이버 공간의 진화는 사이버 안보뿐만 아니라 사이버 평화의 개념에 대해서도 새롭게 접근해야 할 필요성을 제기한다. 물리적 세계에서 전통적으로 통용되던 적극적, 소극적 차원의 평화 논의를 넘어, 사이버 공간의 확장이 갖는 경계 구분의 초월성, 이슈 연계 측면의 파급력, '과정'으로서의 사이버 평화 지향이 그것이다. 이러한 접근은 신흥안보 시대의 대안적 사이버 평화론을 위한 첫걸음이 될 것이다.

제5장 "알고리즘 평화: 알고리즘 대 알고리즘의 대결"(송태은)은

인공지능 알고리즘에 대한 논의와 신흥평화의 논의를 접맥하였다. 현재 전방위로 심화되고 있는 미·중 기술패권 경쟁과 진영 간 경쟁, 그리고 장기화되고 있는 우크라이나 전쟁에서 본격적으로 사용되기 시작한 신무기와 국가 간 신무기 개발 경쟁은 과연 신흥기술이 세계평화에 기여할 수 있을지에 대한 심각한 의문을 제기하고 있다. 이러한 맥락에서 정보와 커뮤니케이션, 경제, 산업, 군사 영역, 뇌과학과 심리학 등 전방위로 적용되고 있는 신흥기술의 핵심인 인공지능 기술이 평화와 분쟁에 끼치는 영향을 살펴보는 것은 알고리즘 평화의 작동 방식을 예측하는 데에 중요한 통찰력을 제공한다. 제5장에서는 ① 알고리즘에 의한 사이버 공간 방어, ② 알고리즘에 의한 치안과 평화유지 활동, ③ 알고리즘에 의한 비확산·군축, ④ 알고리즘에 의한 공급망 보호와 군사적 의사결정의 관리 등 네 개 주제를 통해 신흥평화로서의 '알고리즘 평화(algorithm peace)'의 의미를 논하였다.

제6장 "공급망 재편의 정치경제와 신흥평화"(이승주)는 코로나19 이후 빠른 속도로 진행되고 있는 공급망 재편의 맥락에서 신흥평화를 다루었다. 코로나19는 공급망의 취약성을 적나라하게 드러냈을 뿐 아니라, 공급망 교란의 피해를 기업은 물론, 일반 소비자들도 직접적으로 경험하는 결정적 계기가 되었다. 세계 주요 기업들이 기업 전략 차원에서 공급망 재편을 서두르는 배경이다. 또한 코로나19의 세계적인 확산 과정에서 가속화된 미중 전략경쟁은 기업 전략 차원을 넘어, 국가 전략 차원에서 공급망 재편에 대응해야 할 필요성을 증대시키고 있다. 공급망 재편은 기업 전략과 국가 전략의 교차점에 있다. 공급망 재편의 방향, 속도, 범위 등을 둘러싸고 기업 전략과 국가 전략이 일치하기도 하나, 때로는 양자 사이에 상당한 간극이 존재하기도 한다. 특히, 주요국들은 공급망의 재편 과정에서 리쇼어링 또는 가치를 공유하는 국가들

과의 제한적 협력에 초점을 맞추는 경향을 보이고 있다. 공급망의 재편이 안보화되는 과정을 거치는 것이다. 기업과 국가가 공급망의 안정이라는 목표를 공유하면서도, 구체적인 실현 방법과 수단을 확보하는 데 있어서 긴장 관계를 형성하는 것은 이 때문이다.

제7장 "보건의 평화: 보건위기 극복과 지속가능한 보건 평화의 모색"(조한승)은 보건안보 이슈와 신흥평화의 개념을 연결하는 시도를 펼쳤다. 그동안 보건은 국제정치학에서 중요한 어젠다가 아니었으나, 코로나 팬데믹에 의한 전대미문의 혼란을 경험하면서 국제적인 평화와 안정을 이루기 위해서는 무엇보다 집단으로서의 인류가 건강하게 살아가는 것이 필수적임을 확인할 수 있었다. 특히 복잡한 행위자·이슈 네트워크를 거치면서 미시적 안전문제가 거시적 안보위협으로 창발한다는 신흥안보 개념은 보건이슈를 안보와 평화의 중요한 논의 대상으로 만들었다. 당면한 글로벌 보건위기 상황에서 보건 평화의 모색은 보건안보 위협의 창발을 끊기 위한 신속한 방역과 치료에서 시작할 것이다. 당면한 위기로부터 보건의 평화를 되찾기 위해 백신의 공평한 접근과 감염병 위기 대응의 국제규범을 형성하기 위한 노력이 글로벌 차원에서 전개되고 있다. 하지만 보건의 평화가 팬데믹 극복을 넘어 지속가능하기 위해서는 방역과 치료와 같은 소극적 접근만으로는 부족하다. 보건위기의 위험이 잠재해 있는 열악한 보건의료 환경의 로컬 수준에서 구조적인 조건을 개선하고 지도자와 주민의 보건안보에 대한 인식을 제고하는 적극적인 노력이 수반되어야 한다. 이를 위해서는 국가들이 보건협력의 비용과 혜택을 공공재 관점에서 장기적으로 평가할 수 있도록 설득하는 것이 필요하다. 아울러 보건위기에 의한 집단적 불안감이 정치적 선동과 불필요한 경쟁을 불러일으키지 않도록 글로벌 보건 규범과 제도가 과학적 전문성에 의해 뒷받침되도록 하는 것도

보건의 평화 연구가 다루어야 할 과제이다.

　제8장 "환경과 신흥평화: 다양한 경로를 찾아서"(정헌주)는 신흥 안보의 주요한 이슈로 부상한 기후변화와 환경악화가 역설적으로 평화를 촉진할 가능성을 살펴보고 그 구체적 경로를 탐색하였다. 기존의 평화에 대한 논의는 한 국가 혹은 정치공동체의 생존과 이익에 반하거나 상충하는 타자를 상정하고 이들 사이의 안정적 상태 구축·유지 및 적극적 평화의 가능성을 탐구하였다. 하지만, 기후변화 등 환경문제는 이러한 인간중심적, 특히 국가중심적 안보와 평화가 아닌 비인간, 비국가 행위자를 평화 논의의 중심에 위치시킨다는 점에서 기존의 논의와 차별적이다. 또한, 기후변화는 그 일상적·파국적 효과를 통해서 인류가 서로 연결되어 있으며, 자연과도 연결된 운명공동체라는 점을 자각한 행위자의 정체성과 행동 변화를 가져오고, 이러한 인식과 실천이 누적되어 질적 변화가 창발할 가능성, 즉 신흥평화를 초래할 가능성이 있다. 이러한 가능성을 탐색하기 위해 제8장은 기후변화와 평화가 연계되는 세 가지 구체적 경로를 제시한다. 첫째, 기후변화·환경악화가 분쟁 당사자의 인식, 역량과 이들에게 가용한 자연자원에 변화를 가져와 분쟁 해결과 평화구축이 기여하는 경로이다. 둘째, 기후변화·환경악화가 확산, 제도 구축, 인식과 정체성 변화, 기술혁신이라는 우회로를 통해서 평화에 이르는 경로를 논한다. 세 번째 경로는 환경이 도구이자 목적으로서 인간 행위자 사이의 평화뿐만 아니라 인간과 자연환경 사이의 평화에 이르는 가능성을 살펴본다. 기후변화·환경악화가 평화에 이르는 경로는 매우 복잡하고 울퉁불퉁하며, 때로는 막혀 있을 수도 있지만, 그 경로를 찾는 행위자들의 끊임없는 노력과 예측할 수 없는 동태적 변화의 가능성은 기후변화가 신흥안보뿐만 아니라 신흥평화의 중요한 원천이 될 수 있음을 보여준다.

　　제9장 "신흥평화 연구로서의 인권과 난민·이주"(이신화)는 안보의 개념과 이슈와 특성이 전통적 군사 영역으로부터 확대되고 있는 국제관계에서 평화 연구도 전통안보의 시각에서만이 아니라 포괄적 안보, 특히 신흥안보 영역에서의 평화 개념이 무엇이고 평화에 대한 새로운 접근이나 담론을 모색할 필요가 있다는 문제제기에서 시작한다. 신흥평화 개념은 분쟁 해결, 인간안보 또는 평화구축과 같은 평화의 특정 측면에 더 초점을 맞출 수 있다. 예를 들어 안보(혹은 신흥안보) 측면에서의 분쟁 해결은 협상과 타협을 통해 평화적으로 갈등을 해결하는 데 초점을 맞추지만, 인간안보 측면에서의 신흥평화는 폭력과 불안으로부터 개인과 공동체를 보호하는 것을 강조한다. 제9장은 탈냉전기 이후 비전통안보나 인간안보 차원에서 논의되어온 인권과 난민·이주 이슈가 새삼 왜 신흥안보 이슈이며, 이러한 신흥안보의 틀 속에서 무엇이 진정한 '평화 상태'인지 살펴볼 것이다. 난민과 이주민 문제는 사회적 공존이 궁극적인 평화의 기초가 된다는 국내외적 합의가 중요한데, 이는 유사입장국들과 그렇지 않은 국가들 간 대화와 설득 및 상호 인정과 이해의 과정을 요구한다. 이를 위해 중간적 균형점을 찾는 노력을 통해 신흥평화의 조건형성 가능성을 높이는 노력이 민관학 차원에서 동시에 이루어져야 할 필요가 있다.

　　이 책이 나오기까지 도움을 주신 많은 분에 대한 감사의 말씀을 잊을 수 없다. 특히 이 책에 담긴 연구의 수행에 참여해 주신 여덟 분의 필자들께 감사의 마음을 전한다. 2022년 12월 2-3일에 개최된 한국국제정치학회 연례학술회의에서 사회자와 토론자로 참여해 주신 선생님들께 대한 감사의 말씀도 빼놓을 수 없다. 직함을 생략하고 가나다 순으로 언급하면, 강선주(국립외교원), 김유은(한양대), 김지영(한양대),

김태현(중앙대), 박영준(국방대), 신상범(연세대), 양종민(서울대), 오승희(서울대), 이상근(국가안보전략연구원), 이용욱(고려대), 이태동(연세대), 차태서(성균관대) 등 여러분께 감사드린다. 2022년 7월에 진행된 준비세미나에서 국내 평화 연구의 현황에 대한 소개를 해 주신 통일연구원의 서보혁 박사께도 감사드린다. 또한 준비세미나와 중간발표회 등 연구의 진행을 도맡아 주고, 이 책의 출판 과정에서 교정 총괄도 맡아준 서울대학교 박사과정의 신승휴에 대한 감사의 말도 잊을 수 없다. 끝으로 출판을 맡아주신 사회평론아카데미 관계자들께도 감사의 말씀을 전한다.

2023년 6월 10일
서울대학교 국제문제연구소장
김상배

차례

제1부 　　 신흥평화의 개념

제1장   신흥평화의 개념적 탐구:
'창발(emergence)'의 시각에서 본
평화 연구의 새로운 지평

김상배(서울대학교 정치외교학부)

I. 머리말

최근 코로나19 팬데믹, 지구온난화와 미세먼지, 대규모 자연재해, 사이버 안보, 신기술 안보, 인구·이민·난민 안보 등과 같은 새로운 문제들이 양적으로 늘어났을 뿐만 아니라, 이들 이슈가 복잡하게 연계되면서 예전과는 질적으로 다른 안보위협의 부상에 대한 논의가 한창이다. 이러한 안보위협의 발생에 직면하여 국내 학계에서도 '신흥안보(emerging security)'의 개념을 내세워 활발히 연구가 진행되고 있다(김상배 편 2016; 2021; 김상배·신범식 편 2017; 2019). 이 글은 이러한 신흥안보 연구의 새로운 지평을 여는 차원에서 '신흥평화(emerging peace)'의 개념을 탐구하고자 한다. 안보 연구는 새로운 시각을 도입한다고 하면서 평화 연구는 여전히 전통적 시각에 머물러 있는 것은 아닐까? 새로운 안보 연구의 지평을 열어간다고 하면서 평화를 보는 시각을 '전통평화론'의 테두리 안에만 가둬 두는 것은 아닐까? 안보의 개념을 확장하는 것만큼, 평화의 개념도 확장해야 하는 것이 아닐까? 이러한 문제의식을 바탕으로 이 글은 신흥안보 연구와 짝을 맞추는 차원에서 신흥평화의 개념을 탐구할 것을 제안하였다.

'평화'의 사전적 정의는 "평온하고 화목함, 전쟁이나 분쟁 따위가 없이 평온함, 또는 그런 상태"이다(『표준국어대사전』). 신흥평화 연구는 이러한 전통적 정의를 넘어서 새로운 평화론을 모색하려는 문제 제기이다. 단순히 '전쟁 없는 평온한 상태'라는 시각으로만 평화를 이해해서는 오늘날 복잡다단한 맥락에서 제기되는 평화의 난제를 제대로 풀기 어렵다. 전쟁에까지 이르지 않더라도 우리 삶의 평화를 해치는 요인들은 너무나도 많아져서, '평온한 상태'를 준거로 평화를 추구하려는 소극적 차원의 노력만으로 평화를 달성하는 것은 요원한 이상이 될 가능성이 있다. 또한 안보위협에 대처하고 평화를 모색하는 방식도, 거시적 차원에서 발생하는 폭력적 분쟁에 대한 국가적 개입 이외에도, 미시적 차원의 갈등 해소와 신뢰 구축을 위한 다양한 행위자들의 활동도 포괄해야 한다. 그야말로 안보 분야 못지않게 평화 분야에서도 시대적 환경의 변화에 걸맞은 새로운 평화론과 대응 전략에 대한 논의가 필요하다.

전통적 평화 개념을 넘어서려는 학계의 시도가 이전에도 있었음은 물론이다(김병곤 2020). 그중에서도 평화를 '전쟁의 부재(不在)'로만 보는 '소극적 평화(negative peace)'의 개념을 넘어서야 한다는 요한 갈퉁(Johan Galtung)의 '적극적 평화(positive peace)'에 대한 논의를 대표적 사례로 들 수 있다(Galtung 1967; 1996; Webel and Galtung 2007). 적극적 평화의 개념을 통해서 '구조적·상징적 폭력의 부재 상태'를 강조한 갈퉁의 시각은 평화 연구에 큰 영향을 미쳤으며 다양한 논쟁을 야기하기도 했다(Boulding 1977; Galtung 1987; 정천구 2011). 그러한 과정에서 갈퉁의 평화론을 보완하거나 대체하려는 평화 연구들이 다양하게 진행되었지만, 이보다는 좀 더 진취적으로 신흥안보의 시대에 부응하는 새로운 평화 연구를 펼칠 필요가 있다. 안보 연구가 베리 부잔(Barry Buzan)으로 대변되는 '국제안보의 코펜하겐 학파'의 문제 제기로 새로운 연구의 지평을 열고, 오늘날의 신흥안보 연구에까지 진화해 온 것을 새롭게 되새겨 볼 필요가 있다(Buzan 1997; Beck 2005).

물론 탈냉전 이후의 평화를 포괄적인 시각에서 탐구한 연구들이 없었던 것은 아니다(Senghaas 2013; 이동기 2013; Diehl 2016). 그럼에도 갈퉁의 연구나 그 비판자들의 평화 연구는 여전히 평화의 문제를 거시적 구도에서 설정하는 경향이 있었다. 따라서 미시적이고 동태적 현상을 특징으로 하는 신흥안보 분야의 평화에 관해서 관심을 기울이지 못한 아쉬움이 있다. 예를 들어, 신흥안보 분야에서도 '사이버 평화'는 충분히 연구되지 않은 가장 대표적인 주제 중의 하나이다. 사이버 평화는 기존 평화 연구에서 상정하는 거시적 차원의 '폭력의 부재'로만 이해할 수 없는 논제이다. 또한 코로나19와 같은 팬데믹을 극복하는 '보건·생태평화'의 논제도 평화 연구가 시급히 관심을 가져야 할 주제이다. 전쟁이 없어 평온해 보이는 상태이지만, 팬데믹이 창궐하여 삶이 어지러운 상황을 '평화'라고 부를 수는 없기 때문이다. 요컨대, 거시적 차원에서 평화를 보는 기존의 시각만으로는 안보위협이 미시적 차원에서 발생해서 거시적 차원으로 떠오르는 신흥안보 분야의 평화 문제를 제대로 파악하기 어렵다.

전통 평화론의 시각에서 보면 사이버 평화나 보건평화와 같은 주제는 평화를 거론할 정도에 미치지 못하는, 그냥 '수면 아래의 현상'일 뿐이다. 그러나 신흥안보의 시대에는, 겉으로는 평온해 보이는 상태일지라도 그 이면에서는 계속 갈등을 생성하는 동태적 과정을 적극적으로 파악하는 평화 연구가 필요하다. 이러한 동태성을 파악하기 위해서 이 글은 복잡계 이론(Complexity Theory)의 시각을 원용하여 새로운 평화의 개념을 탐구할 것을 제안하였다(박 2012). 특히 이 글이 주목하는 것은, '창발(創發, emergence)'의 개념이다(존슨 2004). 이 글은 자연과학계의 관행을 따라서 'emergence'를 '창발'로 번역하였는데, 'emergence'가 '안보'나 '평화'와 합성되어 형용어인 'emerging'으로 사용된 경우에는, '신흥(新興)'으로 번역하여 '신흥안보' 또는 '신흥평화'로 칭하였다. 이 글이 탐구하는 '신흥'과 '평화'의 합성어로서 '신흥평화'의 개념은 새로운 평화 연구의 패러다임을 만들어가야 한다는 문제 제기이다.

특히 창발의 개념을 통해서, 기존의 소극적 평화론뿐만 아니라 요한 갈퉁이 말하는 적극적 평화론의 경계도 넘어서고자 하였다. 사실 '단순계 구조'의 프레임에 기반을 둔 갈퉁의 평화론을 시대적 변화에 부응하여 더욱 발전시키기 위해서는 이론적 변환이 필요하다. 이러한 맥락에서 갈퉁 평화론의 복잡계 버전을 추구한다면 그 내용을 무엇으로 채워야 할까? 질서가 창출되는 과정으로서 창발이라는 생성적 (generative) 관점에서 갈퉁이 제기한 소극적 평화나 적극적 평화를 이해하는 것은 가능한가? 다시 말해, 창발의 과정처럼 평화는 자연발생적으로 저절로 출현하는 '소극적 과정'인가? 아니면 평화는 특정 주체의 의도적 개입 과정을 통해서 만들어가는 '역(逆)창발'의 '적극적 과정'인가? 정리하면, 창발의 개념적 구도에서 새로운 안보위협의 발생과 평화를 위한 노력의 관계를 어떻게 설정해야 할 것인가? 이러한 문제 제기에 직면하여 이 글은 궁극적으로 진화론적 맥락에서 신흥평화에 대한 탐구가 수행돼야 한다는 논지를 펼쳤다.

이 글은 다음과 같은 세 가지 차원에서 신흥평화의 개념을 제시하였다. 첫째, 신흥평화는 전통안보가 아닌 '새로운(new)' 분야, 특히 '신흥안보 분야의 평화'를 의미한다. 이는 '새롭다'는 뜻의 '신생성(新生性)'을 의미하는데, '신흥'에서 '신(新)'에 주목하는 것이다. 이 시각을 취하는 경우 쟁점은 새로운 분야의 속성에 부합하는 '평화' 개념이 무엇이냐를 밝히는 것이다. 이러한 과정에 관여하는 주체의 복합성을 파악하는 것도 중요한 논제이다. 둘째, 신흥평화는 '정태적 상태'가 아니라 '동태적 과정'으로서 이해해야 하는 개념이다. 이는 복잡계 맥락에서 이해한 '동태성(動態性)'을 의미하는데, '신흥'에서 '흥(興)'에 해당한다. 이 시각을 취하는 경우 쟁점은 '실체'보다는 '과정'을 중시하는 인식론의 적극적 도입이다. 특히 창발의 개념적 구도를 원용하여 평화의 개념을 일종의 '동태적 상태'로 규명하는 것이 중요한 논제이다. 끝으로, 신흥평화는 위협의 창발에 대해서 환원적 제어를 부과하는 자기조직화의 메커니즘으로 이해해야 한다. 이는 창발과 피드백이 교차하는 지점에서 형성되는 '항상성(恒常性, homeostasis)'을 의미한다. 이 시각에서는 '신흥'과 '평화' 개념 각각을 살피는 데서 그치는 것이 아니라 양자의 입체적 관계를 어떻게 설정하느냐가 쟁점이다. 이러한 구도에서 보면 신흥평화론은 좀 더 나은 질서를 구축하려는 의도적 개입을 통한 복원과 조화 및 공진의 진화론적 과정을 의미한다.

이렇게 신생성과 동태성, 항상성의 세 가지 차원에서 이해한 신흥평화는 '창발'의 다의성에 주목한 개념 설정으로 각기 분리된 양상이라기보다는 서로 중첩되는 복합적인 현상으로 이해해야 한다. 특히 신생성과 동태성, 항상성의 양상은 축차적인 과정이다. 다시 말해, 실재론의 시각에서 본 신흥평화는 '신생성'을 지닌 평화이고, 과정론의 시각에서 본 신흥평화는 평화를 만들어가는 '동태성'이며, 진화론의 시각에서 본 신흥평화는 안보위협에 대해 환원적 제어를 가하는 '항상성'의 메커니즘으로 이어진다. 이렇게 보면 신흥평화의 개념은 '실체 개념'이라기보다는 일종의 '메타 개념'이라고도 할 수 있다. 신생성과 동태성, 항상성이 기존 연구에서도 탐구했던 차원이라면, 신흥평화론은 이 셋을 묶어서 보는 복합적 '삼면성(trinity)'을 제시하고자 한다. 한편, 이렇게 신흥평화 개념의 복합 프레임을 이해하려는 시도는 실증주의 과학철학에 기반을 둔 단순계적 인식론을 넘어서는 노력과 병행될 필요가 있다. 다시 말해, 신흥평화의 개념적 탐구는 복잡계의 발상에 기원을 두는 탈(脫)실증주의(Post-Positivist) 인식론을 기반으로 전개되어야 할 것이다(Jackson 2011; Dunne, Hansen and Wight 2013; Bennett 2013; 김상배 2014, 172-177).

이 글은 크게 세 부분으로 구성되었다. 제2절은 '새로운 이슈'로서 신흥평화 개념을 탐구하였다. 새로운 안보 분야로서 신흥안보 분야에서 거론되는 평화의 개념과 함께 주요 신흥안보 분야의 경험적 사례를 살펴보았다. 이러한 과정에서 출현하는 신흥평화 주체의 복합성도 중요한 탐구 주제이다. 제3절은 '동태적 과정'으로서 신흥평화 개념을 탐구했다. 정중동(靜中動)으로서 신흥평화 개념에 대한 논의를 통해서 수면 아래의 동태성을 평화 개념의 설정에서 적극적으로 고려해야 함을 강조했다. 또한 미시-거시 창발의 구도에서 보는 '하이브리드 평화(hybrid peace)'와 '평화 연속체(peace continuum)' 등의 개념도 살펴보았다. 제4절은 '항상성 유지'로서 신흥평화 개념을 살펴보았다. 신흥평화를 의도적 개입을 통한 적극적 평화의 구현이라는 맥락에서 설정하고 안보위협 창발과 엔트로피 증가에 대한 네거티브 피드백으로서 신흥평화 개념을 제시했다. 끝으로, 맺음말에서는 이 글의 논의를 종합·요약하고, 향후 좀 더 적극적으로 신흥평화에 대한 이론적·실천적 연구를 수행할 필요성을 제기했다.

II. '새로운 이슈'로서 신흥평화

1. 신흥안보 분야의 평화

새로운 안보위협이 제기되는 신흥안보 분야에서도 '전쟁이나 분쟁 따위가 없이 평온한 상태'로서 평화에 대한 논의는 필요할 수밖에 없다. 그러나 신흥이슈이기 때문에 신흥평화가 필요하다는 식의 단순 논리는 넘어서야 한다. 전통이슈가 아니라 신흥이슈라는 '이슈의 신생성'

자체가 새로운 평화를 보장하는 것은 아니고 여전히 전통적인 폭력의
논리는 작동할 가능성이 클 것이기 때문이다. 이런 점에서 신흥안보 분
야에서 평화의 논의도 기본적으로 그 출발선에서는 '폭력의 부재'라는
소극적 평화의 잣대를 통해서 얘기할 수밖에 없다. 그런데 신흥안보 분
야에서는 이슈의 성격에 따라서 그 '폭력의 부재'라는 것의 내용이 다
르다는 사실을 인식해야 한다. 사전적 의미로 '사납게 몰아붙이는 힘'
으로서 폭력(暴力)은 물리적 폭력만을 의미하지 않는다. 신흥안보 분
야에서 평화가 문제시되는 폭력의 문제는 기술 시스템이나 악성코드
의 폭력, 생물학적 바이러스의 폭력, 기후변화를 바탕으로 한 지구환경
시스템의 폭력 등과 같은 '신흥폭력(emerging violence)'을 상정할 수
도 있기 때문이다.

　　새로운 분야, 즉 신흥안보 분야의 평화라는 시각에서 최근 주목받
는 사례는 신기술 안보, 사이버 안보, 경제 안보, 보건 안보, 환경·에너
지 안보, 인구·이민·난민 안보 등이 제기하는 위협과 여기서 파생되는
갈등 해소의 문제와 관련하여 발견된다. 실제로 첨단 신기술 분야의 군
비경쟁, 사이버 공격의 양적 증가와 다변화, 글로벌 공급망의 교란, 코
로나19 팬데믹의 발생, 기후변화가 야기하는 국제분쟁, 초국경 난민을
둘러싼 국내외 갈등과 같은 문제들은 전통안보 분야에 못지않게 복잡
한 분쟁 해결 및 평화 모색과 관련된 논의의 필요성을 제기하고 있다.
여기서 특히 주목할 것은, 이들 분야의 폭력 해소와 평화 달성 문제는
각 이슈가 지닌 고유한 특성을 반영하여 추진되어야 한다는 사실이다.
분야마다 각기 쟁점으로 제기되는 평화의 개념이 상이하다는 점을 인
식하고, 그 고유한 성격과 작동방식을 구체적으로 구별해서 이해하는
작업이 필요하다.

　　신기술 안보 분야에서는 첨단기술 분야의 경쟁을 놓고 거론되는

이른바 '디지털 평화(digital peace)'가 쟁점이다(Garcia 2018). 다시 말해, 자율살상무기, 드론, 로봇, 극초음속 미사일, 양자기술 등의 무기화가 제기하는 갈등과 평화의 이슈이다. 이 분야의 갈등과 평화는 국가 행위자들이 나서서 기존 국제정치의 테두리 내에서 벌이는 군비경쟁 및 군비축소의 게임과 연동된다. 다만 인공지능(AI)을 기반으로 한 제품과 무기 등과 같은 신기술이 관련된다는 점이 새롭다. 이러한 과정에서 4차 산업혁명을 배경으로 출현한 신기술 역량의 불균등한 발전은, 핵무기를 중심으로 형성된 기존의 평화질서를 와해시킬 정도의 잠재적 파괴력을 지닌 변수로 주목받고 있다. 물론 AI기반 신기술이 디지털 평화를 위한 수단이라는 사실도 유념해야 한다. 드론과 같은 기술은 테러 집단이 활용하기도 하지만, 평화유지 활동에도 사용되고 있는데, 이는 신기술이 전쟁과 평화에 양면적인 함의를 던지는 대표적 사례이다(Flynn 2021).

사이버 안보 분야에서는 이른바 '사이버 평화(cyber peace)'가 쟁점이다(Bloom and Savage 2011; Roff 2016a; 2016b; Shackelford et al. 2022). 국가 행위자들의 영향력이 커지고 있지만, 사이버 안보 이슈는 기본적으로 비국가 행위자나 기술 자체가 중요한 변수로 작동하는 분야이다. 이 분야에서는 참여 행위자뿐만 아니라 사이버 평화의 개념 자체도 다양하다. 여태까지의 양상을 보면, 시스템 교란이나 랜섬웨어 공격 등이 없는 상태는 사이버 평화를 달성하는 핵심으로 이해된다. 데이터·정보의 절취뿐만 아니라 데이터 안보와 데이터 주권, 데이터 국지화 등을 둘러싼 갈등 해소를 사이버 평화로 보기도 한다. 더 나아가 인공지능을 활용한 가짜뉴스의 생산과 확산, 그리고 여기서 비롯되는 심리적 갈등과 사회분열의 조장 및 민주주의 체제의 훼손 등도 사이버 평화를 해치는 요인으로 인식된다.

보건 안보 분야에서는 이른바 '보건·생태 평화'가 쟁점이다. 특히 코로나19 사태를 겪으면서 기존 글로벌 보건 질서의 불안정이 논란거리가 되었다. 강대국들의 갈등과 리더십의 실종, 자국중심주의 경향의 대두, 백신 개발의 불균형성과 공급망의 불안에서 나타난 문제 등은 글로벌 보건 거버넌스가 제대로 작동하고 있는지에 대한 의구심마저도 낳았다. 그야말로 코로나19 팬데믹의 발생이 국제질서의 불안정을 야기하고 평화를 침해하는 상황을 초래했다. 게다가 코로나19의 발생은 인간 생명에 대한 바이러스의 위협이라는 가장 근본적인 차원에서 본 삶의 평화를 교란한 사건이기도 했다. 게다가 보건 안보 문제가 지구온난화나 미세먼지 등과 같은 글로벌 환경 문제와 연계되면서 존재론적 평화 문제도 제기되었다.

이상의 사례에서 주목할 것은, 디지털 평화, 사이버 평화, 보건·생태 평화의 스펙트럼을 따라서 분야별로 신흥안보 위협의 발생과 관련 행위자들의 갈등 구도가 상이하게 나타난다는 사실이다. 강조컨대, 신기술 안보 분야는 여전히 예전과 같은 국가 행위자들 간의 갈등이 기술을 매개로 해서 전개되는 양상을 보이고 있다. 사이버 안보 분야는 비국가 행위자들이 새로운 갈등의 원인을 제공하는 가운데 국가 행위자들 간의 전통적인 갈등도 점점 더 고조되는 추세이다. 이에 비해 보건 안보 분야의 갈등은 국가 및 비국가 행위자들뿐만 아니라 인간이 아닌 비인간(non-human) 행위자까지도 개입하는 양상이 나타나면서 더 복잡한 구도가 펼쳐지고 있다. 각 분야 신흥안보 위협이 지닌 고유한 성격과 이에 관련하는 행위자들의 생래적 성격 간에 형성되는 상관관계에 주목해야 하는 대목이 아닐 수 없다.

이슈별 성격 및 관련 행위자들의 갈등 구도가 다른 만큼, 그 분야에서의 제도와 규범 형성, 그리고 더 나아가 평화 모색의 양상도 다르

다. 사이버 안보의 경우에는 사이버 평화를 위한 제도와 규범 형성에
있어 서방과 비서방 진영 간의 견해 차이가 상대적으로 크게 두드러진
다. 신기술 분야를 보면, 우주 분야에서는 선진국과 개도국 간 대립 구
도가 나타나고, AI를 활용한 무기체계 개발 문제에 있어서는 국가 진
영과 글로벌 시민사회 그룹의 대립이 두드러진다. 자연발생적 성격을
지닌 지구온난화나 감염병의 경우에는 안보위협의 파급효과가 광범위
한 것만큼 다양한 행위자들이 의견 대립을 보인다. 한편, 난민 문제의
경우 국제기구가 주요 행위자로 활동하면서 난민기구와 난민협약과
같은 협력과 공조를 위한 제도적 장치가 일찍부터 발전되어 왔으나, 유
럽 난민 위기에서 보는 바와 같이 현실에의 적용에 제한이 있어, 여전
히 이해관계를 달리하는 국가 행위자들 간의 갈등이 주가 되는 양상을
드러내고 있다.

  '새로운 이슈'로서 신흥평화에 대한 논의에서 주목할 것은, 이들
신흥안보 분야가 점점 더 서로 밀접히 연계되면서 그 갈등의 범위가
확대되고 안보위협의 영향도 증폭되고 있다는 사실이다. 예를 들어, 사
이버 안보 분야를 보면, 최근 사이버 공격의 양상은 해킹을 통한 시스
템의 교란을 넘어서 첨단기술과 데이터의 절취, 랜섬웨어 공격과 암호
화폐 해킹, 공급망의 교란, 사이버 공간의 정보심리전 또는 인지전의
전개로 확장되어 가고 있다. 특히 이슈의 확장이라는 관점에서 최근 가
장 큰 주목을 받는 것은 경제 안보, 그중에서도 글로벌 공급망의 안정
성 확보 문제이다. 다양한 이슈들이 양질전화와 이슈연계의 단계를 거
쳐서 지정학적 차원에서 평화를 해치는 쟁점으로 부상하고 있다. 이러
한 과정에서 신흥안보 분야의 평화 이슈가 전통안보 분야의 평화 이슈
와도 밀접히 연계되고 있다는 사실을 놓치지 말아야 한다. 이렇듯 안보
분야가 확장되면서 평화의 이슈도 확장되고 복잡하게 얽히고 있다.

2. 신흥평화 주체의 복합성

신흥안보 분야의 평화에 대한 논의에서 빼놓을 수 없는 것이 갈등과
분쟁 해결의 주체 또는 평화를 모색하는 주체의 문제이다. 현재 신흥안
보 분야 평화의 모색은 주로 강대국으로 대변되는 국가 행위자들에 의
해 진행되고 있다. 그러나 강대국 위주의 신흥평화 구축 시도는 한계
가 있다. 최근 전개된 사이버 안보 분야의 양상은 강대국이 주도하는
'국가 간 평화'가 '사이버 평화'를 보장할 수는 없다는 사실을 절감케
한다. 예를 들어, 2015년 6월 미중 정상의 사이버 안보 합의에도 불구
하고, 양국 간의 사이버 갈등은 해소되지 않았을 뿐만 아니라, 최근에
는 양국의 사이버 공방이 더욱 증가하는 모습마저 보이고 있다. 2021
년 7월 미러 정상이 만나서 사이버 공격의 심각성에 공감했음에도 러
시아 해커들의 공격을 완전히 근절시키지는 못한 것도 알려진 사실이
다. 사이버 안보 국제규범에 대한 논의를 진행한 유엔 정부자문가그룹
(Group of Governmental Experts, GGE)의 프레임워크도, 정부 대표
가 나서는 국제기구의 틀에 기대어서는 사이버 안보 분야의 논란거리
를 해결하는 데 역부족이라는 사실을 드러냈다.

이러한 현실적 한계를 넘어서기 위해서 강대국이 아닌 다양한 행
위자들이 참여하는 움직임이 전개되고 있음에 주목할 필요가 있다. 사
이버 안보의 국제규범 모색을 위해서 유엔 차원에서 출범한 개방형위
킹그룹(Open-ended Working Group, OEWG)은, 기존의 유엔 GGE
모델을 넘어서, 정부 및 민간 행위자들이 참여하는 복합 프레임워크의
실험이다. 강대국이 아닌 중견국 리더십에 대한 기대도 커졌는데, 유럽
에서 나타난, 에스토니아나 핀란드 등과 같은 나라들의 행보는 유럽연
합 차원의 지역협력체와 연동하여 사이버 평화를 모색한 새로운 모델

을 보여주기도 했다. 사이버 평화를 위한 민간 기업들의 활동도 시선을 끄는데, 2017년 마이크로소프트는 '디지털 제네바 협정'을 제시한 바 있다. 이들 기업의 행보는 2018년 11월 파리평화포럼에서 유럽연합 회원국 전체와 세계 주요국들, 그리고 218개 컴퓨터 관련 기업과 93개 시민단체가 참여해서 결실을 본 '사이버 공간의 신뢰와 안보를 위한 파리의 요구', 즉 '파리 콜(Paris Call)'을 낳았다.

신흥평화 주체의 복합성은, 신기술 안보 분야에서 기술 변수 그 자체에 행위자로서의 자율성을 얼마나 부여할 것이냐의 문제에서도 발견된다. 최근 쟁점이 된 것은 AI알고리즘의 편향성을 제어하고 책무성을 부과하는 차원에서 AI알고리즘을 평화적으로 설계하는 문제였다. 그러나 AI 기반 자율살상무기의 국제규범이나 킬러로봇 윤리 등에 대한 국가 및 비국가 행위자 간의 입장 차가 엄연히 존재할 뿐만 아니라, '디지털 평화'의 정의가 무엇이고 이를 어떻게 달성할 것이냐는 방법과 관련된 인식의 차이도 여전히 큰 것이 현실이다. 궁극적으로 이 분야의 신흥평화는 인간이 아닌 '기계'에 '포스트 휴먼(post-human)' 또는 '신흥 휴먼(emerging human)'으로서의 지위와 역할을 얼마나 부여할 것이냐의 문제와 연관되어 있다. 이러한 맥락에서 보면 '포스트 휴먼 평화'도 신흥평화의 중요한 주제 중의 하나라고 할 수 있다.

이렇듯 신흥평화에 대한 논의는 '인간 대 인간'의 갈등 해소뿐만 아니라 '인간 대 비인간(non-human)'의 갈등을 해소하는 문제도 아우른다. 이런 관점에서 보면, 신흥평화는 탈근대적 공존이라는 맥락에서 인간의 '실존적 평화' 문제로도 연결된다. 특히 코로나19의 발생은 '인간 중심주의(ethnocentrism)'를 넘어서 지구 생명체들과의 관계 속에서 평화를 거론해야 할 당위성을 제기했다. 실제로 코로나19 팬데믹의 발생은, 인간과 인간의 초연결성뿐만 아니라 인간과 비인간 생명체, 그리고 생태 환경과의 관계성 속에서, 인간이 당면한 안보와 평화의 문제를 바라보아야 함을 인류에게 각인시켰다. 사실 코로나19는, 인간 행위자에게는 커다란 존재적 위협이지만, 자연 시스템의 '자기조직화(self-organization)'라는 시각에서 본다면 지구가 생태 균형을 찾아가는 과정일 수도 있기 때문이다.

　이상에서 살펴본 바와 같이, 신흥안보 분야에서 강대국 중심의 평화 모색이 드러낸 한계를 보완하는 차원에서 다양한 행위자들의 참여가 이루어지고 있다. 중견국들의 참여뿐만 아니라 민간 기업이나 시민단체와 같은 비국가 행위자들의 참여, 그리고 심지어는 비인간 행위자의 주체성에도 주목하는 양상이 나타나고 있다. 그렇다고 신흥안보 분야의 평화 모색 과정에서 기존의 국가 행위자가 완전히 물러난다고 볼 수는 없을 것이다. 예전처럼 강대국들이 나서서 평화를 주도하는 모델을 상정할 수는 없더라도, 국가 행위자 자체는 여전히 여타 행위자들과의 관계에서 핵심 역할을 담당하는 것으로 보아야 할 것이다. 이는 다양한 행위자들이 구성하는 네트워크에서 '중심성(centrality)'을 제공하고 '메타 거버넌스(meta-governance)'의 기능을 수행하는 존재로서 '네트워크 국가(network state)'의 역할을 떠올리게 하는 대목이다(하영선·김상배 편, 2006). 이러한 역할은, 제4절에서 살펴볼, 항상성의 유지를 위해서 의도적으로 개입하는 주체로서 '속도조정자(pacemaker)'에 대한 논의로 연결된다(존슨 2004).

III. '동태적 과정'으로서 신흥평화

1. 정중동(靜中動)의 '동태적 상태'

전통적인 평화론은 평화를 "전쟁이나 분쟁 따위가 없이 평온하고 화목한 상태", 즉 '정태적 상태'로 가정하고 연구를 진행했다. 그러나 신흥안보 분야의 평화를 제대로 이해하기 위해서는 다른 가정에서 출발해야 한다. 다시 말해, 겉으로는 평온해 보이는 상태일지라도 그 이면에서는 계속 갈등이 발생하는 '동태적 과정'을 좀 더 적극적으로 파악할 필요가 있다. 겉으로는 안정적인 상태로 보이는 네트워크를 유지하기 위해서 그 내부의 노드들은 부단히 상호 조절의 과정을 겪으면서 변화하는 상황을 떠올릴 수 있다. 이러한 동태적 시각에서 평화를 보면, '수면 위의 평화'만 관리한다고 '수면 아래의 평화'가 저절로 달성되는 것은 아니라는 논지를 펼치게 된다. 거시적 차원에서 '대로변(大路邊) 평화'만 논할 것이 아니라 미시적 차원의 생활 속, 즉 '뒷골목 평화'도 논해야 한다. 수면 아래에서 부지런히 움직이는 백조의 물갈퀴질에 비유해 볼 수 있다. 일종의 정중동(靜中動)의 상황이라고 할까?

　사이버 안보 분야의 평화는 이러한 수면 아래 평화의 중요성을 극명하게 보여주는 사례이다. 거시적 차원에서 물리적 전쟁이 없더라도, 지속적으로 사이버 공격이 감행되고 있는 상황을 평화라고 할 수 있을까? 오히려 지속적으로 감행되는 사이버 공격은 거시적 평화를 깨는 원인이 될 수도 있다. 예를 들어, 2021년 7월 미국의 바이든 대통령은 러시아 해커들의 사이버 공격을 겨냥하여 양국 간의 실제 전쟁 발발 가능성을 경고한 바 있다. 러시아 해커들이 지속적으로 미 정부기관이나 민간시설 등에 대한 해킹 공격을 가하고 가짜뉴스나 허위조작정

보를 유포함으로써 미국의 정치사회 시스템을 교란하는 상황을 궁극
적으로 양국 간의 전통평화를 해치는 행위로 인식한 결과였다. 아무리
사이버 공간에서 벌어지는 미시적 행위라도 이를 거시적 차원의 전통
평화를 해치는 행위에 준해서 대응할 수도 있다는 메시지였다. 전통안
보의 시각에서 보면, 미국과 러시아가 전쟁을 하지 않은 평화 상태라고
볼 수 있지만, 사이버 평화가 전통평화에 영향을 미치는 이슈연계의 뇌
관이 될 수도 있음을 보여준 사례이다.

보건 안보 분야의 사례도 마찬가지이다. 전쟁이 발생해서 전통적
인 의미의 평화가 깨진 상황은 아니지만, 코로나19 바이러스가 창궐해
서 밖에 나갈 수 없어 거리가 조용해진 상황을 '평화'라고 할 수는 없을
것이다. 감염병으로 인해 거리가 너무 '평화로워서' 자영업자들의 폐업
이 이어지고, 이러한 사태가 국내적으로 경제적 불황을 야기하고, 국가
간에는 통상마찰 문제가 불거지는 상황으로까지 비화될 수 있기 때문
이다. 이러한 잠재성을 지닌 감염병의 문제를 그대로 방치하면 궁극적
으로 거시적 평화를 해치게 되는 상황이 닥칠지도 모른다. 실제로 코로
나19 사태는 양질전화와 이슈연계의 사다리를 타고 창발하여, 글로벌
패권을 놓고 경쟁을 벌이는 미국과 중국의 지정학적 갈등을 증폭시키
기도 했다. 다시 말해, 전통적인 관점에서 보면, 전쟁도 없고 거리도 조
용하고 평화로운 상황이겠으나, 신흥평화의 관점에서 보면 일상의 삶
이 평화롭지 못하다면 결코 이를 평화롭다고 말할 수는 없을 것이다.
이렇게 보면 궁극적인 평화는 질병이 우리 삶을 어지럽게 하지 않고
모두 건강하게 사는 상태도 포함하게 된다.

강조컨대, 신흥평화를 달성하기 위해서는 거시적 평화만 봐서는
안 된다. 이른바 '미시-거시 연계성'이 커졌기 때문에, 미시적 평화와
관련된 문제를 해결하지 않고 놔두면 그것이 나중에 거시적 전통 평화

를 위협하는 문제가 될 수 있음에 주목해야 한다. 수면 아래에서 제기되는 신흥안보 위협을 평화의 개념으로 적극적으로 보지 않으면 언제 어느 때 갑자기 거시적 평화도 깨질지 모른다. 그 속성상 신흥안보 위협은 아래로부터 창발하기 때문에, 이를 적극적으로 인식하고, 필요에 따라서는 인위적으로 개입해서라도 대비하는 동태적이고 미시적인 평화의 발상이 필요하다. 예전에는 미시적 평화는 어떻게 되더라도 거시적 평화만 달성하면 된다는 식으로 평화를 논했다면, 이제는 안보위협이 언제 창발할지 모르기 때문에, 예전처럼 문제를 정태적으로만 봐서는 안 된다. 동태적 창발의 마인드로 평화 개념을 설정하고 필요한 조치를 수행해야 할 필요성이 제기되는 대목이다.

2. 동태성의 산물로서 하이브리드 평화

'동태적 과정'으로서 신흥평화의 개념을 이해하기 위해서는 창발의 개념을 좀 더 구체적으로 살펴볼 필요가 있다(존슨 2004). 창발은 거시적 차원의 통일된 법칙과는 상관없이 미시적 차원의 국지적 규칙만 따르는 다수 행위자의 복잡한 상호작용 과정에서 생성된다. 창발은 자기 자신을 조직하여 무의식중에 더 높은 차원의 질서를 만들어내는 개별 행위자들의 네트워크 형성 과정이라고 할 수 있다. 창발의 과정에서 유의할 것은, 거시적 현상을 만들어내는 미시적 요인들이, 아무리 유사하다 하더라도, 상황적 차이의 민감성으로 인해 거시적 차원에서 항상 동일한 현상을 만들지 못할 수도 있다는 사실, 이른바 '비선형적 동태성'이다. 신흥안보의 개념은 이러한 '비선형적 동태성'의 속성을 지닌 창발의 개념에 입각하여 새로운 안보위협의 발생을 이해한다. 이러한 창발에 대한 논의 구도의 연장선에서 평화도 이해하자는 것이 신흥평화의 개념이다. 물론 신흥평화가 작동하는 메커니즘은 신흥안보 위협이 창발하는 메커니즘과는 그 성격이 다르다. 그러나 창발하고 있는 안보위협에 대한 대응의 구도를 전제로 해서 신흥평화를 논해야 한다는 점에서는 논의의 기반을 공유한다.

좀 더 구체적으로 말해, 신흥평화의 개념은, '양질전화-이슈연계-국가안보'의 세 단계를 따라서 창발하는 신흥안보 위협과의 관계 속에서 이해할 필요가 있다(김상배 편 2016). 양질전화의 관점에서 볼 때, 미시적 차원의 안보위협으로 인해 사람들의 '몸과 마음의 평화'가 깨지면, 아무리 '태평성대'라고 할지라도 그 의미는 무색할 수밖에 없으므로 잘 대비해야 한다. 이슈연계라는 관점에서도 어느 특정 분야의 안보위협에 제대로 대처하지 못하여 다른 분야의 평화를 해치는 데까지 확산되지 않도록 미리 대처해야 한다. 이러한 안보위협이 거시적 차원의 지정학적 갈등을 유발할 정도로 창발하지 않도록 협력할 필요성도 강조된다.

이러한 평화의 미시적이고 동태적인 과정은 예전의 단순계 세상에서는 그리 크게 주목받지 못했다. 그렇지만 오늘날과 같은 복잡계 세상에서는 상황이 다르다. 평화를 미리 준비하지 않으면 예기치 않은 큰 재난이 발생하기 때문이다. 반대로 미시적 안보위협이 계속 제기되더라도, 이에 잘 대응하기만 하면 일정한 범위에서는 통제하는 것이 가능하다. 축구 경기의 전술에 비유해 보면, 마치 상대방의 공격이 중앙선을 넘어오기 전부터 펼쳐지는 '전방 압박'의 수비 전술을 떠올려 볼 수 있다. 이러한 관점에서 보면 신흥평화는 미시적 평화의 모색을 통해서 거시적 평화의 달성을 도모하는 '동태적 과정'이라는 맥락에서 이해해야 하는 개념이다.

반복해서 강조컨대, 평화는 '상태 개념'이 아니라 '과정 개념'으로

보아야 한다. 고정된 사진처럼 보이는 '정태적 평화(static peace)'가 아
니라 움직이는 동영상과도 같은 '동태적 평화(dynamic peace)'로 보아
야 한다. 그런데 이러한 시각에서 보면 신흥안보 분야에서는 완벽하게
평화로운 상태는 없을 수도 있다. '깔끔한 평화'라기보다는 오히려 '지
저분한 평화'라는 시각을 도입해야 할지도 모르겠다. 다시 말해, 신흥안
보 분야에서는 소극적 평화론에서 말하는 '깔끔한 평화'의 마인드를 적
용하여 '전쟁이 부재한 상태'를 찾으려 하기보다는, 이와는 다른 시각
에서 좀 더 복잡한 평화, 위협과 평화가 공존하는 양상, 즉 '위태로운 평
화'에 주목해야 할 수도 있다. 예를 들어, 소극적 평화론에서 본 사이버
평화는 평온하고 화목한 디지털 환경이나 해킹 시도가 없는 무결의 상
태를 꿈꾸겠지만, 사이버 공간에서는 오류와 취약점이 없는 프로그램
이 없고, 따라서 해킹 시도가 그칠 날이 없다. 보건 안보 분야의 경우에
도 질병이 우리 삶을 어지럽게 하지 않는 평화로운 상태를 모두가 바라
지만, 그와는 달리 모두가 다 건강하게 사는 세상이란 꿈꾸기 어렵다.

　　신흥평화를 이해하는 데 있어서, 평화와 분쟁의 어느 한쪽이 아
니라 그 양자가 동태적으로 섞이는 방식과 내용을 보는 게 중요하
다. 이러한 동태성의 산물은 일종의 '하이브리드 평화'라고 할 수 있
다(Richmond 2014; Bargués-Pedreny and Randazzo 2018). 평화도
아니고 전쟁도 아닌 안정적 상태로서의 평화, 즉 '안정적 평화(stable
peace),' 또는 전쟁에서 평화로 이르는 일종의 '평화 연속체'라고 불러
볼 수 있다(Kupchan 2010; 이상근 2015). 사실 인류의 역사는 완벽하
고 이상적인 평화라는 것을 경험한 적이 없어서, 어떠한 상태가 정말로
평화적인지를 판별하는 것은 쉽지 않을 수도 있다. 따라서 평화 개념을
'전쟁'과 명시적으로 구별되는 어떤 상태로 이해하기보다는 연속적인
스펙트럼의 구도에서 전쟁과 평화를 보는 것은 유용한 시도이다. 사실

평화의 '이념형'이라는 것을 상정하기는 어렵기 때문에, 그나마 가능한 것은 '전쟁'의 발생을 제어하면서 '평화'를 달성해 나가는 끊임없는 '과정'인데, 아마도 이것이 평화의 '현실형'에 가깝다고 할 수 있다. 이러한 과정에서 목표로 삼는 평화라는 것은, '전쟁이 종식된 상태'만을 의미하는 것이 아니라, '전쟁'이 일어날 가능성과 '조건'을 줄여 나가는 동태적 노력이라고 할 수 있다.

　　이상에서 소개한 시각에서 볼 때, 사이버 평화는, 완벽하게 깨끗할 수는 없지만 적절하게 버그가 있어 관리될 수 있는 상태를 지향할 수밖에 없다는 점에서, 하이브리드 평화 또는 '평화 연속체'의 대표적 사례이다. 한편, 최근 글로벌 공급망 안보와 관련하여 거론되는 '상호의존의 무기화' 메커니즘을 아는 것도 하이브리드 평화를 이해하는 데 도움이 된다. 무기화된 상호의존 상태는 평화 상태도 아니고 분쟁 상태도 아닌 복합 상태이다. 상호 의존하지 않을 수도 없고, 그렇지만 그러한 상호 의존의 상태를 상대방이 무기화하도록 방치하면 평화를 해칠 것이 뻔해서 일정 정도로 계속 관리해야 하는 상태이다. 이렇듯 정태적 상태가 동태적 과정과 공존하는 현상, 즉 '동태적 평화'가 가능한 이유는 기본적으로는 그 이면에서 불안정 상태로부터 안정 상태를 추구해 가는 힘, 즉 항상성 유지의 메커니즘이 있기 때문이다.

IV. '항상성 유지'로서 신흥평화

1. 의도적 개입과 적극적 평화의 지향

신흥평화라는 말에서 '신흥(emerging)'은 자연발생적 동태성을 강조

하는 개념이지만, 여기에 '평화'의 개념을 접맥함으로써 적극적 의도
성의 요소가 가미된다. 신흥평화의 개념은 파괴된 안정과 평화의 질서
를 적극적으로 재구축한다는 실천적 처방의 함의를 지니고 있다. 창발
의 과정을 밟아서 발생하는 신흥안보와는 달리, 신흥평화는 자연발생
적인 창발 과정만으로 구성되지는 않는다는 사실을 명심할 필요가 있
다. 신흥평화는 미시적 평화를 중범위 평화와 거시적 평화로 승화시키
려는 의도적 개입의 과정을 포함해서 이해해야 한다. 또는 역으로 미시
적 단계에서 거시적 단계로 창발하는 신흥안보의 위협을 제어하기 위
한 의도적 개입의 과정으로 봐야 한다. 이런 점에서 평화는, 불안정을
발생시키는 사건이 일차적으로 발생하고 나서, 이에 대응하기 위해서
소환하는 '이차적 현상'의 성격을 가지고 있다. 이러한 상호작용의 과
정에서 안보위협의 대상이 되는 당사자들이 그 위협을 제어하려는 의
도성을 발현하는 차원에서 평화의 개념을 설정할 필요가 있다.

사실 신흥 또는 창발이라는 말 그 자체는 상대적으로 인간 행위자
의 행위능력(agency)이 제외된 탈(脫) 의도적 뉘앙스 또는 시스템 차
원의 자체적 작동이라는 뉘앙스를 가지고 있다. 다시 말해, 미시적인
차원에서의 상호작용을 통해서 거시적으로 인간이 예측하지 못한 상
황이 창출된다고 보는 것인데, 이를 다른 각도에서 해석하면 거시적인
현상은 인간이 개입하지 않아도 저절로 발생하는 것처럼 이해될 여지
가 매우 크다. 그런데 신흥이라는 말에 평화를 결합한 신흥평화의 개
념은, 창발의 자연발생성을 넘어서, 그 창발의 과정에 인간이 개입하여
의도하는 결과를 생산할 수도 있다는 뉘앙스를 다시 더하게 한다.

이러한 맥락에서 볼 때, 신흥평화는 위기가 발생하지 않도록 하는
의도적 노력을 포함한다. 다시 말해 창발의 구도에서 평화는 신흥이슈
의 위협요인이 국가안보를 논할 정도의 수준으로 창발하여 그 임계점

을 넘지 못하도록 만들거나, 임계점을 넘는 경우라도 이에 신속하게 대응함으로써 위협요인이 더 이상 큰 안보위협이 되지 않도록 하는 과정을 의미한다. 이러한 구도에서 보면, 일종의 '창발의 인계철선'을 사전에 또는 사후에 끊어내는 것이 평화의 핵심이다. 다시 말해, 이러한 과정을 거쳐서 신흥안보 위험이 자기조직화의 임계점(self-organized criticality, SOC)을 넘지 않게 하려는 노력이 신흥평화라고 할 수 있다(박 2012).

여기서 한 가지 생각해 봐야 할 것은, 똑같이 신흥안보 위협에 대한 대응이라는 개념적 외연을 가진, '신흥안보 거버넌스'와 '신흥평화'가 지니는 개념적 내포의 차이가 무엇이냐의 문제이다. 실제로 '적극적 평화'의 관점에서 본 신흥평화는 신흥안보 거버넌스의 개념과도 통한다. 그러나 신흥안보 거버넌스와 신흥평화가 지니는 차이도 간과하지 말아야 한다. 신흥안보 거버넌스는 위기가 창발의 임계점을 넘지 못하도록 만드는 조치를 의미한다. 다시 말해, 신흥안보 거버넌스에서는 양질전화 및 이슈연계의 고리를 끊어서 위험을 줄여나가려는 방어적 노력, 즉 소극적 평화의 관점에서 추진되는 것으로 이해할 수 있다. 이에 비해 적극적 평화의 관점에서 본 '신흥안보의 평화', 즉 신흥평화는 위험요인이 안보적 위협으로 창발하지 않도록 억제하고, 위기에 대한 복원력(resilience)을 갖도록 만드는 조건을 마련하는 것뿐만 아니라, 그 위기가 재발하지 않도록 질서를 개혁하는 것까지도 포함한다. 신흥평화의 개념은 단순히 원상태로의 복원을 넘어서 위기 발생의 원인에 대해서 좀 더 적극적으로 고민한다는 의미를 담는다.

요컨대, 신흥안보 거버넌스의 논의가 기본적으로 새로운 분야의 이슈를 둘러싸고 발생하는 현상적 갈등을 제거하거나 완화하여 기존 질서를 보존하자는 소극적 평화론에 머물고 있다면, 신흥평화론은 이

보다는 좀 더 나아가 구조적 폭력의 원인을 제거하거나 완화하기 위해 노력하고 기존 질서를 개혁하는 적극적 평화론을 지향하는 것으로 이해할 수 있다. 이러한 점에서 신흥안보 거버넌스와 신흥평화의 차이는 '실증적 문제 해법'과 '규범적 가치 추구'의 차이로도 해석할 수 있다. 이러한 '거버넌스'와 '평화'의 차이는 단순한 '질서'의 회복을 목적으로 하느냐, 아니면 좀 더 적극적인 '조화(harmony)'의 달성을 목적으로 하느냐의 문제와도 연결된다. 신흥안보 거버넌스를 통해서 '질서'를 창출할 수는 있지만, 그러한 노력이 반드시 새롭게 평화를 논할 정도의 '조화로운 상태'를 의미하는 것은 아니기 때문이다. 결과적으로 신흥안보 위협의 발생에 대해서 어떠한 목표를 가지고 개입하느냐에 따라서 신흥안보 거버넌스와 신흥평화의 개념이 지닌 기본적 차이를 이해할 수 있다.

2. 위협 창발에 대한 네거티브 피드백

이상에서 살펴본 구도에서 이해하면, 신흥안보 위협에 대응하는 과정은, 신흥안보 거버넌스나 신흥평화의 과정 모두 마찬가지로, 순수하게 '창발적'이라기보다는 오히려 '진화적(evolutionary)'이라고 할 수 있다. 다시 말해, 창발과 환원(reduction)이 상호작용하면서 생성하는 입체적 구도에서 평화의 개념을 보아야 한다는 것이다. 이러한 구도에서 신흥평화는 신흥안보 위협에 대한 환원적 제어의 과정으로 이해된다. 평화는 창발의 영역이기보다는 의도적 개입의 영역이다. 다시 말해, 평화는 아래로부터의 현상, 즉 창발의 포지티브 피드백(positive feedback)이 아니라 위로부터의 현상, 즉 환원의 네거티브 피드백(negative feedback)에 관여한다. 평화는 창발적 안보위협에 피드백을

가하는 '역(逆)창발'의 개입 과정이며, 설계자 없는 거시적 협력이기보
다는 합리적 설계자의 개입으로 파악되는 실천적 노력의 결과물이다.
좀 더 엄밀히 말하면, 평화는 '아래로부터의 창발'과 '위로부터의 환원'
의 상호작용의 결과라고 할 수 있다(그림 1-1 참조).

　　물론 창발적으로 달성되는 거시적 차원의 조화로운 현상으로 평
화를 이해하려는 시도가 없었던 것은 아니다. 예를 들어, 설계자가 없
는 아래로부터의 협력이라는 맥락에서 평화와 관련된 논의를 펼친 사
례로는, '보이지 않는 손(invisible hands)'에 대한 논의에서부터 '집
합지성(collective intelligence)', '소셜 두뇌(social brain)', '지구뇌
(global brain)', '정신계(noosphere)', '오메가 포인트(Omega Point)'
등에 대한 논의에 이르기까지, 창발적으로 달성되는 거시적 차원의
조화와 협력에 대한 다양한 종류의 논의가 있었다(Smith 1776; 레비
2002; Heylighen 2011; Arquilla and Ronfeldt eds. 2001; Teilhard de
Chardin 1955/1965).

　　이러한 연구 전통에 대해서 이 글이 제기하는 질문은, 이렇듯 신흥
평화를 '미시적 상호작용을 바탕으로 한 설계자 없는 거시적 협력'의
결과물로만 보는 것이 맞느냐의 문제이다. 오히려 실제 현실에서 창발
의 과정은, 반드시 조화로운 현상으로만 가지 않고 갈등적 현상으로 가
는 경우도 많기 때문이다. 미시적 상호작용을 통해서 평화가 창발하는
게 아니라 오히려 갈등과 위협이 창발하는 경우가 많다는 것이다.

　　이러한 '위협의 창발'과 '평화의 환원'이라는 구도를 좀 더 구체
적으로 이해하기 위해서, 열역학 제2법칙인 '엔트로피 증가의 법칙'
을 평화의 개념을 이해하는 데 원용했던 요한 갈퉁과 케네스 볼딩
(Kenneth Boulding)의 논쟁을 살펴볼 필요가 있을 것 같다(Galtung
1967; Boulding 1977). 엔트로피 증가의 법칙에 의하면, 엔트로피 증가

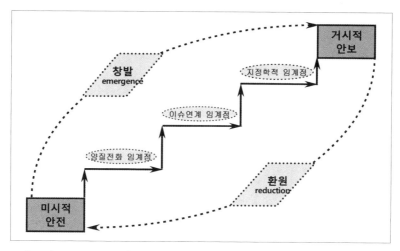

그림 1-1 '아래로부터의 창발'과 '위로부터의 환원'
출처: 필자 작성.

는 에너지의 균질성이 높아지는 상태인데, 모든 시스템에서 무질서와 무효에너지가 자연적으로 증가하는 현상이 나타난다. 엔트로피는 네거티브 개념이어서 이해가 다소 어려운 부분도 있어서 '잠재력'이라는 포지티브 개념을 사용하기도 한다. 또한 '네거티브 엔트로피(negative entrophy)' 또는 '네겐트로피(negentrophy)'라는 개념이 사용되기도 한다. 여하튼 물리 세계에서는 이렇게 엔트로피가 증가하는 과정 또는 '잠재력'과 '네거티브 엔트로피', '네겐트로피'가 감소하는 과정이 발생한다는 것이 엔트로피 증가 법칙의 요체이다(리프킨 2015).

요한 갈퉁은 이러한 엔트로피 증가 법칙에 대한 논의를 소극적 평화와 적극적 평화로 대별되는 자신의 평화 개념에 원용했다. 갈퉁에 의하면, 낮은 엔트로피 상태에서는 행위자들이 한쪽으로, 특히 적은 수의 집중된 지위로 쏠리는 경향이 있고, 그 연결성도 소수의 행위자에 집중되는 경향이 있다. 갈퉁은 이러한 상태를 소극적 평화 상태로 개념화했다. 다시 말해, 갈퉁은 잠재력이 높은 상태, 즉 엔트로피가 감소된 상태를 소극적 평화가 실현될 수 있는 상태로 상정했던 것이다. 이에 비해 높은 엔트로피 상태에서는 행위자들의 지위가 공평하게 분포되어 있고 그들 간의 연결성이 공평하다는 것이다. 갈퉁은 이러한 상태를 적극적 평화 상태로 봤다. 엔트로피가 늘어나서 상호 견제하는 상태가 바로 구조적 폭력이 부재한 적극적 평화의 상태라는 것이다. 갈퉁에 의하면, 폭력의 가능성은 엔트로피가 낮은 시스템에서 커지며, 엔트로피가 증가하는 시스템에서 감소한다는 것이다(Galtung 1967; 정천구 2011).

이러한 갈퉁의 논의에 대해서 케네스 볼딩은, 갈퉁이 열역학 제2법칙인 엔트로피 증가의 법칙을 잘못 이해하여 사회의 잠재력이 소진된 평등한 사회를 이상향으로 설정하고 있다고 비판하였다. 갈퉁의 이해 방식은 진화의 과정 전반을 엔트로피의 차별화로 보는 진화적 관점과도 어긋난다는 것이다. 인류사회의 공통적인 딜레마와 비극은, 사회 시스템은 가만히 놓아두면 나쁜 상태에서 좋은 상태로 개선되는 것이 아니라 나쁜 상태에서 더 나쁜 상태로 진행된다는 것이다. 이러한 '부정적 역동성'은 인간의 향상을 위해서 행해지는, 성공적인 개입의 중요성에 눈을 돌리게 한다. 사물을 엔트로피가 증가하도록, 즉 잠재력이 소진되고 노화가 진행되며 무질서와 퇴행이 진행되도록 내버려 두면, 사회와 조직은 쇠퇴할 것임이 분명하기 때문이다. 따라서 사물이 더 나빠지지 않도록 개입하는 것이, 인류의 가장 중요한 과제 중의 하나라는 것이다(Boulding 1977; 정천구 2011).

이러한 엔트로피와 평화에 대한 논의를, 앞서 살펴본 창발과 환원의 구도에 놓고 생각해 보자. 엔트로피 증가의 법칙에서 말하는 바와 같이, 엔트로피가 낮은 상태는 에너지가 특정 부문에 집중된 상태, 즉 잠재력의 보유 상태이며, 엔트로피가 높은 상태는 에너지가 균질화되어 잠재력이 소진된 상태이다. 이를 창발론에 대입해서 보면, 미시적 단계로부터 거시적 단계로의 창발은 집중된 힘이 균열의 조짐을 보이는 증거로 해석할 수 있으며, 이러한 창발이 거시적 단계에 이르면 특정한 패턴을 발현하게 되는 것이다. 마치 웅크리고 있던 물체가 펼쳐지면서 제 모습을 드러내는 양상을 떠올려 볼 수 있겠다.

이러한 과정에서 엔트로피 증가 과정과 창발의 과정은 언뜻 보기에는 역방향으로 보일 수도 있지만, 이 양자는 포지티브 피드백의 맥락에서 이해할 수 있는 순방향의 현상이다. 엔트로피 증가 법칙이 힘을 사용하여 소모하는 내적 과정을 다룬다면, 그 결과로서 패턴이 드러나는 외적 과정을 다루는 것이 창발이다. 안보위협의 발생과 관련하여 이를 좀 더 구체적으로 설명하면, 엔트로피의 증가 과정이 안보위협 발생의 '내적 동학'을 다룬다면, 창발의 과정은 안보위협이 생성되어 외적으로 그 패턴을 드러내는 '외적 발현'의 과정을 다룬다. 발생한 안보위협의 이슈들이 질적으로 연계되면서 그 성격을 변환시켜 나가는 과정이 바로 창발인 것이다. 이렇게 보면 신흥안보론에서 거론되는 '양질전화'와 '이슈연계'의 과정은 두 가지 동학, 즉 창발의 동력으로서 엔트로피가 증가하는 내적 동학과 창발로 결과로서 '패턴(또는 질서)'이 발현하는 외적 동학의 복합 메커니즘이라고 할 수 있다.

이러한 논의의 연장선에서 보면, 갈퉁의 평화론이 주장하는 바처럼, 엔트로피가 높아지는 상태를 좀 더 나은 상태, 즉 '적극적 평화'의 상태라고 볼 수는 없다. 이는 볼딩이 갈퉁에 대해서 비판을 가한 핵심 논제이기도 하다. 오히려 엔트로피의 증가는 '평화가 증가하는 현상'이 아니라 신흥안보의 '위협이 발생하는 과정'이라고 할 수 있다. 이러한 구도에서 본 (신흥)평화란 안보위협 엔트로피의 증가와 안보위협 이슈 연계의 창발에 대한 환원적 제어이다. (신흥)평화는 엔트로피를 줄이려는 의도적 메커니즘인 동시에, 다양한 안보위협의 이슈들이 예기치 않은 연계의 고리를 형성하며 발현되지 않도록 방지하는 메커니즘이다. 이러한 점에서 평화는 안보위협의 증가와 창발을 줄이려는 환원적 제어, 즉 네거티브 피드백의 과정에서 이해해야 한다. 이러한 관점에서 보면, '신흥'과 '평화'의 합성어로서 신흥평화는 그 개념 안에 창발과 환원의 '모순적 역방향 현상'을 동태적으로 담고 있다고 할 수 있다.

3. 항상성 유지와 속도조정자의 역할

이상에서 살펴본 창발과 환원의 과정을 통해서 궁극적으로 이르게 되는, 신흥평화의 최종적 상태는 어떻게 개념화해야 할까? 소극적 평화의 관점에서 본 '질서'는 주로 서구권 평화 연구에서 선호하는 개념인데 이를 궁극적으로 지향할 평화의 최종적 상태라고 할 수는 없을 것이다. 요한 갈퉁이 지적하고 있듯이, 무엇보다도 불평등의 구조가 지속적으로 재생산되고 있는 상태를 단지 '질서'라는 이름으로 평화를 담보하는 상태라고 상정할 수는 없기 때문이다. 이렇듯 소극적 평화의 관점에서 본 질서를 목표로 설정할 수 없다면, 갈퉁이 논하고 있는 적극적 평화를 신흥평화가 상정하는 최종적 평화로 상정할 수 있을까? 사실 서구권 평화 연구에서도, 특히 평화운동권의 연구에서는 '정의 (justice)로서의 평화'라는 개념을 선호했는데, 이러한 '정의로서의 평화'는 적극적 평화의 개념과도 통하는 바가 크다. 그러나 앞서 살펴본 바와 같이, 신흥평화는 갈퉁이 제시하고 있는 적극적 평화의 개념만으로도 담아낼 수 없는 복잡성을 지니고 있다. 요컨대, 이들 개념은 모두 신흥평화의 최종적 상태에 대한 개념을 채우기에는 여전히 뭔가 부족하다.

이러한 맥락에서 이 글은 신흥평화의 최종적 상태를 이해하는 개념으로서 '항상성'을 제안한다. 항상성의 개념에서 핵심을 이루는 것은 복잡계 이론에서 말하는, '자기조직화' 또는 '자기생성(autopoiesis)'의 개념이다. 자기조직화는 거시적 시스템과 그 안의 미시적 차원에서 활동하는 행위자들이, '아래로부터 미시적으로' 또는 '위로부터 거시적으로' 서로 영향을 미치면서 지속적으로 시스템을 진화시켜 간다는 개념이다. 예컨대, 어떤 창발의 메커니즘에 항상성을 지향하는 네거티브 피드백은 전혀 없고, 단지 '계속 확대되는 나선형'의 포지티브 피드백만 존재한다면, 이러한 메커니즘은 안보위협이 증폭되는 과정으로 치달을 것이다. 따라서 적극적인 노력의 일환으로서 항상성 유지, 또는 자기조직화 및 자생의 추구라는 개념이 필요하다. 신흥안보의 창발과 평화의 의도적 개입이 상호작용하는 과정에서 항상성의 유지를 위한 양방향의 피드백 과정을 통해서 평화가 창출된다고 설정해 볼 수 있다. 이렇게 보면, 항상성 유지의 과정 그 자체를 신흥평화로 이해할 수 있다.

이러한 항상성 유지의 과정으로서 신흥평화는 공진화(co-evolution)의 맥락에서 보는 '지속가능한 평화(sustainable peace)'를 의미한다. 이렇게 지속가능한 평화를 향해서 시스템의 항상성을 유지하는 과정을 달리 표현해 볼 수 있는 개념 중의 하나는 조화이다. '조화로서의 평화'는 주로 동아시아권에서 선호했던 평화 개념이기도 하다(하영선 편 2002; 안외순 2020). 이러한 조화를 달성하는 메커니즘은 화해(和解), 평화공존(平和共存), 구동존이(求同存異), 화이부동(和而不同) 등과 같은 말이 담고 있는 뜻과 연관되는 바가 크다. 한편, 조화로서의 평화에 대한 논의는, 서구권 평화 연구에서도 찾아볼 수 있는데, 기독교적으로 신과 인간의 관계를 인간이 원죄를 짓기 이전의 상태로 되돌리는 것으로 해석될 수도 있다. 사실 여러 면에서 조화의 개념은 신흥평화가 지향하는 최종적 상태와 통하는 바가 크다.

그렇다면 과연 어떤 상태가 '신흥평화가 지향하는 최종적 상태'와 통하는 '조화' 또는 '항상성'의 상태일까? 예를 들어, 일차적으로 사이버 평화는 '지속적으로 감행되는 사이버 공격이 부재한 상태' 정도로 볼 수 있을 것이다. 그러나 사이버 공간에서 완전무결하게 사이버 안보에 대한 침해가 없는 상태를 상정하기는 어렵다. 모든 프로그램이 다 취약점이 있고 그것을 공격하는 악의적 시도를 완전히 근절하기는 어렵기 때문이다. 따라서 사이버 평화는 오히려 사이버 위협은 제기되지만 적절한 수준에서 관리되는 상태, 특히 사이버 위협이 양질전화-이슈연계-지정학의 임계점을 넘어 창발하지 못하도록 환원적 제어가 꾸준히 부과되는 상태, 그래서 시스템이 지속적으로 작동할 수 있게 유지되는 상태로 보아야 한다.

상술하면 사이버 평화에서 중요한 것은, 단순히 사이버 공격이 없는 것이 아니라 사이버 공간의 안전을 보장하기 위한 '조건'을 확보하는 것이다. 다시 말해, 소극적 평화로서의 사이버 평화는 갈등의 부재만이 아니라 사이버 공간에서 분쟁, 범죄, 간첩 행위를 줄이기 위해서 국가 및 비국가 행위자 모두가 사이버 안보 관련 규범을 공유하고 이를 구현하기 위해 협력하는 다층적인 레짐 또는 네트워크의 형성을 통해서 달성된다. 이러한 방식으로 접근하면, 적극적 평화로서 사이버 평화는, i) 사이버 공간에서의 인권과 자유를 존중하고, ii) 사이버 안보의 모범관행 확산을 통해서 인터넷에 대한 접근성을 증대시키며, iii) 다중 이해당사자들의 협력을 촉진하여 거버넌스 메커니즘을 강화하고, iv) 사이버 안보의 지속가능한 발전을 촉진하는 다원적 시스템을 지향하는 것으로 이해할 수 있다(Shackelford et al. 2022, xxiii-xxiv).

이렇게 보면 항상성으로서 신흥평화의 달성 과정을 자기조직화나 자생, 조화 등의 개념에만 의존해서 이해할 수는 없다. 앞서 강조한 바와 같이 평화를 달성하는 과정에서 일정한 정도의 의도적 개입을 상정할 수밖에 없다. 우리 몸은 대단히 복잡한 항상성의 시스템이지만, 이에 비해 우리 사회는 비(非)항상성의 특징을 지닌 시스템이라고 할 수 있다. 따라서 실제 사회 시스템에서는 엔트로피 증가와 안보위협의 창발을 제어하고 항상성을 유지하려는 의도적인 메커니즘이 필요하다. 이러한 맥락에서 안보위협에 맞서 평화를 달성하기 위해서는 의도적이고 실천적인 개입을 하는, 이른바 속도조정자 또는 '유인자(attractor)'의 역할이 필요하다. 속도조정자는 인격적 존재가 아니라, 네거티브 피드백과 포지티브 피드백이 교차하는 지점에 제도적으로 설계된 존재일 수 있다. 예를 들어, 페르 박(Per Bak)이 소개하는, 조직화된 무작위, 이웃 간 상호작용, 분권적 제어, 메타 피드백(meta-feedback) 등의 개념에 주목할 필요가 있다(박 2012).

이 글은 일종의 속도조정자로서 '네트워크 국가'의 역할에 주목할 것을 제안한다. 네트워크 국가의 속도조정자 역할은 밥 제솝(Bob Jessop)이 주장하는 메타 거버넌스의 개념과 맥을 같이한다(Jessop 2003). 메타 거버넌스는 다양한 거버넌스 메커니즘들 사이에서 상대적 균형을 모색함으로써 그들 간의 우선순위를 조정하는 관리 양식을 의미한다. 메타 거버넌스는 시장의 무정부질서(anarchy), 국가 통제의 위계질서(hierarchy), '거버넌스'의 다층질서(heterarchy) 등이 내재적으로 안고 있는 실패를 보정하기 위해서 동원되는 '거버넌스의 거버넌스'이다. 다시 말해, 메타 거버넌스는 국가가 사안에 따라 그 개입의 수준을 적절하게 조절하는 방식으로 여러 가지 거버넌스를 동시에 운용하는 관리 양식으로 정의할 수 있다. 이러한 메타 거버넌스는 평화라는 항상성을 유지하기 위해서 속도조정자로서 네트워크 국가가 수행하는 역할의 핵심을 이룬다.

한편, 신흥평화의 목표를 달성하기 위해서 속도조정자의 의도적 개입이 행해지는 과정에서 주관적으로 평화를 구성하려는 적극적 노력의 필요성도 인식할 필요가 있다. 다시 말해, 객관적인 평화 상태가 존재하기도 하지만 주관적으로 평화 목표를 구성하려는 노력도 모색해야 하기 때문이다. 이러한 문제의식을 바탕으로 신흥안보 논의의 '안보화(securitization)' 개념처럼, 신흥평화 논의에서도 평화를 주관적으로 구성하는 '평화화(平和化, peacification)'의 개념을 개발할 수 있을 것이다. 물론 과잉안보화(hyper-securitization)의 경우처럼, 위장평화 담론이나 추상적인 평화주의(Pacifism) 논의와 같은 과잉평화화(hyper-peacification)의 위험도 조심해야 할 것이다.

V. 맺음말

이 글은 신흥안보 연구의 새로운 지평을 여는 차원에서 복잡계 이론의 시각, 특히 창발의 개념을 원용하여 신흥평화의 개념을 탐구하는 시론적 작업을 펼쳐보았다. 변화하는 안보환경에 걸맞은 안보 연구를 위해서는 새로운 시각이 필요하다고 요구하면서 평화 연구는 여전히 전통적 시각에 머물러 있는, 다소 모순적인 학계의 현실을 타개해 보자는 문제의식의 발로였다. '복잡계 안보론'의 지평을 열어간다고 하면서 평화를 보는 시각을 '단순계 평화론'의 테두리 안에만 가둬 둘 수는 없는 노릇이기 때문이다. 이러한 문제의식을 바탕으로 이 글은 신흥안보 연구와 짝을 맞추어 신흥평화의 개념화에 필요한 다양한 이론적 논점들을 살펴보았으며, 창발과 환원의 복합구도에서 새로운 평화 개념을 탐구하는 작업을 펼쳤다. 이러한 개념적 탐구를 통해 이 글은 신흥평화 개념을 보는 시각을 세 가지 차원에서 제시하였다.

첫째, '신생성'의 관점에서 이해한 신흥평화 연구는 전통안보가 아닌 새로운 분야, 특히 '신흥안보 분야의 평화'를 다룬다. 이 시각에서는 새로운 분야의 '평화' 개념이 무엇이냐가 쟁점이다. 신흥안보 분야에서도 폭력 논리는 그 형태를 바꾸어 발현되기 때문에 당연히 평화 이슈가 제기된다. 이는 평화 이슈의 다양화를 의미하는데, 최근 사이버 평화, 디지털 평화, 보건·생태 평화 등의 새로운 이슈가 등장하고 있다. 이 분야들은 각기 다른 특성이 있어 분야별로 각기 다르게 제기되는 평화의 '상태'를 연구하는 것이, 향후 신흥평화 연구의 관건이 될 것이다. 예를 들어, 전쟁이 없는 상태를 평화로 보는 시각에서부터 국가 간 갈등을 완화하고 제도를 모색하는 과정을 평화로 보는 시각이나 좀 더 미시적인 차원에서 인간 존엄과 생명의 보존을 평화로 보는 시각에 이르기까지 다양한 논의가 가능하다.

둘째, '동태성'의 관점에서 이해한 신흥평화 연구는 '정태적 평화'가 아니라 '동태적 평화'를 탐구한다. 이 시각에서는 신흥 또는 창발 개념을 제대로 도입하는 것이 쟁점이다. 전통적 시각에서는 폭력-안보-평화의 스펙트럼을 설정하고, 안보는 완전한 평화에는 못 미치지만, 안정을 추구하는 과정으로, 평화는 거기서 더 나아가서 안정의 추구가 도달해야 할 궁극적인 목표로 이해되었다. 그러나 창발의 개념을 도입해서 살펴보면, 평화 자체도 폭력이 완전히 사라진 '최종 상태'라기보다는, 여전히 불안정에서 안정으로 창발해가는 연속선상에서 이해되어야 한다. 평화도 아니고, 전쟁도 아닌 안정적 상태로서의 하이브리드 평화 또는 전쟁-평화의 연속체 등의 개념에 주목할 필요가 있다. 이러한 점에서 향후 신흥평화론은 단순계를 배경으로 하여 정태적 상태를 상정했던 전통평화론의 전제를 넘어서 복잡계를 배경으로 한 동태적 과정 또는 '동태적 상태'로서의 평화, 즉 동태적 평화의 연구를 지향해야 할 것이다.

끝으로, '항상성'의 관점에서 이해한 신흥평화 연구는 평화의 최종적 상태로서 자기조직화와 '항상성'의 유지를 상정한다. 이 시각에서는 '신흥'과 '평화' 개념 각각을 살피는 데서 그치는 것이 아니라 양자의 관계를 어떻게 설정하느냐가 쟁점이다. 앞서 두 시각은 기본적으로 새로운 분야의 이슈를 둘러싸고 발생하는 현상적 갈등을 제거하거나 완화하여 기존 질서를 보존하자는 소극적 평화론에 머물고 있다. 그러나 신흥평화론은 이보다는 좀 더 나아가 구조적 폭력의 원인을 제거하거나 완화하기 위해 노력하고 기존 질서를 개혁하는 적극적 평화론을 지향해야 할 것이다. 다시 말해, 신흥의 개념을 빌어 평화 개념의 지평을 넓힐 과제를 안고 있다. 이렇게 이해한 신흥평화론은 현재 발생한 갈등과 위협에 대처할 뿐만 아니라 좀 더 나은 질서를 구축하려는 실천적 과정을 의미한다. 그리고 여기서 더 나아가 의도적 개입을 통한 조화의 회복과 항상성 유지, 그리고 공진을 통한 지속가능한 평화의 달성에 주목할 필요가 있다.

오늘날의 복잡다단한 현실은 국내 학계에 새로운 안보 연구의 필요성뿐만 아니라 새로운 평화 연구의 필요성도 제기하고 있다(서보혁 2015; 이상근 2015; 이정우 2018). 물론 이 글에서 살펴본 신흥평화에 대한 논의에까지 평화 연구의 지평을 확장시킬 것이냐, 아니면 전통평화론과 타협하는 적절한 선에서 분석적으로 사용할 수 있는 평화 개념을 마련하는 데서 그칠 것이냐의 문제가 남아 있다. 신흥평화의 개념을 '신흥안보에만 국한된 평화'가 아니라 전통안보와 신흥안보 두 영역을 모두 포괄하는 '새로운 시대의 평화 개념'으로 발전시킬 것이냐도 쟁점이다. 전통평화 및 신흥안보 이슈가 어떤 점에서 서로 이질적이며, 어떤 점에서 상호 통합이 가능한지, 그리고 양자 간의 우선순위를 어떤 조건에서 설정할 수 있을지 등과 같은 논제에 대한 면밀한 탐색이 필요하다.

여하튼 전통평화의 논제를 완전히 배제할 수는 없더라도, 적어도 오늘날 현실의 변화가 질적으로 새로운 평화 연구를 요구하고 있는 것만큼은 확실하다. 평화 개념의 확장을 바탕으로 사고의 지평을 확장하려는 노력이 시급하다. 이 글에서 제시한 다양한 개념과 연구 어젠다가 향후 평화 연구의 주춧돌이 되기를 기대해 본다. 이러한 연장선에서 볼 때, 실천전략을 모색하는 차원에서 신흥평화의 국가전략에 대한 고민도 시급하다. 전통안보 분야의 한반도 평화전략이 여전히 중요하지만, 최근 급속히 그 비중이 커지고 있는 신흥안보 분야의 평화전략에 대한 고민을 더는 미룰 수 없다. 전통안보 분야의 '한반도 평화 프로세스'처럼, 신흥안보 분야의 '한반도 신흥평화 프로세스'를 마련할 필요가 있다.

참고문헌

김병곤. 2020. "유럽 지성사와 평화 인식의 기원."『한독사회과학논총』30(4): 139-163.

김상배. 2014.『아라크네의 국제정치학: 네트워크 세계정치이론의 도전』. 한울.

김상배 편. 2016.『신흥안보의 미래전략: 비전통 안보론을 넘어서』. 사회평론아카데미.

_____. 2021.『코로나19와 신흥안보의 세계정치: 팬데믹의 복합지정학』. 사회평론아카데미.

김상배·신범식 편. 2017.『한반도 신흥안보의 세계정치: 복합지정학의 시각』.
　　　사회평론아카데미.

_____. 편. 2019.『동북아 신흥안보 거버넌스: 복합지정학의 시각』. 사회평론아카데미.

리프킨, 제레미. 2015.『엔트로피』. 이창희 역. 세종연구원.

레비, 피에르. 2002.『집단지성: 사이버공간의 인류학을 위하여』. 권수경 역. 문학과지성사.

박, 페르. 2012.『자연은 어떻게 움직이는가?: 복잡계로 설명하는 자연의 원리』.
　　　정형채·이재우 역. 한승.

서보혁. 2015. "한국 평화 연구의 현황과 과제."『한국과 국제정치』31(2): 115-148.

안외순. 2020. "유교사상에 나타난 화해 개념과 전통."『동방학』43: 65-95.

이동기. 2013. "디터 젱하스의 평화론: 문명화의 복합구성."『오토피아』28(1): 31-66.

이상근. 2015. "안정적 평화 개념과 한반도 적용 가능성."『한국정치학회보』49(1): 131-155.

이정우. 2018. "평화를 향한 국제정치학 패러다임의 일고찰: 한반도 평화체제의 미래상에
　　　대한 함의."『평화학 연구』19(3): 7-26.

정천구. 2011. "평화의 두 가지 개념에 관한 논쟁: 적극적 평화와 소극적 평화."
　　　『서석사회과학논총』4(1): 39-69.

존슨, 스티븐. 2004.『이머전스: 미래와 진화의 열쇠』. 김한영 역. 김영사.

하영선 편. 2002.『21세기 평화학』. 풀빛.

하영선·김상배 편. 2006.『네트워크 지식국가: 21세기 세계정치의 변환』. 을유문화사.

Arquilla, John and David Ronfeldt. eds. 2001. *Networks and Netwars: The Future of Terror, Crime, and Militancy*. Santa Monica, CA: RAND.

Bargués-Pedreny, Pol and Elisa Randazzo. 2018. "Hybrid Peace Revisited: an Opportunity for Considering Self-governance?" *Third World Quarterly* 39(8): 1543-1560.

Beck, Ulrich. 2005. "World Risk Society and the Changing Foundations of Transnational Politics." in Edgar Grande and Louis W. Pauly, eds. *Complex Sovereignty: Reconstituting Political Authority in the Twenty-first Century*. Toronto: University of Toronto Press, 22-47.

Bennett, Andrew. 2013. "The Mother of All isms: Causal Mechanisms and Structured Pluralism in International Relations Theory." in Colin Wright, Lene Hansen and Tim Dunne, eds. *European Journal of International Relations* 19(3), Special

Issue: The End of International Relations Theory? 459-481.

Bloom, Les and John E. Savage. 2011. "On Cyber Peace." Atlantic Council.

Boulding, Kenneth E. 1977. "Twelve Friendly Quarrels with Johan Galtung." *Journal of Peace Research* 14(1): 75-86.

Buzan, Barry. 1997. "Rethinking Security after the Cold War." *Cooperation and Conflict* 32(1): 5-28.

Diehl, Paul F. 2016. "Exploring Peace: Looking beyond War and Negative Peace." *International Studies Quarterly* 60: 1-10.

Dunne, Tim, Lene Hansen and Colin Wight. 2013. "The End of International Relations Theory?" in Colin Wright, Lene Hansen and Tim Dunne, eds. *European Journal of International Relations* 19(3), Special Issue: The End of International Relations Theory? 405-425.

Flynn, Matthew. 2021. "Winning the Digital War: Cyber Ideology and the Spectrum of Conflict." *Journal of Strategic Security* 14(4): 87-102.

Galtung, Johan. 1967. *Theories of Peace: A Synthetic Approach to Peace Thinking*. Oslo: International Peace Research Institute.

_____. 1987. "Only One Quarrel with Kenneth Boulding." *Journal of Peace Research* 24(2): 199-203.

_____. 1996. *Peace by Peaceful Means: Peace and Conflict, Development and Civilization*. London: Sage.

Garcia, Denise. 2018. "Lethal Artificial Intelligence and Change: The Future of International Peace and Security." *International Studies Review* 20: 334-341.

Heylighen, Francis. 2011. "Conceptions of a Global Brain: An Historical Review." *Evolution: Cosmic, Biological, and Social*, 274–289.

Jackson, Patrick Thaddeus. 2011. *The Conduct of Inquiry in International Relations: Philosophy of Science and its Implications for the Study of World Politics*. New York: Routledge.

Jessop, Bob. 2003. *The Future of the Capitalist State*. Cambridge, UK: Polity Press.

Kupchan, Charles A. 2010. *How Enemies Become Friends: The Sources of Stable Peace*. Princeton, New Jersey: Princeton University Press.

Richmond, Olivier P. 2014. "The Dilemmas of a Hybrid Peace: Negative or Positive?" *Cooperation and Conflict* 50(1): 50–68.

Roff, Heather. 2016a. "Cybersecurity as a Negative Peace." *New America*.

_____. 2016b. "Cybersecurity through the Lens of Positive Peace." *New America*.

Senghaas, Dieter. 2013. *Pioneer of Peace and Development Research*. Bremen: Springer.

Shackelford, Scott J., Frédérick Douzet and Christopher Ankersen. eds. 2022. *Cyber Peace: Charting a Path Toward a Sustainable, Stable, and Secure Cyberspace*. Cambridge, UK: Cambridge University Press.

Smith, Adam. 1776. *The Wealth of Nations*.

Teilhard de Chardin, Pierre. 1955/1965. *The Phenomenon of Man*. trans. Bernard Wall, New York: Harper and Row.

Webel, Charles and Johan Galtung. 2007. *Handbook of Peace and Conflict Studies*. Routledge.

제2장

탈냉전의 종식과 우크라이나 전쟁 전후 세계질서의 변화와 신흥평화의 가능성

전재성(서울대학교 정치외교학부)

I. 신흥평화의 시대? 혹은 전통 전쟁의 시대?

2022년 2월 24일 발발한 우크라이나 전쟁이 1년을 넘어가고 있지만 여전히 종결의 실마리를 찾지 못하고 있다. 2022년 9월 16일 우즈베키스탄에서 열린 상하이협력기구회의에서 인도의 모디 총리는 러시아의 푸틴 대통령에게 "지금은 전쟁의 시대가 아니다"라고 명시적으로 언급했다. 중국의 왕원빈 대변인은 9월 21일, "우리는 관련국들이 대화를 통해 정전을 실현하고, 각국의 합리적 안보 우려를 두루 고려한 방법을 최대한 빨리 찾기를 호소한다"고 입장을 피력했다. 11월에 열린 G20 회의에서도 러시아 푸틴 대통령이 불참한 가운데 각국 정상들은 러시아의 우크라이나 침공을 비판하였고 중국 역시 러시아의 입장에 대해 비판적 태도를 부분적으로 보이고 있다. 이러한 인도와 중국의 입장은 그간 러시아의 우크라이나 침공에 우호적 중립을 지켜온 바를 생각해보면 전환점으로 여겨질 수 있다.

그러나 모디 총리의 언급처럼 지금이 전쟁의 시대가 아니라면 평화의 시대가 도래했다고 볼 수 있는가. 전쟁의 시대가 아니라면 지금의 시대를 어떻게 정의할 수 있는가. 우크라이나 전쟁은 주권국가들 간 전쟁이며, 국가 간 전쟁은 냉전의 종식 이후 매우 드문 일이었다. 비서구 국가들 내부의 내전이 대부분의 안보 문제를 차지했고 2008년 러시아의 조지아 침공, 2014년의 러시아의 우크라이나 침공, 2020년 9월 아제르바이잔-아르메니아 전쟁 등 국가들 간 전쟁은 일부에 불과했다. 그러나 무수한 사망자와 난민을 산출한 우크라이나 전쟁은 기존의 탈냉전 국제질서를 근본적으로 바꾸는 사건으로 인식되고 있다.

탈냉전기 미국 주도의 자유주의 국제질서는 국제연합 헌장과 국제법을 준수하고 개인의 인권과 국가의 주권을 수호하는 굳건한 질서로 여겨졌다. 많은 내전과 9.11 테러에도 불구하고 국가들은 국제법의 원칙에 기반하여 국가 간 협력을 통해 문제를 해결하고자 노력해왔다. 많은 내전의 원인이 제국주의 시대의 침탈에 놓여 있고 이후의 개별 국가 내부의 혼란상과 주변 국가들의 개입 등 다양한 원인들이 얽혀 있지만 주권국가들 간의 협력은 탈냉전기에 공고한 것으로 보였다.

더욱이 소련이 해체된 1991년 이후 탈냉전 30년 기간은 강대국 간 안보 경쟁과 리더십 경쟁이 거의 사라진 시기로 보였고 자유주의 규칙기반 질서에 대한 합의가 존재하는 것으로 여겨져왔다. 군사력을 사용하여 문제를 해결하는 전쟁의 문제, 즉 전통안보 갈등은 과거의 것이고 환경, 보건, 핵비확산, 신기술 규제와 같은 신흥안보 이슈가 중요한 문제로 여겨졌다. 과거와 같이 전쟁을 통해 인류가 절멸하는 것이 아니라 신흥안보 이슈로 인류가 절멸할 가능성이 더 높다고 여겨졌고 지구화의 흐름 속에 자유주의 국제질서를 기반으로 평화를 도모할 수 있는 시기가 왔다고 생각되었기 때문이다.

그러나 2022년부터의 세계는 탈냉전 30년과는 구별되는 새로운 시대가 될 가능성이 존재한다. 2022년 10월에 미국이 발표한 국가안보전략(National Security Strategy)은 탈냉전의 시대가 분명히 종식되었다고 선언하고 있다. 미국은 미중 전략 경쟁을 염두에 두고 한 언명이지만 탈냉전의 종식이라는 명제는 그보다 훨씬 더 넓은 의미에서 깊게 고민해봐야 할 변화의 선언이라고 보여진다.

전통안보를 둘러싼 갈등과 질서의 변화가 신흥안보를 둘러싼 협력의 흐름을 제압하고 다시 국가 중심, 그리고 군사력 중심의 시대를 만들고 있기 때문이다. 과연 앞으로의 시대가 평화의 시기가 될지, 신흥안보의 다양한 문제들이 전통안보를 둘러싼 흐름을 변화시킬 수 있는 시대가 될지 살펴볼 필요가 있다.

II. 신흥평화와 전통안보

평화를 둘러싼 다양한 선행연구가 있지만, 이 글에서 논하는 신흥평화의 개념은 첫째, 신흥안보 이슈 부분의 평화를 의미할 수도 있고, 둘째, 평화에 대한 새로운 접근과 가능성을 이야기할 수도 있다. 즉, "신흥안보 이슈에서의 평화"와 "전쟁과 안보의 시대를 평화의 시대로 바꾸는 새로운 평화"라는 개념의 차이이다(이상근 2015; 이정철 2020; 허지영 2022).

우선 신흥안보 이슈들은 안보와 평화 정착의 과정에서 독특한 모습을 보인다. 지금 우리가 살고 있는 시대는 전통적인 군사안보, 경성안보, 근대 주권국가들, 특히 강대국들 간 전략 경쟁에 더해 유례없는 새로운 변화들, 안전을 위협하는 새로운 이슈들이 등장하고 있다. 소위 4차 산업혁명 기술의 발전, 특히 디지털화, 인공지능, 양자컴퓨팅 등 놀라운 기술의 발전이 이루어지고 있고, 인구 변화 역시 지구 전 지역에 걸쳐 불균등하나 빠르게 진행되고 있다. 코로나 사태로 더욱 악화된 보건위기, 그리고 빠른 속도로 악화되는 생태와 환경의 위기는 그간 자연을 대하는 인간의 태도를 새롭게 인식하도록 하고 있다.

인간의 발전과 번영을 위해 시작된 기술의 발전과 예상치 못한 새로운 문제들이 인간의 안전을 위협하게 되면서 신흥이슈들에 대한 신흥안보 개념이 부각되었다. 전통안보가 주권국가들 간의 군사적, 경제적 대립에서 비롯되는 소위 전통적 문제라고 할 때, 신흥안보는 주권국가는 물론 비국가 행위자들을 포함한 다양한 행위자들 간에 벌어지는 비전통적 이슈들에 관한 개념이다.

이러한 상황에서 환경안보, 인간안보, 연성안보 등 다양한 개념이 등장하고 있다. 신흥안보는 '양질전화(量質轉化)'와 '이슈연계'의 과정을 거쳐서 '지정학의 임계점'을 넘어서 창발하는 복잡계의 안보 위험을 다루기 위해 설정된 개념이다(김상배 2020a; 2020b). 신흥안보를 이론적으로 개념화하기 위해서는 전통적인 국제정치이론을 넘어 탈국제(post-international)와 탈근대(post-modern) 시각을 바탕에 둔 복잡계 이론과 네트워크 이론이 필요하다는 논의도 설득력이 있다(김상배 2020b, 55).

신흥안보는 인간의 안전을 위협하는 요인들이 새로운 이슈 영역에서 출현한다는 점에서만 새로운 것은 아니다. 우선 미시에서 벌어지는 변화들이 거시적 위기로 창발한다는 비연속성과 비선형성의 문제이다. 역사를 되돌아볼 때 미시-거시 문제의 연결성과 창발성은 언제나 존재했다. 예를 들어 국제연합은 새롭게 등장하는 안보 이슈들을 다양한 기구를 통해 해결하고자 노력해왔다(Aler 2006). 문제는 지구화 및 기술 발달로 인한 시공의 축약 현상은 더욱 잦은, 그리고 빠른 창발을 불러오고 있다는 점이다. 신흥이슈에서 안보가 새로운 영역의 거버넌스 체제, 피해 방지 및 복구, 예방 등에 관한 개념이라면, 신흥이슈에서 평화, 즉 신흥평화는 미시적 차원의 문제 자체의 발생을 막거나 줄이고, 미시적 차원의 문제가 거시적 차원으로 창발되는 것을 방지하며, 신흥안보 이슈에서 주권국가는 물론 다양한 행위자들이 신흥이슈의 장점들, 예를 들어 새로운 기술의 발전을 통해 인간의 잠재력을 극대화시키고 역량을 강화할 수 있도록 하는 과정을 의미할 것이다.

신흥안보 이슈에서의 평화와 구별되는 개념으로 새로운 평화, 즉 비단 신흥안보 이슈에 국한되는 것이 아니라 기존의 전통안보 이슈, 즉 국가들 간 폭력과 군사력의 사용 문제를 포함하여 새로운 평화를 정착시키는 평화의 개념을 생각해 볼 수 있다. 지구화의 시대를 거치면서 주권국가의 권능은 약화되고 개인, 시민사회, 이익집단, 기업, 언론, 초국가 시민사회, 지역기구, 국제기구 등의 역할이 증가되었다. 국가들이 주권을 가지고 자의적인 행동을 할 수 있는 여지는 급격히 줄어들고 규칙에 기반한 국제질서, 지구질서가 강화된 것이다. 무엇보다 이러한 지구화를 규율하고 규제하는 지구 거버넌스가 만들어져 국제질서를 넘어서는 지구질서가 만들어지고 있다는 인식이 팽배했다. 그리고 이러한 규칙기반 질서의 원리가 되는 것이 자유주의라는 일반적 합의가 만들어지고 있었다. 미국은 역사상 유례없는 힘과 이념을 가지고 자유주의 규칙기반 질서를 이룩했고 지구화의 흐름 속에서 이러한 원리가 받아들여졌다. 물론 미국과 일부 자유주의 선진국의 힘만으로 자유주의 국제질서가 만들어진 것은 아니다. 많은 중견국과 약소국이 자유주의 국제질서의 수립과 유지에 공헌했으며, 때로는 미국과 강대국의 강대국 정치를 완화하는 역할도 했다고 볼 수 있다.

탈냉전기에 새로운 평화의 흐름, 즉 자유주의 규칙기반 질서가 정착했다면 이는 얼마나 신흥안보 이슈의 평화와 관련되어 있는가. 첫째, 경제의 세계화와 더불어 보건, 환경, 비확산, 기술 등 여러 이슈들에서 국가들 간, 혹은 비국가 행위자들 간 협력이 발전했고 이러한 발전이 전통안보에 영향을 미쳤다고 볼 수 있다. 신흥안보 이슈에서 행위자들은 미시적 차원의 문제 자체의 발생을 막거나 줄이고, 미시적 차원의 문제가 거시적 차원으로 창발되는 것을 방지하며, 신흥안보 이슈에서 주권국가는 물론 다양한 행위자들이 신흥이슈의 장점들, 예를 들어 새로운 기술의 발전을 통해 인간의 잠재력을 극대화시키고 역량을 강화할 수 있도록 하는 과정을 강조했다.

그러나 신흥안보 문제의 해결, 더 나아가 지속가능하고 효과적인 갈등 해소의 제도화된 과정으로서 신흥평화가 기존의 전통안보로부터 얼마나 발전했는지는 여전히 의문의 여지가 남아 있다. 우선 거버넌스의 문제로 코로나 사태, 사이버 안보, 기후 변화 등 많은 신흥안보 이슈들에서 인간은 삶을 더 윤택하고 효율적으로 발전시키려는 의도를 가지고 노력했지만 이들 영역에서 관리와 거버넌스의 능력을 충분히 확보하지 못한 문제가 있다. 이는 기술 발전과 거버넌스 능력 간의 격차로도 설명될 수 있다. 전통안보 이슈가 주로 폭력과 세력균형의 문제였다면 신흥안보 이슈는 관리의 문제, 거버넌스의 공백 문제를 크게 내포하고 있다.

　더 큰 문제는 신흥이슈 영역에서도 안보를 제로섬 게임으로 인식하고 안보를 독점하려는 안보파괴자, 경쟁자들이 완전히 사라진 것은 아니라는 점이다. 신흥안보 이슈가 창발의 양태를 가지고 발생하더라도 이를 다루는 정치적 주체는 여전히 주권국가의 틀에 강하게 귀속되고 있다. 코로나 사태 속 미중 경쟁이 대표적 사례이다. 또한 많은 신흥안보 연구들은 지구적 거버넌스를 논하면서 동시에 자국의 이익을 해치지 않는 대안, 자국이 공헌할 수 있는 방안에 여전히 주목한다. 결국 전통 조직원리 속의 신흥안보 문제라는 점을 알 수 있다. 지정학의 임계점을 넘으면 국가 안보 이슈로 인식되고 빠르게 안보화된다. 신흥안보의 특이성을 가지면서도 전통지정학과 연계된다는 점에서 복합지정학적 성격을 가진다. 신흥이슈들이 쉽게 안보화, 무기화되어 소위 '주권의 덫'를 벗어나지 못할 때 공공악재(collective bads)에 대처하기보다는 상대적 손실(relative loss) 감소 게임으로 빠지게 될 것이다. 그렇게 되면 신흥안보 역시 전통적인 안보게임의 양상을 띠며 신흥평화로 가는 길을 잃게 될 것이다.

　결국 신흥안보 이슈에서 안전을 정착하는 방법, 더 나아가 신흥평화를 이룩하는 방법은 전통안보, 전통안보 이슈에서의 평화 정착과 완전히 분리되기는 어렵다. 또한 신흥평화의 일부 성공 사례가 전통안보에서 온전한 성과로 이어지기도 어렵다. 여전히 신흥안보에서도 주권국가들 간 경쟁의 논리가 작동하고 있으며 두 영역 간 상호 작용이 이루어지고 있기 때문이다. 주권국가가 큰 권능을 가지고 있는 베스트팔렌 국제질서와 조직원리 위에서 신흥안보와 신흥평화가 전통안보와 전통평화에 영향을 미칠 수 있는 힘을 발휘할 수 있을 것인가, 더 나아가 조직원리의 변화에 영향을 미칠 수 있을 것인가는 아직 예측이 어렵다. 국가뿐 아니라 여러 행위자들의 참여가 보장되고 국제법과 국제기구 등 다자주의적 합의, 자유주의 원칙에 따라 갈등 해소가 도모되는 시대가 어느 정도 유지될 수 있을지도 예측이 쉽지 않다. 특히 미국 패권의 상대적 약화, 강대국들 간 지정학 경쟁의 심화, 미국 주도의 자유주의 국제질서를 대체하려는 권위주의 국가들의 시도, 특히 우크라이나 사태가 시작한 전통안보 부문에서 질서의 파괴는 오히려 전통안보 이슈가 신흥안보의 영역에 부정적인 영향을 주는 면을 보이고 있다.

III. 우크라이나 전쟁이 주는 충격

2022년 2월 24일 러시아의 우크라이나 침공은 두 국가 간 영토분쟁이라고 하기에는 의미가 매우 크다. 전통안보 이슈에서의 전쟁 발생이라고 한정하기도 어렵다. 기존의 세계질서에 주는 충격과 변화의 가능성을 보이고 있으며 비단 전통안보뿐 아니라 신흥안보 이슈에 주는 함의도 크다고 본다.

첫째, 우크라이나 전쟁은 자유주의 국제질서의 기본 틀을 정면으로 위배한 전쟁이다. 탈냉전기 국가들은 UN의 원칙에 따라 다른 국가의 주권, 특히 영토 보존의 원칙을 준수하고 있었지만 러시아의 침공은 이러한 국제법과 UN 헌장을 정면으로 위배한 것이다. 더욱이 2차 세계대전의 승전국으로서 UN 안보리의 상임이사국인 러시아가 스스로 UN 헌장을 위배한 전쟁이기에 주는 파급효과가 크다. 러시아의 전쟁이 합리화되거나 전쟁으로 인한 이익이 정당화된다면 앞으로도 국제법을 어기고 군사력에 기반한 현상변경의 시도는 계속 이어질 것이다.

둘째, 우크라이나 전쟁은 미국의 세계적 리더십이 약화되는 과정에서 벌어진 전쟁이며 이러한 추세는 지속될 수 있다. 자유주의 규칙기반 질서는 여러 국가들의 공통된 노력에 의해 만들어지고 유지된 것이 사실이지만 미국의 역할이 크다는 것은 부인할 수 없다. 2차 대전 이후 냉전기 자유진영의 자유주의 질서의 수립과 발전에 미국은 패권국으로 역할을 해왔다. 냉전의 종식 이후 세계적 차원에서 자유주의 질서를 확산하기도 하였다. 그러나 미국은 우크라이나 전쟁 직전 이미 아프가니스탄 철군과 세계적 차원의 후퇴(retrenchment)전략을 추구하고 있었고 우크라이나 전쟁 위기 직전에 이미 군사적 개입 불가의 입장을 천명했다. 우크라이나에 대해 양자 군사관계에서 우위를 확신한 러시아는 전쟁을 시작했고 미국의 억제 실패는 국제질서 전반에 미국 리더십의 약화 및 전통안보 부문에서 억제의 전반적 약화를 의미하게 되었다.

셋째, 우크라이나 전쟁은 핵 사용의 문턱을 낮추고 있다. 신흥안보 이슈가 코로나 사태로 현실화되고 환경위기가 체감되는 시대가 도래하면서 인류는 신흥안보 이슈의 악화로 절멸할 수 있다는 위기감을 가지게 되었다. 이전에는 핵전쟁으로 인류가 절멸할 것이라고 생각했지만 신흥안보 이슈가 더욱 절박한 위기로 대두한 것이다. 그러나 우크라이나 전쟁으로 이러한 생각은 또 바뀌게 되었다. 푸틴 대통령은 애초의 계획과는 반대로 우크라이나에 대한 군사적 점령에 상당한 어려움을 겪게 되었고 2022년 9월에 들어서는 이미 점령한 동부 영토를 상당 부분 잃게 되었다. 푸틴 대통령은 9월 말 돈바스, 루한스크, 자포리아, 헤르손 등 우크라이나의 동부와 남부에 주민투표를 실시하여 병합을 실행했다. 이들 영토가 병합되고 우크라이나의 공격이 지속되면서 이제 러시아는 러시아 본토를 둘러싼 우크라이나 전쟁을 수행하는 것이 되며, 그간의 소위 '특수군사작전'을 넘어 본격적인 전면전을 러시아 국내적으로도 인정하여 전쟁을 수행하고 있다. 이미 푸틴 대통령은 러시아 국민들에게 1차 부분동원령을 내린 바 있고 더 이상 우크라이나 전쟁을 국내정치와 분리시킬 수 없게 된 것이다.

이러한 상황에서 패전과 뒤이어 가능한 정치적 위기를 피해야 하는 푸틴의 절박감은 더 강해질 수밖에 없다. 이미 러시아는 핵무기를 비롯한 전략무기 사용의 가능성을 공언해왔으므로 이를 불가피하게 만드는 정치적, 군사적 상황이 조성되고 있다고 보아야 할 것이다. 물론 푸틴이 전쟁 종식 혹은 전쟁에서 주도권을 위해 정치적으로 핵무기 사용을 위협하고 있다고 볼 수 있고, 핵무기 사용의 실효성, 이후의 국제적 비난 등을 생각해 볼 때 실제 사용에 대해서는 여전히 유보의 여지는 있다. 그러나 혹시라도 핵무기 사용이 현실화되면 지구안보질서는 물론 국제질서 전반은 커다란 위기에 봉착할 것이다. 이러한 상황에서 신흥평화의 가능성은 더욱 줄어들 것이다.

넷째, 우크라이나 전쟁이라는 전통안보 문제는 신흥평화 이슈에 부정적인 영향을 미치고 있다. 우크라이나의 곡물 수출 문제로 인한 세계적 식량안보 문제는 물론이고, 러시아의 원유와 가스 무기화는 많은 국가들에 고통을 안겨주고 있다. 환경 문제를 막기 위해 노력해왔던 환경친화적 에너지 기술 노력은 더 큰 타격을 받게 되었고 에너지난 속에서 석탄과 같은 전통 에너지원을 다시 강화할 수밖에 없는 상황이 되었다. 쏟아지는 우크라이나 난민들의 보건 상황 역시 큰 문제가 되었다. 창궐했던 코로나 사태는 보건 혜택을 받기 어려운 난민들 사이에서 더욱 악화된 바 있고 앞으로 전쟁이 확산될 경우 보건 문제는 더욱 악화될 것이다. 전통 안보가 취약한 상황에서 신흥안보의 네트워크적 성격과 양질전화의 문제는 악화의 원인으로 작동할 것이다. 또한 신흥안보 문제 해결의 주체로 주권국가가 다시 등장하면서 서로의 취약성을 악용하는 주권의 덫이 더욱 강화될 수 있다.

IV. 안보와 평화를 둘러싼 현실주의와 자유주의의 이론 대립 구도

전통 국제정치학에서 평화의 가능성은 요원하며 오히려 안보가 핵심 이슈로 존재해왔다. 안보는 어원상 '공포와 부족으로부터 자유로운 상태(free from care: free from fear and want)'를 의미하는 개념이며 갈등의 소극적 평화와 상통한다. 평화의 개념과 상태 중 부분집합 개념으로 안보를 상정할 수 있다. 국제정치에서 평화는 너무 야심적인 목표이며 평화는 안정을 의미하는 경향이 강하다. 즉, '힘을 통한 평화,' '세력 균형,' '집단안전보장,' '법을 통한 평화,' '개인 차원의 혹은 종교적 차원의 평화주의,' '혁명적 평화주의' 등의 다양한 표현에서 드러나듯이 명시적 폭력의 제거에서부터 질서의 창출까지 다양한 내용을 일컫는다(Richmond 2008, 442). 특히 현실주의 국제정치이론은 지속가능한 평화에 대해 회의적이며 오히려 현실적으로 안정과 균형을 강조한다.

　반면 자유주의 국제정치이론가들은 자유주의 원칙을 현실세계에서 정착하여 보다 지속가능한 평화를 추구한다. 현실주의 국제정치이론이 전쟁을 통해 적이 사라진, 힘을 통한 평화에 집중한다면, 자유주의는 자유주의 이념과 기제에 기반한 보편적 평화를 이야기하며, 민주주의, 시장, 제도의 역할을 강조하여 평화의 가능성을 추구한다. 이러한 자유주의의 입장은 국가 이외 행위자의 다양화, 국제레짐과 국제기구 역할의 강조, 그리고 개방적이고 다자주의적인 국제경제질서를 축으로 한 협력의 가능성 등을 논하고 있기 때문에 신흥평화의 측면에서도 큰 공통점을 지닌다고 할 수 있다. 특히 모랍칙과 같은 자유주의자는 주권국가를 국가 이하의 개인과 시민사회 등 보다 근본적인 이해상관자의 견해를 대표하는 통로로 인식하며 초국가적 개인들의 네트워크가 가지는 잠재력으로 평가한다(Moravcsik 2003). 근대 주권국가가 중심이 되어 힘과 이익을 극대화하기 위해 각축하는 베스트팔렌 체제를 넘어선 새로운 조직원리를 논의하면서 해방의 원리에 기초한 새로운 담론 구성을 추구하는 전망을 생각해 볼 수 있다(Richmond 2008, 453-457).

이슈 부문에서도 자유주의 국제정치이론가들은 경제, 환경, 여성, 이념 등의 이슈를 중시해왔다. 대표적으로 코헤인과 같은 자유주의자들은 환경 문제의 중요성을 역설해왔고 이를 해결하기 위한 노력으로 국가들 간의 국제제도와 레짐의 중요성을 강조했다. 또한 여성주의 국제정치학 이론의 중요성을 역설하며 인권과 젠더 문제가 자유주의와 친화성이 있다고 주장해왔다. 경제 부문에서 자유주의자들의 견해는 특히 강하다. 자유주의자들은 시장 논리에 기반한 국가들 간의 협력이 상호의존, 지구화의 추동력이 될 수 있으며 이 과정에서 국가 이외의 경제 행위자들의 역량이 더욱 강화된다고 보았다. 코헤인은 이러한 노력이 궁극적으로 국제정치의 제도화를 넘어 법제화를 가져올 가능성이 있다고 주장했는데, 1990년대 미국 주도의 자유주의 국제질서가 강화되는 과정에서 국제규범 강화와 다자주의 법제화가 이루어졌고 개별 국가들은 이러한 규범과 규칙, 법 등을 내재화하는 단계를 거쳤다고 본다.

전통안보와 국제질서 부문의 변화 속에 현실주의와 자유주의 중 어느 견해가 더 옳았는지를 판별하기는 쉽지 않다. 2022년의 국면 속에서 기존 자유주의 국제질서의 약화는 명백한 현상이다. 2016년 트럼프 대통령의 당선과 영국의 브렉시트는 자유주의 국제질서를 약화시키는 대표적인 사건으로 보였다. 자유주의를 대변해온 미국과 영국 스스로가 다자주의 국제질서를 약화시키는 외교정책을 폈고 특히 트럼프 정부는 미국 스스로 건설해온 자유주의 국제질서를 무시하고 다수의 다자주의 기구로부터 탈퇴했다.

이러한 변화는 신흥안보 이슈에서도 많은 함의를 가진다. 트럼프 대통령은 파리기후협약, 세계보건기구를 무시하고 탈퇴했으며, 이란과 핵합의를 무위로 돌렸다. 북한과의 핵협상도 국내정치 이익과 맞지 않을 경우 순식간에 결렬시키는 모습을 보였다. 코로나 사태가 발생했을 때 국가들 간 협력을 도모하기보다 자국우선주의에 기반한 각자도생의 정책을 추구했다. 민주주의 절차를 무시하고 포퓰리즘에 호소하는 정치방식은 다른 여러 나라에도 영향을 주었고 기존의 미국 민주주의 이념외교는 위기에 처하게 되었다.

신흥안보 이슈는 본질적으로 국가 이외의 다양한 행위자들이 이해상관자로 얽혀 있으며, 다차원의 네트워크가 작동해야 하는 이슈이다. 주권국가들 간의 전통적 경쟁관계 속에서 신흥안보 이슈의 신흥평화는 매우 어렵다. 신흥평화를 정착시키려면 적극적인 개인과 집단의 노력이 필요하며 해방적 역량확대(empowerment)가 중요하다. 전통안보 이슈에서 국가 중심의 군사력 사용, 전통안보가 확보되지 않는

다면 신흥안보 역시 어려움에 처할 것이고 이러한 위기는 곧 자유주의 국제질서의 위기와 연결되어 있다.

V. 자유주의 국제질서에 대한 현실주의의 비판과 신흥평화 비관론

신흥안보 이슈들이 초국가적 네트워크와 국가들 간의 공통된 이익의 존재를 주축으로 한다고 할 때, 자유주의 국제질서가 신흥평화에 중요한 통로임은 확실하다. 이 과정에서 신흥평화를 둘러싼 기존 국가들 간의 경쟁과 각축이 최대한 벌어지지 않도록 해야 할 것이다. 그러려면 전통안보를 둘러싼 경쟁과 대립 역시 평화적으로 해결하고 전통안보 갈등이 신흥안보 갈등으로 확산되기보다는 신흥안보 협력, 혹은 신흥평화가 전통안보와 평화로 확산되도록 해야 한다. 자유주의 국제정치이론은 기능적 협력이 전통안보 이슈에서의 협력, 혹은 저위 정치의 협력이 고위 정치의 협력으로 확산될 수 있다는 기능주의 이론을 제시한바 있다. 신흥안보 이슈가 기능적 협력인 것은 아니지만 최대한 국가들 간의 상대적 이득의 문제나 경쟁적 안보의 모습을 탈피할 수 있다는점에서 자유주의 국제질서가 중요하다고 볼 수 있다.

이러한 자유주의 국제질서의 존재와 중요성에 대해 현실주의는 여전히 부정적인데 이는 섣부른 낙관주의를 경계하기 위함이다. 특히 탈냉전 30년 동안 경제적 상호의존, 더 나아가 지구화로 발전한 국제질서가 언제든 국가들의 이익에 따라 현실주의 질서로 환원될 수 있다고 경고한다. 예를 들어 월츠는 탈냉전기 지구화가 중요한 현상이기는하지만 기존의 국제정치를 근본적으로 변화시킬 요인은 아니라고 본

다. 첫째, 경제적 지구화의 정도가 1차 세계대전 이전의 지구화의 정도
보다 더 심화된 것은 아니라는 것이다. 무역의 세계화의 정도도 그렇고
투자가 더 세계화되었지만 1차 대전 이전 세계화보다 특별히 심화된
현상은 아니라고 본다.

둘째, 경제적 지구화의 내용을 볼 때, 상호의존이 주권국가체제의
본질을 바꿀 정도는 아니라는 주장이다. 월츠는 경제적 상호의존이 주
체의 의존도에 따라 온전히 상호적일 수는 없고 불균등 상호의존 속에
서 반드시 한쪽이 다른 한쪽에 과도한 의존을 하는 것이라고 본다. 상
호의존도의 정도에 따라 정치적 취약성이 생겨날 수밖에 없으므로 상
호의존이라는 자유주의자의 용어는 불균등한 의존의 정도와 정치적
취약성을 은폐하기 위한 추상적 용어라고 애초부터 주장한 바 있다
(Waltz 1979). 세계화의 흐름 속에서 상호의존 역시 정치적 불평등성
을 반영할 뿐 아니라 경제적 통합(integration)과 근본적으로 다르다는
점을 주장한다. 상호의존이 되었다고 해서 주권국가들의 권능이 약화
되는 것이 아니므로 완전한 통합이 이루어지지 않은 상태라면 언제든
주권국가들의 정치적 결정이 중요하게 작용할 수밖에 없다는 것이다.

이러한 논지 속에서 현재의 지구화가 기존의 국제정치와 본질적
으로 다른 조직원리를 창출할 수 없다는 세 번째 주장을 제시한다. 여
전히 주권국가와 정부의 결정이 중요하며 국제정치의 무정부상태라
는 조직원리는 본질상 변화한 바가 없다는 것이다. 주권국가의 결정이
중요하다고 할 때 군사력을 축으로 한 기존의 국제정치 논리는 여전히
작동하고, 경제적 상호의존은 국가들의 결정에 따라 언제든 약화될 수
있다고 본다.

이러한 현실주의의 관점은 미어샤이머에게서도 나타난다. 미어샤
이머는 국제질서를 구성원의 폭에 따라 국제질서 전반(international)

의 질서와 제한된(bounded) 질서, 폭과 깊이에 따라 심층(thick) 질서와 표층(thin) 질서, 그리고 성격에 따라 현실주의 질서, 비이념적(agnostic) 질서, 이념적(ideological) 질서로 구분한다. 냉전 질서는 두 개의 제한된 질서로서 양대 진영이 존재한 양극 질서이고 두 진영은 낮은 수준의 협력관계를 유지했다. 지구질서 전반으로는 표층적 국제질서 전반의 시대였다고 보는 것이다. 미소 간에는 UN을 중심으로 한 제한된 협력이나 핵비확산, 전략핵무기 감축협상과 같이 미소 양국의 이익을 중심으로 한 협력이 있었기에, 협력이 없었다고는 할 수 없으나 심층 질서를 만들어내지는 못했다. 각 진영 내에서 미국과 소련은 안보, 경제, 이념 분야 등에 걸쳐 폭과 깊이에서 제한된 심층 질서를 만들어냈다. 두 진영은 치열한 안보 경쟁 속에서 진영 내 결속력을 다졌고 미소 양국은 이념을 앞세우면서 자유민주주의, 공산주의의 두 이념적 질서를 만들어냈다.

그러나 미어샤이머는 자유진영의 질서가 온전한 이념적 질서였다고 보지는 않는다. 자유민주주의 국가들 간의 결속 및 진영 내 포섭, 민주주의 증진, 자유주의 국제경제질서의 추진 등의 면에서 이념적 질서인 부분이 있었지만 소련과의 안보 경쟁, 그리고 미국의 이익을 위해 자유주의 이념은 수시로 제한되었다는 점을 강조한다. 또한 민족주의와 현실주의 질서의 성격이 불가피했으므로 냉전기 자유진영의 질서는 온전한 자유주의 이념질서로 볼 수는 없고 이들 질서들이 혼합된 것으로 본다. 미어샤이머는 냉전기 미국 주도의 제한된 질서가 현실주의 질서의 성격을 더 강하게 띤 것으로 규정한다.

탈냉전기 미국 단극질서는 국제질서 전반의 질서였고 미국은 다른 강대국 경쟁자가 없었으므로 자국의 이념을 온전히 확대시키고자 하는 이념적 질서를 추구했다. 1990년대 클린턴 정부의 자유주의자들,

그리고 이후 부시 행정부의 신보수주의자들이 강한 이념적 질서를 추구했다는 것이다. 민주주의 증진 및 확산 정책, 미국 주도 국제제도들의 확산과 심화, 그리고 초세계화(hyperglobalization)에 의한 시장 논리의 확산과 지구적 경제상호의존의 강화 등이 이러한 자유주의 국제질서 확립의 세 축이었다고 본다.

그러나 이러한 자유주의 질서는 성공할 수도 없었고 또 바람직하지도 않았다고 주장한다. 성공할 수 없었던 이유는 국가주권을 중시하는 국가들의 주장과 민족주의, 그리고 초세계화가 불러온 파국적 효과 때문이었다는 것이다. 미국의 이념에 기초한 자유주의 국제질서는 다른 국가들의 주권을 침해하는 효과를 가질 수밖에 없다. 자유민주주의 체제의 우월성을 주장하면서 타국의 정치형태를 침해하는 한편, 미국 주도의 국제질서는 타국의 국가주권을 제한하는 결과를 불러올 수밖에 없다. 특히 중국, 러시아, 이란, 북한 등 미국의 체제에 반대하는 국가들은 미국에 대한 강한 반발을 가질 수밖에 없었다고 본다. 심지어 영국의 브렉시트, 그리고 트럼프 대통령 스스로도 국가주권을 더욱 강화하려고 하고 자유주의 질서를 스스로 약화시키는 경향을 가지게 된 것이다. 세계화에 대한 미어샤이머의 비판이 새롭지는 않다. 지구적 불평등의 심화, 실업, 특정 국가에서 중산층의 몰락, 금융자본의 세계화로 인한 부작용 등 세계화의 부정적 효과를 주장하는 일반적인 견해를 따르고 있다.

미어샤이머는 미국의 자유주의 질서 수립 노력이 성공할 수도 없지만 바람직하지도 않다고 비판한다. 무엇보다 공격현실주의가 그렸던 강대국의 행태에 맞지 않는다. 생존을 위한 공격적 정책의 범주를 넘어 이념에 기초한 강한 확산 정책, 과대팽창을 추구했기 때문이다. 이러한 정책은 실패에 직면할 수밖에 없고 다시 공격현실주의의 이론에 따라 행동해야 한다는 규범적 입장을 가진다. 유럽과 중동에서는 역외균형의 정책을 추구하고 중국의 부상으로 아시아 지역패권으로서 중국이 자리 잡는 것을 막기 위한 미국의 개입전략의 조합이 가장 바람직하다는 것이다.

미어샤이머는 2020년대부터 현실주의 국제질서가 자리 잡게 될 것으로 예측한다. 아이켄베리와 같은 자유주의자들은 변형되고 개선된 자유주의 국제질서가 복원될 것이고 또한 그래야 한다고 주장하지만 불가능하다는 것이다. 미어샤이머는 약한 국제질서와 두 개의 제한된 현실주의 질서가 자리잡을 것으로 본다. 환경 문제, 경제적 상호의존의 부작용, 핵군비통제 등의 분야에서는 미중 간 협력이 불가피한 만큼 약한 국제 전반의 질서가 존속한다는 것이다. 반면 강한 안보 경쟁과 진영의 결속으로 현실주의적인 두 개의 질서가 출현할 것으로 본다. 미국 주도의 질서와 중국 주도의 질서는 경쟁하고 대립할 수밖에 없다는 것이다. 이 과정에서 경제적 상호의존과 세계화는 약화되고 군사력의 기초가 되는 경제 분야의 협력 역시 점차 제한될 것으로 본다. 자유주의적 경제상호의존이 진영 대립 논리에 따라 안보화될 것이라는 것이다(Mearsheimer 2018).

우크라이나 전쟁은 이러한 전망을 더욱 강하게 뒷받침하고 있고 미중 간 전략 경쟁은 사실 미러 간 갈등보다 더 큰 갈등을 예고하고 있다. 러시아는 국제법을 위반하면서 미국이 구축해온 자유주의 국제질서에 정면으로 도전하고 있지만 중국은 미국 주도의 규칙기반 질서 속에서 성장하면서 오히려 미국보다 더 규칙기반 질서를 준수하는 다자주의 세력임을 강조하고 있다. 미국의 바이든 정부는 중국에 대해 소위 3C 전략을 제시하여 대결과 경쟁, 협력을 동시에 강조해 왔다. 특히 협력 이슈로 보건, 환경, 비확산, 기술 등을 들어 신흥안보 이슈에서 미중 간 협력 가능성을 강조했다. 이러한 흐름은 과거 오바마 민주당 정부 시대와 연속성을 가지는데 시진핑 주석 등장 직후부터 오바마 대통령은 신형대국관계에 기초한 신흥안보 이슈에서의 협력을 강조했다. 그러나 오바마 정부 후기부터 미중 간 전략 경쟁은 가속화되었고 바이든 정부에서 협력의 전망은 불확실하다. 중국은 미국이 패권 유지의 논리에 따라 중국에 대한 선제적 균형정책을 펴고 있다고 보고 신흥안보 이슈에서 협력은 사실 전면적인 갈등과 균형을 합리화하기 위한 전술 정도로 파악하고 있다. 미중 양국은 공통의 이익을 둘러싼 상호이익의 극대화보다 상대적 이득과 상대적 손실을 계산하여 미중 간 전반적 세력균형을 고려하는 전략을 구사하고 있다.

이러한 변화는 현실주의가 논하는 현상과 부합하는 측면이 많다. 자유주의 국제질서의 기반은 매우 취약하며 미래의 세계질서는 다시 현실주의 질서로 회귀할 것이라는 예상이다. 자유주의 경제질서는 점차 안보화되어 강대국 지정학 경쟁 논리에 흡수될 것이라고 보는데 현재의 다양한 경제안보와 미중 간의 경제 탈동조화 현상이 이러한 전망을 가속화하고 있다. 우크라이나 전쟁 이후 러시아의 에너지 무기화, 러시아와 서구 국가들 간의 전면적인 경제 탈동조화 등도 이러한 현상을 증명하고 있다. 코로나 사태 직후에도 미중 간 협력의 노력보다는 전략 경쟁의 논리 속에서 상대적 손실 최소화의 논리를 따랐고 중국은 미국의 보건 위기를 기회로 새로운 패권국으로 등장하기 위한 적극적 외교의 노력을 기울인 바 있다. 비확산의 문제에서도 미중 간 전략 경쟁 논리가 강하게 작동하는바, 북핵 문제가 대표적이다. 북한은 핵무기를 고도로 발전시키고 있는 상황이지만, 미중 양국은 한반도를 둘러싼 지정학의 경쟁 속에서 추가적인 대북 경제제재를 놓고 의견을 달리하고 있고 북한은 소위 신냉전 기회론을 염두에 두고 핵무기 국가로 나아가며 북중러 밀착관계를 다져가고 있다.

　이러한 흐름들은 자유주의 국제질서의 발전은 고사하고 약화를 초래하고 있고, 주권국가의 권능을 강화시키고 있으며, 신흥안보에서의 협력이 전통안보 영역으로 확산되어 신흥평화의 길로 접어드는 노력을 약화시키고 있다. 자유주의자들 또한 이러한 변화 속에서 과거의 낙관론에 대한 반성과 미래 세계질서에 대한 비관론을 제시하기도 한다(Colgan and Keohane 2017).

VI. 자유주의 국제질서의 미래와 신흥평화의 가능성

현실주의가 제시하는 전통안보에 대한 회귀론, 그리고 신흥평화에 대한 비관론은 설득력이 있지만 미래를 단정하기는 어렵다. 경제적으로 미중 간 완전한 탈동조화가 쉽지 않고 경제적 지구화 역시 전 세계적으로 뿌리를 내리고 있어 미중과 같은 강대국을 제외한 다른 국가들의 정책이 반드시 미중 양국과 같지는 않기 때문이다. 신흥안보의 위협은 더욱 거세다. 만약 탄소중립과 같은 기후환경 정책이 지구적으로 모멘텀을 잃게 된다면 환경 문제로 인한 인류의 위기는 급속도로 다가올 것이다. 우크라이나 전쟁이 직접적으로는 환경 문제 대처를 위한 노력을 좌절시키고 있고, 간접적으로는 미러, 미중 간, 혹은 강대국 간 환경 협력을 악화시키고 있지만 결과는 자명하다. 비국가 행위자들의 노력과 지구적 시민사회의 목소리가 약화되기도 하지만 반드시 그렇게 볼 수는 없다. 미래 자유주의 규칙기반 질서를 어떻게 발전시키는가에 따라 전통안보는 물론 신흥안보와 신흥평화의 미래가 결정될 것이다.

　우크라이나 전쟁의 경우 기존 전쟁과 다른 양상을 보인다는 점에 주목할 필요가 있다. 우크라이나 사태는 현재의 국제질서의 변화를 보여주는 몇 가지 중요한 점을 나타난다. 첫째, 자유주의 국제질서의 핵심인 국가주권의 보장에 대한 국제사회의 강조이다. 비록 UN 안보리 차원의 대응은 하지 못했지만 UN 총회, 국제사법재판소를 중심으로 러시아의 우크라이나 침공을 강력하게 비판하고 있고 이에 대한 UN 회원국 절대다수의 지지가 확보되었다. 자유주의 국제질서의 근간을 이루는 국제법적 근본원리에 대한 국가들의 확신과 지지가 표명된 것이다.

둘째, 국제여론이 활성화되어 러시아의 불법 침공을 비판하는 다양한 통로가 확보된 것이다. 개인과 사회단체, 국제기구와 기업 등 국가뿐 아니라 다양한 비국가 행위자들이 러시아를 비판함으로써 국제질서(international order)를 넘어서 지구질서(global order)의 모습을 보여주고 있다. 국제법적 질서를 위반하는 국가에 대한 지구사회의 일관된 대응은 자유주의 지구질서의 부분들이 강화되고 있음을 나타낸다고 본다.

이러한 흐름은 전통안보에서도 자유주의 국제질서의 향후 발전을 위한 실마리를 보여주는 변화들이다. 미래의 자유주의 국제질서의 발전을 고려할 때 개념적 구분이 필요하다. 첫째, 국제질서와 지구질서 간의 구별이다. 질서를 이루는 기본 단위가 주권국가일 경우 질서는 국제질서이다. 그러나 세계화가 진행되고 국가 이외의 행위자들이 중요해지고, 이익 당사자주의(stakeholderism)가 중시되면서 지구질서의 특징이 강화된다. 국가 이외에도 초국가 행위자, 국제기구, 지구적 시민사회, 시민, 기업, 언론 등의 역할이 중요해진 것이다. 결정 과정에서 주권의 개념 자체가 약화되어 배타적이고 최고의 단일한 결정 주체가 사라지기도 하고, 주권을 나누어 갖는 공유주권의 형태가 나타나기도 한다. 국가 권능의 약화, EU와 같은 지역 차원과 국가 차원의 주권 공유 등이 사례들이다. 신흥안보에서의 변화 역시 이러한 지구질서의 변화와 맞닿아 있다.

둘째, 자유주의 국제질서와 자유주의 지구질서 간의 구별이다. 자유주의 국제질서는 국가가 중심이 되어 자유주의의 기본 가치와 규범을 실현하는 질서로 국가를 기본 단위로 본다. 국가의 주권적 지위, 국가의 권한, 영토 보존, 국가의 자유, 내정불간섭의 원칙 등이 중요한 자유주의 국제질서의 가치들이다. 반면 자유주의 지구질서에서는 국가 이외 단위의 주체들의 자유가 중요해진다. 자유주의 정치철학이 개인의 자유, 억압으로부터 해방을 중시하는 만큼, 지구질서에서도 개인의 자유를 중시하는 경향이 강화된다. 특정 국가가 개인의 자유를 중시하지 않는 비자유주의, 혹은 반자유주의 국가인 경우 지구질서 차원에서 그 국가 내 개인의 자유를 보장하는 행동을 취할 수 있다. 국가주권과 개인 인권 간의 대립 속에서 후자를 강화하는 것이 자유주의 지구질서라 할 수 있다. 신흥안보의 이슈들 역시 자유주의 지구질서를 통해 더욱 해결이 강화되고 궁극적으로 신흥평화로 나아갈 수 있다.

셋째, 국제적 차원과 지구적 차원에서 자유주의 질서와 민주주의 질서 간의 차이이다. 자유주의와 민주주의는 자유민주주의로 함께 작동하는 경우가 많지만 서로 긴장과 상충 관계에 있기도 하다. 자유주의가 주체의 자유, 소수 의견 등을 중시하는 반면, 민주주의는 개인들의 평등과 다수의 지배절차 등을 중시한다. 자유주의가 강조되면 개인들 간의 불평등이 강화되는 반면, 민주주의는 개인들 간 평등을 중시하는 절차 속에서 대의적 결정절차를 추구한다. 자유주의 국제질서와 자유주의 지구질서는 앞에서 논의한 바와 같고, 민주주의 국제질서와 민주주의 지구질서 역시 차이가 있다.

민주주의 국제질서는 국가들 간의 힘의 편차에도 불구하고 국가들 간의 평등을 중시한다. 민주주의 국제질서는 국가들 간의 평등한 정책결정 참여, 대의성과 책임성의 보장, 다수결에 의한 정책 결정 등을 규범으로 삼는다. 강대국이라 하여도 더 많은 정책 결정 권한이 있는 것은 아니다. 민주주의 국제질서가 국가들 간의 평등에 기초하는 한, 국가들 간의 힘의 편차를 인정하지 않는다. 전통 안보 이슈는 상호 배타적이고 제로섬 게임 성격의 갈등이므로 민주주의 국제질서가 매우 어렵다. 그러나 신흥안보 이슈의 경우 국가 이외의 행위자들이 중요한 이해당사자이고 모두의 목소리가 반영되며 이익이 확보되어야 하기 때문에 민주주의 결핍이 큰 문제가 될 수 있다.

그런 점에서 현재의 UN은 자유주의 국제질서의 기본 규범에 대한 규정을 내포하고 있지만 이를 실현하는 방법에서는 민주주의적이지 않다. 상임이사국 5개국의 거부권이 존속하는 한, 현재의 국제질서는 비민주적인 방식으로 자유주의 국제질서의 가치를 보존하려 하는 것이다. 이 경우 결국 자유주의 국제질서는 지켜질 수 없다. 우크라이나 사태는 러시아의 비자유주의 행동에서 비롯되었다. 자유주의 가치를 무시하는 국가들의 행동을 막을 수 있는 방법이 부재할 때, 자유주의 국제질서는 지켜질 수 없다.

민주주의 지구질서는 개인을 중심 단위로 본다. 세계화가 진행되면서 개인의 삶과 운명에 영향을 미치는 결정은 국가를 넘어선 차원에서 이루어지는 경우가 많아진다. 자신의 운명에 영향을 미치는 결정에 참여하고 이를 보장할 수 있는 제도를 확보하는 것이 민주주의라고 할 때, 이제 민주주의는 국가 차원이 아닌 지구 차원에서 확보되어야 할 문제가 된다. 민주주의 지구질서는 모든 개인들이 평등하게 지구 차원의 결정에 참여하는 질서로 지구 의회, 지구 정부와 같은 새로운 기구에 의해 보장될 것이다. 그러나 현재와 같이 주권국가의 권능이 강하고 세계 모든 인구가 평등하게 참여할 수 있는 기구가 현실적으로 어려운 상황에서 민주주의 지구질서는 먼 목표로 존재한다.

현재 국제질서는 민주적이라고 보기는 어렵다. 특히 전통안보 부문에서는 그러하다. 자유주의적 질서가 반드시 민주주의적 질서는 아닌 것이다. 자유주의 국제질서는 개별 국가들의 주권 존중, 시장의 논리를 중시하는 개방적 국제경제질서, 규칙기반 질서, 다자주의 질서, 전쟁의 방지와 평화의 중시 등이다. 국가주권을 존중하고 국가들의 자유로운 행동을 중시하지만 모든 지구인의 인권을 존중한다는 것은 아니다. 개인의 인권을 중시하다보면 다른 국가의 주권을 침해할 수 있다.

우크라이나 전쟁과 격화되고 있는 미중 전략 경쟁은 규칙기반의 국제질서를 약화시키고 있고 자유주의 국제질서의 이념적 기반을 무너트리고 있다. 중국과 러시아 등 세계의 많은 권위주의 국가들은 개인의 자유와 발언권을 약화시키는 국가 중심, 그리고 강제력 중심의 국제질서를 도모할 가능성이 많다는 비판을 받고 있다. 이러한 가운데 개인의 생존과 이익에 대한 관심, 그리고 이러한 관심이 강화되어 국제질서에 영향을 미칠 가능성은 더욱 줄어들 수 있다. 신흥평화 역시 미시적 차원의 개인의 인권과 권능이 강화되어야 확보되는 것인 만큼, 자유주의 국제질서의 강화는 매우 중요하다. 더 나아가 민주주의 원칙에 의거한 국제질서의 변화도 도모할 필요가 있다. 국가의 힘 중심 질서가 굳어질 때, 평등과 소수의 의견 존중과 같은 민주주의 규범이 약화되고 결국 신흥안보의 핵심 동력이 되는 개인과 시민사회의 목소리가 약화될 것이기 때문이다.

VII. 마치며

현재의 시대는 전통안보와 신흥안보, 전통적 의미의 평화와 신흥평화를 구별하기가 점점 어려워지고, 양자의 영역이 융합되어 가고 있어서 기존의 분류가 현실에서 무의미해질 정도로 복잡해지고 있다. 시대의 변화 역시 단순히 미국 단극구조에서 미중 전략 경쟁이라는 세력배분구조의 변화가 아니라, 기존의 자유주의 규칙기반 질서의 약화, 이를 뒷받침하는 기본 규칙들의 위배 및 약화의 현상이 나타나고 있다. 비단 세력전이가 아니라 질서의 전이이며, 국가의 권능이 약화되는 복합거시이행의 시대라고 할 수 있다. 그런 의미에서 탈냉전기의 종식, 혹은 탈탈냉전기의 도래는 명확히 하나의 논리로 규정하기 어려운 상황에 있다.

그 속에서 평화의 의미를 밝히는 일은 실로 어려운 학문적, 개념적 도전이라고 본다. 전통적 평화와 신흥평화의 구분뿐 아니라, 소극적 평화, 안정적 평화, 적극적 평화 등 기존의 개념을 모두 새롭게 정의할 필요가 있다. 평화의 개념과 안보의 개념 역시 구분이 쉽지 않으며, 최근 대두되는 경제안보, 기술안보 등 새로운 영역의 경쟁도 고려해야 할 필요가 있다.

폭력의 사용에 의해 규정되는 전통적 안보와 평화의 영역 역시 변화하고 있다. 대표적으로 우크라이나 전쟁은 탈냉전기 안보와 평화의 기본 경향을 근본적으로 변화시키고 있다. 주권국가들 간에 존재했던 규범이 위배되고, 유엔안보리의 무용론이 대두하고 있으며, 심지어 핵무기 사용 가능성이 운위되고 이는 북한 등 다른 핵무기 국가들에게도 영향을 미칠 가능성이 있다. 우크라이나 전쟁은 군사안보뿐 아니라 경제안보, 식량안보, 에너지안보에도 큰 영향을 미치고 있고 궁극적으로 미중 간 전략 경쟁에도 영향을 미칠 전망이다. 또한 미중 경쟁은 군사 경쟁일 뿐 아니라, 기술, 사회문화, 가치의 경쟁이기도 하다.

　그러한 점에서 신흥영역의 평화를 확보하기 위해서는 현재 일어 나고 있는 국제질서 전반의 변화, 그리고 전통안보 이슈에서의 변화를 함께 고찰해야 하며 이들 분야의 안보가 평화와 어떻게 연결되는지도 생각해보아야 한다. 이 글은 이러한 노력의 매우 초보적 시도이며 현재 벌어지고 있는 많은 현상들을 지속적으로 추적하고 개념화하는 노력 을 해나가야 할 것으로 생각된다.

참고문헌

김상배. 2020a. "데이터 안보와 디지털 패권경쟁: 신흥안보와 복합지정학의 시각." 『국가전략』 26(2): 5-34.

_____. 2020b. "코로나19와 신흥안보의 복합지정학: 팬데믹의 창발과 세계정치의 변환." 『한국정치학회보』 54(4): 53-81.

이상근. 2015. "'안정적 평화' 개념과 한반도 적용 가능성." 『한국정치학회보』 49(1): 131-155.

이정철. 2020. "한국형 평화담론에 대한 비판과 성찰." 『국방연구(안보문제연구소)』 63(3): 1-28.

허지영. 2022. "한반도 평화와 통일 담론에 대한 대안적 논의: 안정적 평화." 『평화학연구』 23(1): 33-52.

Alger, Chadwick F. 2006. *The United Nations system: a reference handbook*. Santa Barbara: ABC-CLIO.

Arya, Neil. 2007. "Peace through Health?" In Charles Webel and Johan Galtung, *Handbook of peace and conflict studies*. New York: Routledge.

Colgan, J. D. and R. O. Keohane. 2017. "The Liberal Order Is Rigged: Fix It Now or Watch It Wither." *Foreign Affairs* 96(3): 36-44.

Galtung, Johan. 1996. *Peace by Peaceful Means: Peace and Conflict, Development and Civilization*. New York: SAGE.

Institute for Economics & Peace. 2019. *Global Peace Index 2019: Measuring Peace in a Complex World*. Sydney, June. Available from: http://visionofhumanity.org/reports (accessed Date Month Year).

Institute for Economics & Peace. 2020. *Positive Peace Report 2020: Analysing the factors that Sustain Peace*. Sydney, December. Available from: http://visionofhumanity. org/resources

Mearsheimer, John J. 2018. *The Great Delusion: Liberal Dreams and International Realities*. New Haven: Yale University Press.

Moravcsik, A. 2003. "Taking Preferences Seriously: A Liberal Theory of International Politics." *International Organization* 51(4): 513-553.

Richmond, Oliver P. 2008. "Reclaiming Peace in International Relations." *Millennium* 36(3): 439-470.

Waltz, Kenneth. 1979. *Theory of International Politics*. Reading, Mass.: Addison-Wesley.

Webel, Charles. 2007. "Introduction: Toward a Philosophy and Metapsychology of Peace." In Charles Webel and Johan Galtung, *Handbook of peace and conflict studies*. New York: Routledge.

제3장 평화의 형이상학과 경합주의적 개념화: 국제정치의 이론적 기초

민병원(이화여자대학교 정치외교학과)

* 이 글은 2023년 『국제정치논총』 제63집 1호에 게재된 논문을 수정·보완한 것임.

I. 들어가는 말

냉전의 경험과 국제정치의 구조 개편은 전통적인 전쟁과 평화 개념에 대한 인식에도 많은 변화를 가져오기 시작했다. 무엇보다 이러한 개념들이 담고 있는 본질적인 측면에 대한 재성찰과 더불어 새롭게 나타나기 시작한 모습들을 재규정하려는 노력에 관심이 쏠리고 있다. 평화의 개념에도 1970년대 이후 이러한 변화가 나타나기 시작했는데, 냉전과 데탕트라는 시대적 변화가 이후 탈냉전과 다극화 체제로 이어지면서 평화 개념을 새롭게 구축할 필요가 있다는 요구가 커져 왔다. 이 논문은 이와 같은 현실 정치적 상황의 변화를 배경으로 하여 전개되어온 평화 개념의 확대가 어떻게 이루어져 왔고, 또 무엇을 그 핵심으로 하는지를 살펴보는 데 주된 목적을 지닌다. 무엇보다도 평화 개념이 현실 정치의 변화에 맞추어 확대 또는 재규정되는 데 있어 유의해야 할 이론적 측면에 대하여 집중적으로 논의한다.

이 논문에서는 이러한 작업의 일환으로서 먼저 평화 개념에 전제로 깔려 있는 형이상학적 전제조건을 분석한다. 그동안 평화 개념은 하나의 '상태'로 간주되어 왔는데, 이는 '전쟁'이라는 대립 개념과 마찬가지로 특정한 질서의 모습을 '이데아'의 현상으로서 규정한 것이었다. 이러한 형이상학적 범주는 그 자체로서 오랜 역사를 지니고 있으며 또 나름대로 의미를 지니고 있지만, 이 연구에서는 이와 같은 '상태로서의 평화' 개념이 적 또는 상대방의 다원적 존재를 제대로 인정하지 않는다는 점에서 슈미트와 무페가 언급한 '정치적인 것'의 핵심적인 모습을 담아내지 못하고 있다고 비판한다. 아울러 이에 대한 대안으로서 제기되기 시작하고 있는 '과정으로서의 평화' 개념을 부각시킴으로써 이 개념의 형이상학적인 변환을 시도한다.

이를 위해 먼저 다음 절에서는 갈퉁(Johan Galtung)에 의해 제시된 '구조적 폭력'과 '적극적 평화' 개념을 국제정치의 변화 속에서 요구되는 새로운 개념화의 대표적 사례로 소개하고, 이것이 지닌 한계가 무엇인지를 볼딩(Kenneth Boulding)과 뱅크스(Michael Banks)의 논의를 기반으로 짚어본다. 특히 평화 개념이 단순한 정적(靜的) 차원에 머무르기보다 한층 더 동적(動的) 차원으로 규정되어야 한다는 주장과 더불어 실체보다는 과정을 중시하는 '과정철학'의 논지를 기반으로 하여 평화 개념이 새롭게 정립되어야 한다고 주장한다. 이어 제3절에서는 최근 무페(Chantal Mouffe)가 개념화한 경합주의(agnoism)의 패러다임과 더불어 슈미트(Carl Schmitt)의 '정치적인 것'의 범주가 평화 개념을 규정하는 데 어떻게 적용될 수 있는지를 검토한다. 이를 통해 그동안 평화 개념의 기준이 되어 온 자유주의적 접근의 한계를 넘어 평화가 어떻게 경합주의적으로 이해될 수 있는지, 그리고 이것이 어떻게 잠정협정이라는 과정적 개념으로 재정립될 수 있는지를 살펴보고자 한다. 아울러 제4절에서는 이러한 경합주의의 이론적 기초로서 칸트(Immanuel Kant)의 평화론에 내재된 '반사회성의 사회성' 개념을 살펴보고, 인류가 목적론적 지향점을 향해 나아가는 과정에서 경합주의적 정치의 관념이 어떻게 평화 담론과 연결될 수 있는지를 짚어보고자 한다.

II. 평화의 형이상학: 과정으로서의 평화

1. 평화 개념의 확대와 '구조적 평화'

냉전기와 탈냉전기를 거치면서 평화 개념은 지속적으로 확대되어 왔는데, 이에 대해서는 그동안 많은 연구와 논의가 존재해왔다. 평화 개념의 확대를 가장 대표적으로 드러낸 것이 갈퉁의 '구조적 폭력 (structural violence)' 개념이었다. 이 개념은 '폭력' 개념의 외연을 확장한 것이었는데, 여기에는 식량, 물, 정보 등 다양한 '투입' 요소뿐 아니라 보건, 경제성장, 학습 등 '산출' 요소에 대한 접근 불평등성도 포함하는 것이었다. 갈퉁은 특히 '잠재적(potential)' 측면과 '현실적 (actual)' 상태 사이의 차이를 좁히지 못하도록 하는 모든 요인을 구조적 폭력이라고 해석했다(Buzan and Hansen 2010, 203). 이를 바탕으로 그는 개인 차원의 폭력 부재를 의미하는 '소극적 평화(negative peace)'와 구조 차원의 폭력 부재를 의미하는 '적극적 평화(positive peace)' 개념을 구분하였다. 이런 맥락에서 갈퉁의 적극적 평화 개념은 과거의 군사적 갈등의 부재라는 차원을 넘어 한층 더 발전된 형태의 평화 개념으로서 받아들여졌다(Galtung 1969, 172-173; 김성철 2021, 37-40).

하지만 적극적 평화의 개념처럼 적용 범위의 외연을 확장하는 작업이 항상 긍정적인 평가를 받은 것만은 아니었다. 이와 관련한 대표적인 비판으로서 볼딩(Kenneth Boudling)의 논의를 꼽을 수 있는데, 그가 보기에 갈퉁의 구조적 평화 개념은 지나치게 정적(static) 차원에 머물러 있었다. 볼딩은 베버(Max Weber), 파레토(Vifredo Pareto), 파슨스(Talcott Parsons) 등의 사회학자들이 '형태'의 측면을 강조하는 구조적 관점을 벗어나지 못한 반면, 자신은 스미스(Adam Smith), 다윈(Charles Darwin), 하딘(Garrett Hardin) 등과 같이 진화적 과정을 중시하는 입장에 서 있음을 강조했다. 이처럼 '과정'에 초점을 맞출 경우 세계는 수많은 종(種)과 조건들이 상호작용하면서 불안정하면서도 지속적으로 바뀌어가는 대상으로 이해할 수 있다. 물론 볼딩은 마르크스(Karl Marx)나 레닌(Vladimir Lenin)처럼 세계를 계급이나 국가와 같은 거대 구조 간의 격렬한 '투쟁(struggle)'으로 인식할 필요는 없다고 보았는데, 그는 세계의 동적 변화가 무한대의 생존경쟁이라기보다는 공존 상황에서 불가피하게 나타나는 '상호작용(interactions)'이라는 점을 강조했다(Boulding 1977, 76-77).

이처럼 변화의 동적 측면을 중시하면서 볼딩은 '평화'를 이해하는 데 갈퉁이 강조한 '구조' 변수가 실제 폭력을 야기하는 구조와 직접 연관되지 않는 지엽적 차원의 문제라고 비판했다. 이는 '구조적 평화' 개념이 중요하지 않기 때문이기보다는, 폭력이라는 문제의 해결에 큰 도움을 주지 못하기 때문이라고 보았다. 볼딩이 보기에 갈퉁의 '구조적 평화' 개념이 인류의 '보편적 규범'을 지향하는 것이기는 하지만, 그보다 더 중요한 점은 갈등을 초래하는 핵심적인 요소를 놓치지 말아야 한다는 데에 있다. 말하자면 폭력의 일반적인 배경이나 조건보다는 폭력을 초래하는 갈등에 우선적인 관심을 두어야 한다는 것이다. 사회과학에서는 인간 사회에서 불가피하게 발생하는 비극적 갈등 상황에 대하여 맬서스(Thomas Malthus)의 인구론, 리차드슨(Lewis Richardson)의 군비경쟁 모델, 라퍼포트(Anatol Rapoport)의 죄수의 딜레마, 하딘(Garrett Hardin)의 공유지의 비극 논의를 통해 잘 묘사되어온 바 있다. 그런 만큼 볼딩은 갈퉁의 '구조적 평화'라는 포괄적 개념이 사회적 갈등의 핵심 요소를 충분하게 다루지 못하고 있다고 비판한 것이다

(Boulding 1977, 84-85)

냉전기에 갈퉁이 '구조적 폭력' 개념을 도입하여 평화의 개념을 확대하고자 한 것은 1960년대 이후 핵억지 체제가 작동하면서 직접적인 핵전쟁의 공포가 수면 아래로 가라앉기 시작했다는 시대적 배경 하에 가능한 일이었다. 미국과 소련을 중심으로 한 양극화 체제는 핵무기 대결이라는 극단적 대립구도를 만들어냈지만, 동시에 첨예한 억지논리가 작동하면서 핵무기를 사실상 사용할 수 없는 상황이 계속되었기 때문이다. 물론 핵전쟁의 위협이 완전하게 해소되지는 않았지만, 갈퉁은 이러한 상대적 긴장 완화의 분위기를 바탕으로 하여 평화의 문제를 폭력으로부터 빈곤과 개발로 확장하였다. 이러한 이론적 확대는 곧 평화 개념에 내재된 본질, 즉 폭력과의 직접적인 연계성을 희석시키는 결과로 이어졌다는 것이 볼딩의 비판적 해석이다(Boulding 1978, 346).

이와 같이 갈퉁과 볼딩이 평화의 개념을 둘러싸고 보여준 접근방법의 차이는 20세기 냉전의 시대적 배경을 바탕으로 한 것이었다. 보다 근본적으로 이러한 차이는 규범과 현실 사이의 간극을 드러낸 것이었는데, 갈퉁의 평화 연구가 규범적 차원의 '중재적 수사학(irenics)'의 전통을 따르고 있었다면, 볼딩의 비판은 갈등의 현실적인 모습에 초점을 맞춘 '논쟁적 수사학(polemology)'의 전통을 따른 것이었다. 우선 갈퉁의 접근은 사회적 갈등을 병리적 현상으로 보고 평화를 달성하기 위한 실천적 노력에 초점을 맞추었다. 이러한 노력은 점차 분쟁해결(conflict resolution)과 분쟁관리(conflict management)의 전통으로 이어졌다. 이에 비해 볼딩의 접근은 분쟁을 완전하게 해결하기가 불가능하다는 현실적 한계를 인정하고, 따라서 대립과 논쟁을 회피하거나 제거하기보다는 이해당사자들의 입장이 최대한의 공집합을 이룰 수 있는 해법에 주안점을 둔 것이었다(Boulding 1978, 343-344).

이 연구는 이와 같은 기존의 논쟁을 통해 평화 연구의 새로운 반전을 위한 기회를 만들 수 있다고 주장한다. 그동안 평화 개념이 확대되면서 이론적 외연의 넓어지고 구조적 측면의 요인들에 대한 고찰이 가능해졌다는 점을 인정하면서도, 그로 인해 생겨나는 또 다른 문제에 대한 반성이 요구되고 있기 때문이다. 이 연구에서는 그동안 평화에 대한 존재론적 이해가 미흡했다는 점에서 그 원인을 찾고자 한다. 무엇보다도 지금까지의 평화 개념은 그것이 적용되는 '상태(status)' 또는 영역을 확장함으로써 그것이 지칭하는 대상의 폭이 넓어졌다는 데에 가장 큰 문제가 있다고 할 수 있다. 볼딩의 비판처럼 이러한 외연 확장은 개념 적용의 가능성을 높이기도 하지만, 그로 인해 원래의 평화 개념에 담겨 있는 핵심적인 요소, 즉 '폭력의 부재'라는 의미를 점차 약화시키기 때문이다. 예를 들어 갈퉁이 언급했던 자원, 보건, 환경 등의 영역은 그 자체로서 폭력적이라기보다 간접적 차원의 불평등을 초래하는 조건에 불과하다. 따라서 이 연구는 평화에 대한 오늘날의 새로운 접근이 무엇보다도 개념의 '형이상학', 즉 평화의 본질적인 측면에 대하여 다시 고찰하고, 그로부터 갈퉁의 구조적 평화 개념만으로 충족하기 어려웠던 평화의 문제를 새로운 관점에서 살펴보고자 한다.

2. '과정'으로서의 평화

사회과학과 정치학의 핵심 개념으로서 '평화'에 관한 논의는 꽤 오랜 역사를 지니고 있지만 그에 대한 형이상학적 논의는 그리 많지 않은 상황이다. 여기서 형이상학(metaphysics)이란 크게 두 가지 의미로 통용된다. 첫째는 경험을 넘어서는 초월성(transcendence)에 관한 논의로서, 인간의 보편성과 더불어 실존적 차이를 고려한 종합판단을 지향한다. 예를 들어 신, 의지, 자유 등 인간의 경험만으로는 알기 어려운 다양한 관심사들이 여기에 속한다(Hamlyn 2000, 15-16; 신승환 2018, 28-29). 둘째는 존재의 의미와 근거를 밝히려는 노력으로서, 사물과 현상의 궁극적인 본질을 탐구하고 동일성과 차이를 논의하는 데 주안점을 둔다. 이런 점에서 오늘날의 형이상학은 존재론(ontology)을 포함하면서도 특히 인간과 의미의 문제에 천착한다(신승환 2018, 21-23).[1] 이 논문에서는 그동안 평화의 현상적 측면에만 치중해온 기존의 연구를 넘어 평화의 본질적이면서 초월적인 모습이 무엇이며, 인간사회와 국제정치에서 어떤 의미를 담고 있는가를 관념적 논의를 통해 살펴보고자 한다.

평화의 의미를 연구했던 뱅크스에 따르면, 평화는 '조화(harmony)', '질서(stability)', '안정(stability)' 또는 '정의(justice)'를 함축하는 것으로 간주되어왔다. 하지만 이러한 개념들은 지나치게 정적(靜的)이거나 또는 모호하고 정치적인 경향을 띠고 있어서 평화의 본질적인 모습을 나타내는 데 제약을 안고 있었다. 따라서 그는 평화의 핵심 요소로서 '분쟁관리'를 강조했다(Richmond and Berenskoetter 2016, 111-112). 이처럼 분쟁관리로서 평화 개념은 '관계의 네트워크'에 초점을 맞추고 있는데, 특히 관계 속에 내재된 역동성과 갈등을 중시하는 동적(動的) 개념이라고 할 수 있다. 뱅크스는 평화 개념이 '사회적 통제(social control)'의 목표라는 점을 받아들이면서도, 이것이 지속적으로 변화할 수밖에 없다고 보는 '과정지향적(process-

---

1   칸트의 관념론적 인식론은 선험적 종합판단이라는 새로운 지식 유형을 설정함으로써 형이상학적 논의의 새로운 지평을 열었다(Hemlyn 2000, 15). 한편 하이데거(Martin Heidegger)는 존재와 진리에 관한 서양철학의 전통을 본격적으로 비판하면서 존재의 의미를 이해하는 것이야말로 형이상학의 핵심이라고 보았다(신승환 2018, 23-24).

oriented)' 관점을 채택하였는데, 이러한 개념화는 평화를 고정적인 '질서'의 한 유형으로 인식해온 보수적 관점에 대응하여 진보적 관점에서 새롭게 해석하려는 시도였다고 할 수 있다.

뱅크스의 평화 개념은 평화를 하나의 '상태'가 아닌 동적 '과정'으로 보려 했다는 점에서 형이상학적 의미를 지닌다. 존재론적으로 고정적인 '이데아'의 상태가 아니라 '정도'의 차이를 보여주는 과정으로 보고 있다는 점에서 그렇다. 하지만 평화의 범주를 분쟁관리에 국한시키고자 했다는 점에서 뱅크스의 개념화는 여전히 소극적 차원에 머물러 있다. 그에 따르면 평화는 단지 폭력행위를 관리하고 인간 해방을 도모하려는 진보적 사회운동의 한 유형에 불과한 것이기 때문이다 (Richmond and Breneskoetter 2016, 112-113). 이와 같은 관점은 탈냉전기에 들어와 국제연합의 평화유지 및 평화구축 활동의 이론적인 토대로 작용해왔다는 실천적 함의를 가지고 있기는 하지만, 기존의 국제질서가 안고 있는 편향성과 강대국 중심의 이해관계를 그대로 반영하고 있다는 지적으로부터 자유롭지 못한 것도 사실이다.

뱅크스와 더불어 칸트의 영구평화론 역시 평화가 단지 목표로서의 '상태'에 머무르는 것이 아니라 지속적으로 변해가는 과정이라는 점을 강조하고 있다. 칸트는 평화로운 사회를 건설하기 위한 세심한 방안을 제시하였는데, 그가 보기에 평화는 '적대행위의 중지'만을 의미하는 것이 아니라 새로운 적대행위가 일어날 수 있는 '조건'을 달성해나가는 과정이어야 했다(Kant 2006, 72-85). 이런 점에서 평화는 단지 '전쟁의 종식'을 지향하는 것이 아니라 전쟁이 일어날 가능성을 줄이고 그러한 상태를 '지속가능한(sustainable)' 것으로 만드는 데 있다는 것이 칸트의 생각이었다. 그는 이성에 대한 무한한 확신을 공유했던 계몽주의 사조 속에서 인간들의 합리적 선택이 자연스럽게 평화로 이어질 것으로 보았고, 인간 사회가 질서를 구현하면서 함께 평화를 향해 나아간다는 목적론적 세계관을 표현한 것이었다(Richmond and Berenskoetter 2016, 110).[2]

　이상의 논의를 고려할 때, 우리는 평화를 개념화하는 데 있어서 형이상학적 개념으로서 '상태'와 '과정'의 차원을 구분할 필요성을 느끼게 된다. 여기에서 '상태' 개념은 철학의 '엔텔레케이아(entelecheia)'에서 기원한 것인데, 아리스토텔레스에 따르면 이것은 궁극적인 목적이 구현된 상태로서 '완전함'의 의미를 함축한다. 또한 그는 '주어진 것'을 하나의 '현실태(actuality)', 즉 실제로 존재하는 상태라고 규정했는데, 이러한 현실태야말로 엔텔레케이아에 해당한다.[3] 이에 비해 현실에서는 아직 존재하지 않지만 언젠가는 존재할 수 있는 것을 '가능태' 또는 '뒤나미스(dynamis)'라고 규정하고, 이를 구현하도록 해주는 잠재성을 '에네르게이아(energeia)'라고 불렀다(Aristotle 2017, 357-359). 이처럼 아리스토텔레스의 형이상학은 행위 과정으로서 에네르게이아, 잠재성으로서 뒤나미스, 현실태가 구현된 엔텔레케이아를 구분하고 있었다.[4] 이와 같은 구분은 그동안 특정한 목표가 달성된 엔텔레케이아로서 '평화' 개념에만 집중해오던 지금까지의 관행을 넘어 과

2　칸트는 1795년 4월 프로이센과 프랑스 사이에 체결된 바젤조약을 비판하면서 전쟁의 종식이 곧 평화를 의미하는 것은 아니라고 비판한 바 있다(Richmond and Berenskoetter 2016, 110).

3　아리스토텔레스는 현실적인 활동을 하는 경우에만 능력이 있다고 보는 '메가라학파'의 주장을 비판하면서 현실적으로 활동하지 않더라도 그러한 능력을 가질 수 있다는 '잠재성'을 인식해야 한다고 보았다(Aristotle 2017, 355).

4　아리스토텔레스의 '에네르게이아'와 '엔텔레케이아'를 영어로 어떻게 번역할 것인지에 대하여 많은 논란이 있었다(Sentesy 2020, 64-66). 여기에서는 표준적인 관행을 따라 '에네르게이아'는 과정을 의미하는 '행동'으로, '엔텔레케이아'는 완성된 상태를 가리키는 '현실태'로 번역하여 사용한다.

정적 에네르게이아로서 이해할 수 있도록 해준다.

　근대 형이상학이 만물의 원리와 질서를 설명하기 위한 이상적이고 안정적인 상태, 즉 '이데아'의 개념에 의존해왔다는 점은 잘 알려져 있다. 예를 들어 독일의 철학자인 라이프니츠(Gottfried Wilhelm Leibniz)는 자연 세계의 궁극적인 실체로서 '단자(monad)' 개념을 제시하고, 이것이 지닌 속성을 엔텔레케이아로 표현한 바 있다. 그는 우주를 구성하는 근본 단위로서 '단자'가 결합하여 복합적인 실체를 구성한다고 보았는데, 이는 실체의 속성인 엔텔레케이아가 완전함 또는 '자기충족성(self-sufficiecy)'이라는 의미를 포함하고 있음을 강조하는 것이기도 했다(Leibniz 2007, 171; Strickland 2014, 72). 이와 같은 엔텔레케이아 개념은 경험적 관찰이나 측정이 불가능하며 인과관계나 과학적 설명에 직접 활용하기 어렵다는 한계를 지니고 있다. 가장 이상적인 상태로서의 단자는 상상의 개념이기 때문이다.[5]

　이런 맥락에서 만약 우리가 평화 개념을 하나의 '상태'에 국한된 것으로 볼 경우, 이것은 우리가 기대하는 여러 속성들이 이 개념 안에 완전하게 구현되어 있음을 전제로 한다. 다시 말해 플라톤적인 '이데아'에 버금가는 궁극적 목표로서 평화를 염두에 두고 있다는 것인데, 이럴 경우 우리는 개념적으로 두 가지 한계에 부딪히게 된다. 첫째는 '평화' 개념이 이상적인 상태만을 가리킬 경우 우리는 '동굴 속의 인간들'처럼 영원히 평화의 진면목을 알 수 없을지 모른다. 현실의 무자비

5　이와 관련하여 드리시(Hans Driesch)는 유기체와 비(非)유기체를 구분하기 위해 엔텔레케이아 개념을 차용한 바 있다. 그의 생기론(vitalism)은 유기체에 내재된 총체적 속성이 그것을 구성하는 부분들 사이에서도 공유된다고 하더라도 결코 부분의 속성으로 환원할 수 없다는 점을 강조했다. 오늘날 생기론은 과학계에서 거의 통용되고 있지 않지만, 드리시의 엔텔레케이아 개념은 창발성(emergence) 관념이 정립되는 데 중요한 역할을 수행해왔다(Northwood 2006, 821-822).

한 모습이 항상 비(非)평화적인 모습인 상황에서 어떤 경우가 더 평화
적이거나 덜 평화적인지를 판단하기 어렵다는 문제에 봉착하게 된다.
이런 어려움을 극복하기 위해 우리는 평화 개념을 '이산적(discrete)'
이 아닌 '연속적(continuous)' 방식으로 이해해야 할 필요가 있다. 둘
째는 평화 개념이 어떤 상태를 지향하는 '가능성'을 내포하고 있는 것
이라면, 이것이 시간의 흐름 속에서 변해가는 모습을 제대로 담아낼 수
있어야 하는데, 이를 위해서는 평화 현상이 하나의 '과정'으로서 인식
되어야 한다. 즉 평화 개념이 어떤 상태를 향해 나아가는 '운동'이라고
간주해야만 우리는 그것이 실제로 구현 가능하면서도 아직 달성되지
않은 것이라는 동적(動的) 속성을 부여할 수 있을 것이다.

　　이러한 형이상학적 성찰은 화이트헤드(Alfred Whitehead)의 과
정철학에 기반을 둔다. 이에 따르면, 사물 또는 상태에 몰두해온 전통
형이상학은 시간의 흐름을 고려하지 않고 있다는 점에서 비판의 대상
이 된다. 오히려 우리 눈앞에 존재하는 것처럼 보이는 사물이나 현상은
정지된 시간 속에 고착된 것도 아니고 영원히 존재하는 것도 아니라
는 점이 강조된다. 이는 우리의 관찰 대상이 생성, 유지, 소멸하는 구체
적 경험의 '과정' 속에서 이해되어야 하며, 따라서 사물이나 현상은 존
재론적으로 완성된 상태가 아니라 끊임없이 지속되는 '사건(event)'으
로 바라보아야 한다는 것을 의미한다(Whitehead 1991, 54-56; 장왕식
2016, 30).[6] 존재론적으로 하나의 대상은 그것이 과정 속에 있을 때에
만 가능하다는 것이 화이트헤드의 주장인데, 결국 어떤 현상의 존재론

6　화이트헤드의 과정철학은 우리가 관찰하는 현실 세계가 직접적인 경험의 구성요소를 분
석하는 데에 목표를 둔다. 이를 위해서는 경직된 귀납법을 넘어 자유로운 상상력을 포함
하는 정합적이고 논리적이며 필연적인 체계를 구축해야 한다는 것이 화이트헤드의 생각
이었다(Whitehead 1991, 51-52).

적 이해는 정지된 '상태'보다 움직이는 '과정'에 대한 인식에서 출발해야 한다는 것이었다(Roberts 2014, 970-972).

사회적 현상을 하나의 과정으로 이해한다는 것은 곧 그것을 만들어내는 동인을 사회적 관계로부터 유추한다는 것을 뜻한다. 따라서 과정 형이상학에서는 생명의 힘이 개인의 독자적인 역량에서 나오는 것이 아니라 타인으로부터 비롯된다고 본다. 이런 맥락에서 국가 역시 준(準)유기체적이면서 관계적인 속성을 띠고 있는 행위자로 간주한다. 이러한 생각은 고전 자유주의에서 개인의 절대적 자유와 독립성을 당연시하던 경향과도 차별화된다. 다시 말해 '자유'라는 개념을 하나의 '과정'으로 규정할 경우 극단적인 공동체주의 사고나 극단적인 개인주의적 경향에 치우치는 대신 양자 간의 스펙트럼 사이에서 움직이는 자유의 '동적' 측면에 관심을 가진다. 단순하게 표현하자면, 과정철학의 관점에서 '자유'란 타인과의 사회적 관계가 '평화로움(peacefulness)'을 유지하는 정도로 이해할 수 있다. 이러한 절충적 과정철학은 '다양성 속의 통일'을 도모한다는 중용(中庸)의 미덕과도 그 맥락을 같이하고 있다(Dombrowski 2020, 372-373).

이처럼 전통적인 자유주의의 개념들이 새롭게 규정된 것은 개념의 이상적인 '상태'에만 몰두함으로써 생겨나는 제약을 넘어서기 위한 과정철학의 노력이라 할 수 있다. 예를 들어 오늘날의 자유주의는 다양성이라는 현실적 조건의 도전을 받고 있다. 이러한 제약은 자유 개념이 이상적 상태 또는 궁극적인 지향점이라는 의미로만 통용될 수 없으며, 그것을 향한 지속적이고 다양한 움직임의 정도를 고려할 필요가 있음을 뜻한다. 이와 같은 인식의 변화는 신이 모든 것을 결정한다는 종교적 절대성에 매몰되지 않으면서도 강압적 방법이 아닌 설득과 평화적 노력을 통해 권력을 행사해야 한다는 근대의 정치이론을 낳기도 했다.

그만큼 현실 세계가 항상 이상적 상태라는 기준으로 판단할 수 있는 것이 아니며, 정치적 과정의 본질은 그것이 최선의 상태를 향해 나아가는 '과정'으로서 이해되어야 한다는 것이 과정철학의 형이상학적 권고라 할 수 있다.[7] 이러한 논의로부터 우리는 '평화' 개념과 관련하여 두 가지 권고를 도출할 수 있는데, 하나는 평화가 지속성을 특징으로 하는 '과정'이라는 점, 다른 하나는 평화가 다양하고 복잡한 정치 현실 속에서 어쩔 수 없이 존재하는 '제약'을 고려해야 한다는 점이다. 다음 절에서는 이러한 제약의 문제를 살펴보기로 한다.

III. 정치적 경합주의와 새로운 평화 개념

1. 자유주의 정치이론의 한계와 '정치적인 것'

근대 자유주의 정치 사조가 등장하기 이전에는 적과 동지의 구분이 명확했는데, 특히 적에 대한 '관용'은 미덕이 아니라 악덕으로 간주되었다. 이러한 관행은 플라톤의 '이데아'에 대한 존중과 더불어 중세의 기독교적 경건함을 기반으로 한 것이었다. 이교도 또는 적으로 간주되는 타자에 대한 불관용은 공동체 내에서 당연히 지켜야 할 도덕이었고, 이들에 대한 폭력 사용도 정당화되곤 했다. 하지만 근대에 들어와 정치적 자유주의가 확산되면서 적과의 공존에 대한 인식이 바뀌기 시작했다.

---

7 이와 같은 '과정'의 자유주의 정치철학은 화이트헤드와 더불어 하트숀(Charles Hartshorne)의 과정철학에 뿌리를 둔다. 모든 것이 연결되어 있는 복잡한 현실 정치를 개인주의 기반의 단순한 형이상학으로 해결할 경우 재앙이 초래될 수밖에 없다는 것이 이들의 생각이었다(Dombrowski 2020, 374).

로크의 관용론은 이런 변화의 시초였는데, 그는 상이한 형이상학적 교리를 지닌 사람들과 평화롭게 공존하는 방법에 대해 고민할 필요성을 역설했다. 예를 들어 로크는 종교적 차이에 대한 관용을 강조하면서, 국가의 역할을 시민의 이익을 보호하는 기능에 국한시켰다. 인간의 영혼을 구원하는 일은 결코 국가의 관할권에 속할 수 없다는 것이 그의 생각이었다(Locke 2009, 59-60).

이처럼 정치적 자유주의는 이러한 문제에 대한 해답을 '관용'에서 찾으면서 폭력보다는 설득이라는 방법을 중시하기 시작했다. 폭력을 없애는 일이 불가능하다면, 상대방에 대한 반대나 불승인의 '감정'을 제거하는 차선책을 통해 현실 세계의 다양성에 대처해야 한다는 것이었다(Scanlon 2021, 311-312). 이와 같은 사고는 '정치'에서 궁극적인 가치와 신학적 교리에 대한 논쟁을 배제하고 이질적인 생각과 교리를 가진 사람들 사이에 어떻게 평화롭고 공정한 방식으로 공존하는 방법을 탐구하는 데 목표를 둔다(Dombrowski 2020, 347-348). 우리가 갈등과 평화의 문제를 새롭게 고찰하는 데에도 이러한 논리를 적용할 수 있다. 즉 상대방에 대한 혐오와 갈등을 완전하게 제거할 수 없다면, 적어도 그러한 혐오를 불러일으키는 감정만이라도 제거하는 것이 바람직하다는 논리가 바로 그것이었다.

이런 점에서 우리는 자유주의 정치 사조가 경쟁하는 종교와 이데올로기 사이의 관용을 강조함으로써 근대의 평화 관념을 구축하는 데 기여해 왔다고 평가할 수도 있을 것이다. 하지만 슈미트는 이러한 자유주의 사고에 모순이 내재해 있다고 보고, 이것이 현실 정치에서 얼마나 타당하지 않은지를 규명하고자 노력했다. 슈미트의 이러한 자유주의 비판은 오늘날 평화 개념을 성찰하는 데 있어 매우 중요하다. 그가 지적한 대로 자유주의 이데올로기의 적용 범위가 지극히 제한적이라는 점에서 우리는 전통적인 평화 개념이 지닌 모순적이고도 이상적인 속성을 파악해낼 수 있기 때문이다. 이를 위해 우선 슈미트의 자유주의 비판과 '정치적인 것'에 대한 논의를 먼저 살펴볼 필요가 있다.

슈미트는 적과 동지의 구분이 '정치적인 것'의 본질을 이룬다고 보았다. 그렇지만 그가 보기에 지난 세기 서유럽의 정치 사조로서 의회주의와 자유주의는 이러한 '정치적인 것'을 충분히 반영하지 못한 채 모순에 빠져 있었다. 이러한 모순은 20세기 초반 유럽을 위협했던 파시즘이나 공산주의 때문이 아니라 훨씬 이전부터 자유민주주의 체제에 내재된 것이었다. 슈미트는 자유주의적 개인주의가 도덕적 열정에 의해 지지되고 있기는 하지만, 정치적 이상에 의해 움직이는 민주주의의 가치와 대립할 수밖에 없으며 이를 해소하기도 쉽지 않다고 보았다(Schmitt 2012a, 36-38). 자유주의는 개인주의적 다원주의를 전제로 하고 있지만, 이것은 인간사회의 이상적인 평등과 동질성을 지향하는 민주주의와 양립할 수 없다는 것이 이러한 모순의 핵심적인 근거였다. 특히 민주주의의 경우 '우리'와 '그들' 사이의 경계를 전제 위에 수립되어 있기 때문에 누구를 포용하고 누구를 배제할 것인지의 구별의식을 가지지 않을 수 없다는 점은 분명하다. 자유주의가 보편적 '인간'을 대상으로 하기 때문에 집단을 구분할 필요가 없는 반면, 인민을 대상으로 하는 민주주의는 집단 사이에 일정한 경계선을 요구한다. 역사적으로 현대의 대의민주주의는 절대군주제와 프롤레타리아 민주주의가 타협한 결과라는 점을 받아들인다면 자유주의와 민주주의는 자연스럽지 않은 방식으로 결합되어 오늘날 더 이상 지속하기 어려운 모순에 봉착해 있다는 것이 슈미트의 진단이었다(Schmitt 2012a, 51-67).

슈미트의 논의에서 언급되는 자유주의는 무엇보다도 근대 서유럽의 정치 질서에서 만들어진 경험의 산물이었다. 이는 곧 자유주의적 집단 내부의 정체성을 전제로 한 이데올로기로서, 슈미트가 보기에 '정치적인 것'의 핵심적인 요소가 퇴색한 상황에서 오직 서유럽 내에서만 통용되는 모순적 원칙이었다. 그는 집단적 정체성을 가리키는 용어로서 '적(enemy)' 개념에 대비하여 '경쟁자(adversary)'의 개념을 구분했는데, 여기에서 '적'은 게임의 규칙을 받아들이지 않는 상대인 데 비해 '경쟁자'는 규칙을 받아들이면서 상대방의 존재를 인정한다는 점에서 차이를 보인다. 그리하여 슈미트는 『정치적인 것의 개념』에서 정치를 특징짓는 '범주(category)'는 '적'과 '동지'의 구분에 있다고 규정한다.[8] 이러한 구분은 '선'과 '악'을 구분하는 도덕 영역, '아름다움'과 '추함'을 구분하는 미학 영역, '이익'과 '손실'을 구분하는 경제 영역과 마찬가지로 정치적 행동의 근원을 이루는 본질적인 범주라고 할 수 있다(Schmitt 2012b, 38-40).

슈미트는 근대 유럽공법(Jus Publicum Europaeum)의 시대 이후 새로운 20세기의 정치 질서가 만들어진 시기를 고찰하면서 갈등의 대상을 인식하는 자유주의 세계관의 모순점에 주목했다. 그에 따르면 유럽공법이 작용하던 시기에는 적대관계가 '상대화'되어 있었는데, 이는 곧 경쟁자로서의 적을 '정당한 적(justus hostis)'으로 인식한다는 의미였다. 따라서 전쟁은 동등한 자격을 가진 국가들 사이의 '결투(duel)'처럼 간주되었다. 다시 말해 경쟁자는 제거되어야 할 숙적(foe)이 아니며 개인적으로 원한을 가질 필요가 없는 대상이었다. 경쟁자는 집단 대 집단의 대결 구도 속에서 서로 간에 규칙을 준수하면서 경합하는 대상

---

8   슈미트가 '정치적인 것'의 범주로서 제시한 '적'과 '동지'의 구분은 언어적 배경을 지니고 있는데, 독일어에서 '동지(Freund)'란 혈족 또는 씨족 내의 동료를 가리키는 말로 제도에 의해 정착된 관계를 뜻한다. 이에 비해 '적(Feind)'의 개념은 목숨을 건 적대관계(Fehde)의 상대방을 가리키는 말로서 '동지가 아닌 자(Nicht-Freund)'에서 유래했다(Schmitt 2012b, 149-150).

일 따름이었고, 그런 만큼 주권적 평등이 보장된 유럽공법의 구성원들 사이에서는 무력 사용을 금지하고 전쟁을 제한하는 일이 충분히 가능했다는 것이 슈미트의 해석이다. 결국 19세기 이래로 자유주의 정신은 제한된 범위 내에서 평화가 가능하다고 보았으며, 이러한 정신은 20세기에 들어와 국제연맹과 국제연합의 헌장에 적극 반영되었던 것이다 (Werner 2004, 157-158).

하지만 이러한 자유주의적 사고와 평화 관념의 20세기적인 구현이야말로 슈미트가 보기에 모순의 정점에 도달한 지구촌의 모습이었다. 유럽공법을 준수하는 서유럽 국가들은 제국주의의 물결 속에서 비유럽 국가들을 지배하였고, 국제연맹과 같은 평화기구들은 제 역할을 수행하지 못했다. 인간의 이성에 대한 확신과 계몽주의적 진보관은 세계대전과 파시즘, 대공황의 비극으로 이어지면서 자유주의의 적나라한 모순을 그대로 드러내고 말았기 때문이다. 이렇게 본다면 슈미트의 '정치적인 것'에 대한 논의는 20세기 초 평화와 전쟁의 경계선이 혼란스러워진 역사적 상황과 밀접한 관련을 지닌다. 그가 올바르게 지적했듯이, 파르티잔 전쟁과 혁명, 제3자의 개입 등의 비정규전, 그리고 냉전 시기의 새로운 갈등 양상은 어디까지가 전쟁이고 어디까지가 평화인지 더 이상 구분하기 어려운 상황을 만들어냈다.

이와 같은 혼란의 시대상 속에서 슈미트는 전쟁을 제약하거나 억제하는 절대적 범주, 즉 '적과 동지의 구분'이 모호해졌다는 점에 주목하였다. 그가 현실 정치의 핵심 요소로 간주했던 '적'의 관념은 성경의 정신으로 용서해야 할 '사적 적(inimicus)'이 아니라 정치적으로 편 가르기를 통해 구분되는 '공적 적(hostis)'을 의미하는 것이었다 (Schmitt 2012b, 42). 그만큼 슈미트의 정치철학에서는 현실 세계를 하나의 '단일체(Universum)'가 아니라 여러 집단으로 구성된 '다원체

(Plurisersum)'로 인식하고 있었는데, 이러한 다원체는 여러 지역으로 분리되어 있기 때문에 일부 강대국 간의 전쟁이 종결되었다고 해서 세계평화가 도래했다고 쉽사리 판단하기 어렵다. 그럼에도 국제연맹과 같은 보편적인 기구는 '탈(脫)정치적' 상태 또는 '무(無)국가성'을 지향한다는 점에서 적과 우방을 구분하는 '정치적인 것'의 핵심을 포기한 채 자유주의 국가들 사이의 19세기적 범주 체계를 20세기 초의 혼란스러운 세계정치에 그대로 적용함으로써 모순적인 상황을 해소하는 데 실패했다는 것이다(Schmitt 2012b, 71-74).

결국 자유주의의 모순을 초래해온 핵심적인 문제점은 이러한 이념이 동지와 적을 구분하는 '정치적인 것'의 속성을 제대로 인식하지 못했다는 데 있다는 것이 슈미트의 견해이다. 정치라는 것이 항상 친구와 적을 구분하는 갈등적 측면을 내포하고 있음에도 불구하고, 자유주의 이데올로기에서는 도덕적 관념을 더 중시하면서 화해와 평화의 가능성을 지나치게 과대 포장하고 있기 때문이다. 예를 들어 롤즈(John Rawls)의 자유주의 정치철학은 '좋음'이라는 가치보다 '옳음'이라는 가치를 중시하며, 칸트 사상과 같은 권리 기반의 도덕철학을 근간으로 한다는 점에서 비판받아왔다. 하지만 이러한 자유주의 관념은 어디까지나 승리자이자 지배자로서 서유럽 공동체에만 적용되는 것으로서, 비(非)서구 지역에는 동등하게 통용되지 않았다는 것이 그 이유였다. 이런 점에서 보편적 합의에 대한 자유주의적인 믿음이 서유럽 국가들에만 국한되고, 또한 정치의 본질을 등한시함으로써 모순을 해결하지 못했다고 본 슈미트의 주장은 충분히 경청할 만하다(Mouffe 2007, 173-178). 이러한 논의는 이후 무페의 경합주의 정치철학으로 발전되는데, 여기에서 우리는 평화 개념의 과정주의적 재설정에 도움이 될 수 있는 실마리를 얻을 수 있다.

2. 경합주의적 평화: 자유주의를 넘어서

다양한 정치이론에서 공통적으로 다루고 있는 핵심 주제 중의 하나
는 개인적 선호도를 어떻게 사회적 선택으로 바꿀 수 있는가의 문제
이다. 특히 강압을 배제한 민주주의적 방식으로 사회적 선호가 집약되
는 과정을 어떻게 구현할 것인지에 관한 전통 모델에는 슘페터(Joseph
Schumpeter)와 다운스(Anthony Downs)의 집약 모델(aggregatve
model)과 롤즈 및 하버마스의 숙의민주주의(deliberative democracy)
모델이 있다. 집약 모델의 경우 다양한 개인들의 이익과 선호도를 취합
하여 사회적 선택을 이끌어내기 위한 경제적 민주주의 절차를 강조한
다. 이에 비해 롤즈와 하버마스의 숙의민주주의 모델은 다양한 의견들
사이에 합의를 이끌어내기 위한 조건으로서 합당성과 공적 이성, 그리
고 의사소통을 중시한다. 이러한 숙의민주주의 모델은 정당성과 도덕
성의 위기에 처해 있는 오늘날의 민주주의를 되살리기 위해 절차에 앞
서 도덕적 기준을 수립하고 상호주관적 담론을 통한 정치 질서의 회복
을 모색한다(Mouffe 2006, 125-131).[9]

　　자유주의 사조의 연장선상에서 롤즈의 자유주의 정치철학은 사회
적 갈등을 해결하기 위한 공존의 방법으로 다원주의를 제시하고 있다.
이는 '합당성(reasonableness)'을 정치적 도덕성을 근간으로 한 '잠정

9　무페의 경합주의는 서구의 대표적인 사회적 선택이론으로서 집약 모델과 숙의민주주의
　　모델을 비판할 뿐만 아니라 후기 자본주의 사회의 문제를 해결하기 위한 대안으로 제시
　　된 사회민주주의적 해법에 대해서도 비판하고 있다. 특히 기든스(Anthony Giddens)의
　　'제3의 길'과 같은 절충적인 입장은 전통적인 좌파이론과 달리 '경쟁'과 '갈등'의 측면을
　　도외시한 채 기존의 패권질서에 굴복함으로써 미국과 유럽의 정치에서 대안을 찾을 수
　　있는 역량을 상실하고 '경쟁자 없는 정치'에 매몰되고 말았다는 것이 무페의 주장이다
　　(Mouffe 2006, 165-169).

협정(modus vivendi)'이 필요하다는 결론으로 이어지는데, 여기에서 '잠정협정'이란 완벽한 형태의 합의 대신 적정한 수준의 합의에 도달하면 이를 사회적으로 채택할 수 있음을 뜻한다. 또한 '합당성'의 기준은 전통적인 '합리성(rationality)'의 개념과 달리 평등한 존재들 사이에서 '다른 사람들도 그렇게 할 것이라는 확신을 전제로 하여, 공정한 협력의 조건으로서 원칙과 기준을 제시하고 그것을 기꺼이 준수할 태도'가 되어 있는 경우를 가리킨다(Rawls 2005, 488). 그러한 규범은 모든 사람들이 받아들일 것으로 기대되기 때문에 합당하다고 판단되며, 따라서 구성원들 사이에 정당한 것으로 인정받을 수 있는 것이다. 결국 롤즈의 정치적 자유주의가 상정하고 있는 '합당한 개인'은 평등한 사람들 모두가 받아들일 수 있는 조건 하에서 서로 협력할 수 있는 사회를 열망한다. 이러한 개인들 사이에는 상호성이 유지되면서 모든 개인이 다른 사람들과 함께 동등한 혜택을 누릴 것으로 기대된다.

롤즈의 정치적 해법이 사회적 갈등을 해결하는 대표적인 자유주의 정치 모델로서 주목을 받아왔지만, 이에 대한 비판도 무시할 수 없다. 무엇보다도 자유주의 정치이론은 자유주의의 정치적 도덕 기준에 동의하는 사람들 사이에서만 작동하며, 이를 반대하는 사람들은 배제한다는 문제점을 꼽을 수 있다. 롤즈의 정치이론에서 제시하는 '질서정연한 사회(well-ordered society)'의 관념은 이미 합의할 준비가 되어 있는 '합당성'의 기준을 충족하지 못하는 사람들은 배제하고 있다. 따라서 궁극적으로 자유민주주의가 직면한 다원주의적 갈등을 완전하게 해소하는 것이 과연 가능한지에 관한 진지한 질문이 요구된다. 민주주의를 구성하는 데 불가피하게 요구되는 '타자'의 존재와 그들의 정체성을 무시할 수 없기 때문이다.[10] 이처럼 현실 세계의 다원주의가 존재하는 한 정치에서의 갈등과 분열은 영원히 지속될 것이며 이를 완벽하게 해결하는 일도 불가능하다는 인식을 받아들이지 않을 수 없는 것이다(Mouffe 2006, 49-55).

　롤즈의 자유주의 정치 모델에 대한 무페의 이러한 비판은 옳다. 또한 무페의 입장은 자유주의 이론의 또 다른 계보를 형성하는 하버마스의 숙의민주주의 개념과도 차별화된다. 하버마스의 민주주의 담론은 정치적 정당성의 바탕으로서 '공론장' 개념을 제시하고 있지만, 이것은 참여의 가치가 이상적으로 구현되는 경우에만 가능하다는 점에서 지극히 제한되어 있다는 것이 비판의 핵심이다. 다시 말해 숙의 또는 공론장 개념이 슈미트가 개념화한 '정치적인 것'의 본질을 제대로 드러내지 못하고 있다는 것이다. 롤즈와 마찬가지로 하버마스의 공론장 개념도 무페가 보기에는 민주주의의 이상적 담론에 빠져 현실 정치의 장애물을 극복할 수 없다. 그만큼 숙의민주주의는 '갈등'과 '배제'를 상정하지 않기 때문에 다원주의를 포용하기 어려우며, 따라서 자유민주주의 질서는 항상 특정한 패권적 질서를 배경으로 유지될 수밖에 없는 제한적인 해법이라는 것이다. 이런 비판적 시각에서 볼 때, 자유주의 정치이론은 모든 인류를 포함하는 통합된 '세계국가(world state)'의 환상에서 벗어나기 어렵다(Mouffe 2006, 84).[11]

　이러한 논의에서 알 수 있듯이, 샹탈 무페의 경합주의는 민주주의

10　예를 들어 롤즈는 자유주의 정치이론을 국제사회로 확장시킨 『만민법』에서 대화와 관용으로 포용할 수 있는 '이상적 이론(ideal theory)'의 대상을 '자유적 만민(liberal peoples)'과 '적정 수준의 만민(decent peoples)'에 국한시키고 있다. 이에 비해 무력으로 대응해야 하는 '무법국가(outlaw states)'나 원조로 지원해야 하는 '고통받는 사회(burdened societies)'는 자유주의 정치이론을 적용하기 어려운 '비(非)이상적 이론(nonideal theory)'의 대상으로 간주한다(Rawls 2017, 98-103, 140-142).

11　결국 무페와 슈미트의 비판적 시각에서는 자유주의 정치이론에서 제시하는 '세계국가' 또는 '단일세계(universe)' 개념은 잘못된 것이며, 이를 정치적 '다세계(pluriverse)' 개념으로 대체해야 한다고 보고 있다(Mouffe 2006, 84).

체제가 기본적으로 다원주의를 받아들여 왔다는 역사적 관찰에서 출발한다. 이러한 입장은 사회적 객관성보다는 역사적 경험에서 드러난 비합리주의적 측면을 더 중시하는데, 특히 비트겐슈타인의 '언어게임'과 데리다의 '구성적 타자' 관념에 큰 영향을 받고 있다. 비트겐슈타인의 언어게임 이론은 전통적인 서양의 보편적 합리주의에 대항하여 사회적 다원성, 모순성, 상대성 등을 강조하면서 개별적 맥락에서 작동하는 언어게임과 그것을 통해 이루어지는 특수한 삶의 형태에 주목한다.[12] 따라서 현실 세계의 '경쟁' 구도를 등한시한 채 자유민주주의의 질서정연한 모습만을 강조하는 롤즈의 정치이론이나 기든스가 대안으로 내세웠던 '제3의 길' 관념은 사회적 합의로써 조화와 안정을 달성할 수 있다는 잘못된 낙관론으로 이어진다는 것이 무페의 비판이다.

이처럼 슈미트의 '정치적인 것'의 개념이나 무페의 경합주의 모델은 자유주의 정치질서가 '경쟁자가 존재하지 않는 정치'에 대한 환상에 빠져 있으며, 기존의 헤게모니 체제를 무의식적으로 지지하는 결과를 초래한다는 점을 강조한다(Mouffe 2006, 30-34).[13] 무페는 슈미트의 정

---

12 무페는 보편주의에 저항하는 맥락주의자로서 비트겐슈타인 이외에 월쩌(Michael Walzer)와 로티(Richard Rorty)를 꼽고 있다. 이들은 특정한 문화적 실천과 제도의 경계를 넘어서 보편적이면서 독립적인 판단이 존재할 수 없다는 점에 동의한다. 특히 월쩌는 정치이론가들이 동굴 '밖'이 아니라 '안'에 머무르면서 자신이 속한 공동체의 일원으로서 공동체가 공유하는 의미의 세계를 다른 구성원들을 위해 해석하는 기능을 수행해야 한다고 주장한다. 이러한 의미는 오직 이론가가 속한 사회 내에서만 가능하다는 것이다(Walzer 1983, xiv).

13 무페의 정치적 자유주의 비판에도 불구하고 자유주의 정치철학에 내재된 '평화'의 관념에 대하여 재고찰할 필요가 있다. 롤즈의 자유주의 정치철학을 기반으로 한 평화 개념에는 두 가지가 가능한데, 하나는 포괄적 교리(comprehensive doctrines)를 공유하는 사람들의 합의로서 '자유주의적 평화(peacefulness-L)'로 불린다. 이에 비해 종교적 행사나 모임 등 친밀한 관계에서 이루어지는 사람들의 결집을 '공동체주의적 평화(peacefulness-C)'로 구분할 수 있다. 무페의 비판적 관점에서는 '자유주의적 평화'가 상대적으로 폄하되고 있지만, 이들 두 가지의 평화가 서로 배타적인 개념이 아니라는 견해

치이론을 차용하면서 '정치적인 것'과 '정치'를 구분하고 있는데, 이에 따르면 '정치적인 것'은 사회적 차원에 존재하는 '적대적 차원'에 대한 올바른 인식을 요구하며, 이를 바탕으로 하는 '정치'란 잠재적으로 갈등이 상존하는 조건 하에 특정한 질서를 수립하면서 인간의 공존을 조직해나가는 실천, 담론, 제도의 총체라고 규정된다(Mouffe 2020, 33).

이처럼 경합주의 모델은 '정치적인 것'의 개념이 포함하고 있는 구별과 적대관계의 환원 불가능성을 강조하면서, 적과 동지 간에 탈중심적 주체의식이 작동하는 정치적 상황에 초점을 맞춘다. 이때 정치적 개인은 사회계약론에서 상정하는 독립적이면서 추상적인 개인이 아니라 특정한 범주에 따라 구획된 경계의 안과 밖에 존재하는 사회 속의 개인으로 간주된다. 이런 상황 속에서 민주주의는 적과 동지로 이루어진 다양한 집단들 사이의 다원주의적 대립과 경쟁을 전제로 한다. 또한 민주주의는 집단 간의 '차이'를 전제로 하며, 따라서 자유주의 철학에서 중시해온 동질성, 객관성, 보편성의 가치를 강요할 수 없는 상태에 봉착한다(이진현 2013, 162-165). 따라서 경합주의에서 주장하듯이 '적'은 제거되어야 할 대상이 아니라 '우호적 경쟁자'로서 존재해야 하며, 그렇지 않을 경우 우리는 무한경쟁 속에서 불필요한 갈등과 분쟁을 반복할 수밖에 없다. 이와 같은 경합주의의 논리는 자유주의에서 상정하는 '완전한 평화'의 목표 대신 상대방의 존재 가치를 인정하는 '불완전한 합의'로서 평화의 개념을 수립하는 데 중요한 실마리를 제공해준다.

지금까지의 자유주의 정치이론은 합당성의 기준과 더불어 완전한 합의 가능성을 전제로 한 갈등 해소에 치중해왔다. 하지만 오늘날 자유민주주의의 기초를 이루는 이러한 정치적 자유주의의 해법은 지나치

도 제기되고 있다(Dombrowski 2019, 32).

게 '동굴 밖'의 객관적이고 이상적인 기준에만 몰두하고 있으며, 특히 역사적 경험을 공유하는 서유럽 국가들 간의 관계에 한정되고 있다는 점이 점차 분명해지고 있다. 현실 세계에 실재하는 수많은 장애 요인들, 특히 다원주의에 대한 요구가 커지고 있는 오늘날의 민주주의 상황에서 이러한 자유주의가 제대로 해답을 제공해주지 못하고 있다는 점도 부인하기 어렵다. 이처럼 슈미트와 무페에 의해 이론화된 자유주의의 모순, 그리고 자유주의와 민주주의 사이의 갈등관계를 '평화' 개념에 적용해본다면 어떤 시사점을 얻을 수 있을까? 이 논문은 평화의 개념 역시 '정치적인 것'의 근본적인 전제조건, 즉 '적'과 '동지'의 구별이라는 핵심적인 범주에서 벗어나기 어려우며, 모든 정치가 이러한 구별 하에 작동하는 한 완전한 형태의 합의, 협력, 안정은 기대할 수 없다는 점을 부각시키고자 한다. 또한 자유주의 정치이론이 추구해온 평화의 '완성형'이란 존재할 수 없으며, 끊임없이 공존하면서 경합하는 주체들 사이의 상호작용과 잠정협정의 반복이 평화의 본질적인 형태라고 주장한다.

이런 맥락에서 우리는 새로운 평화의 개념을 '경합주의적 평화(agonistic peace)'로 명명할 수 있다. 경합주의적 평화는 분쟁 당사자들이 공유하는 공통의 절차와 플랫폼에 관심을 가지며, 이러한 공유 공간에서 이루어지는 공존적이면서 불완전한 형태의 경쟁을 중시한다. 이러한 프레임워크 내의 분쟁 당사자들은 상대방을 파괴의 대상으로 삼지 않으며, 서로 간에 의견의 차이를 지니면서 규칙을 준수하는 경쟁자로 간주한다. 이러한 자세는 경쟁 상대방의 존재 이유와 그들의 목소리에 대한 존중을 요구한다. 다시 말해 경합주의적 평화는 경쟁자를 '적대적' 상대가 아니라 '경합적' 상대로 인식한다. 이러한 변환은 다원성과 정치적 통합이라는 어려운 과제 사이의 균형 잡힌 해결책을 도출하기 위한 방법을 추구한다. 결국 경합적 평화는 경합과 포용이 이루어지는 공간과 프레임워크를 만들어내는 과정으로서 개념화될 수 있다(Strömbom et al. 2022, 692-693). 다음 절에서는 이러한 경합주의적 평화의 정치이론적 기초로서 반사회적 사회성의 개념에 대하여 살펴보고자 한다.

IV. 반사회적 사회성: 과정으로서의 평화와 경합주의

칸트의 영구평화론은 1980년대 중반 도일(Michael Doyle)의 자유주의 평화론의 기원으로서 새롭게 주목을 받아왔다(Doyle 1986). 특히 러셋(Bruce Russett)과 오닐(John Oneal)의 '민주평화론(democratic peace theory)'은 칸트의 평화사상을 바탕으로 한 경험적 연구로서 국제정치 분야에서 평화의 문제를 새롭게 조망한 것으로 평가받고 있다(Russett and Oneal 2001, 34-35). 칸트 평화담론의 역사적 배경은 프랑스 혁명으로 구체제(ancien régime)이 붕괴되면서 공화정의 이념이 유럽으로 확산되었고, 이를 통해 압제에 시달리는 민중을 해방시키려는 우애의 동맹을 향한 유럽인들의 열망이었다. 비록 나폴레옹에 의해 이러한 기대가 지연되기는 했지만, 칸트는 국제평화를 달성하는 데 프랑스혁명과 공화정의 실현이 큰 도움을 줄 것이라고 생각했다. 무엇보다도 칸트 시대의 국제관계는 식민지 개척과 노예무역, 플랜테이션 경영 등 신대륙 발견 이후 비약적인 자본주의 교역방식에 기반으로 두고 있었고, 이것은 비(非)유럽인들과의 평화로운 교역을 바라는 유럽인들의 기대를 바탕으로 한 것이었다(Kleingeld 2006, 479-480). 이와 같은 칸트의 평화론이 오늘날 경합주의와 어떻게 연관되는 것일까?

칸트의 평화 담론은 인간의 본성에 대한 궁극적 탐구에 그 기원을 두고 있는데, 그는 인간이 본래 자유로운 존재지만 이러한 자유가 타인의 자유를 침해할 가능성에 유념해야 한다고 보았다. 그리하여 칸트는 올바른 자유를 보장하기 위한 법체계가 필요하다고 보았고, 이는 오로지 공화정에서만 가능하다고 주장하였다. 즉 공화정은 변덕스러운 전제 군주가 아니라 시민의 자유와 평등원칙을 보장하는 법치에 의해 유지되어야 한다는 결론에 이르렀다. 이런 점에서 칸트의 평화 개념은 공화정 체제와 법 제도를 통하여 '개인'의 자유를 보호하는 것이 최선의 목적이라고 간주하였다. 이러한 목적을 위해 국가는 대내적으로 '자연상태'에 질서를 부과하는 역할을 수행하며, 대외적으로 다른 국가들과 연방을 구성하여 평화로운 세계질서를 구축해야 한다고 보았다. 영구평화를 위한 칸트의 6개 예비조항과 3개의 필수조건은 이와 같은 철학적 논거 위에 수립된 것이었다(Kant 2006; Kleingeld 2006, 480-482)

칸트의 평화사상은 역사에 대한 목적론적 이해에서 출발하고 있다. 그는 역사란 인간의 자유의지가 구현되는 과정이며, 그 안에서 규칙적인 모습을 찾아낼 수 있다는 인식론적 입장을 지니고 있었다. 인류 전체의 역사를 조망해보면, 느리기는 하지만 지속적으로 전개되는 근원적 본질이 존재한다는 것이다. 이러한 본질은 인간이 계획한 결과가 아니라 모든 생명과 자연에 내재된 목적이며, 따라서 인간의 이성은 개인이 아니라 '유적(類的)' 존재로서 인류라는 전체 집단 속에서만 확장이 가능한 것이었다(Kant 2009, 25-26).[14] 특히 칸트는 인류의 보편사에

---

14 칸트의 평화 개념과 마찬가지로, 인류의 '진보'를 대표하는 또 다른 개념으로서 '인권'을 꼽을 수 있다. 예를 들어 보비오(Norberto Bobbio)는 자유로운 인간이 사회질서를 구축하는 과정에서 인간 해방과 인권의 가치를 추구하게끔 해주는 것이 자연에 숨겨진 계획이라고 주장한 바 있다. 이러한 주장은 칸트와 더불어 자연상태로부터 인간을 어떻게 해방시킬 것인가에 관한 고민의 산물이라고 할 수 있다(Aversa 2008, 487).

관한 '제4명제'에서 자연이 인간의 소질을 계발시키려는 목적에서 그들 사이의 적대관계(antagonism)를 필연적으로 요구하며, 이러한 적대관계는 사회의 합법적인 질서의 근거로 작용하는 한에서 용인될 수 있다고 보았다. 따라서 칸트에게 있어서 적대관계란 인간의 '반사회적 사회성(ungesellige Geselligkeit)'을 의미하는 것이기도 했다. 이러한 반사회적 사회성은 인간이 개인주의적 성향을 지니고 있지만 동시에 스스로를 사회화하려는 협력지향적 경향을 보유하고 있다는 이중의 의미로 해석될 수 있다(Kant 2009, 29). 그만큼 칸트의 평화 개념은 인간의 집합적 역사 속에서 면면히 구현되는 목표를 상정하고 있으며, 그 과정에서 적대관계의 존재는 필연적으로 거쳐야 하는 조건으로 간주되었던 것이다.

결국 칸트의 목적론적 평화사상에 내재되어 있는 핵심적인 요소로서 '반사회적 사회성'의 개념은 인간이 개인적 차원에서 이기적인 존재이면서 동시에 집합적으로는 도덕을 지향하는 존재라는 의미를 담고 있다. 특히 칸트는 개인들이 모여 국가를 형성하면서 문명의 진보를 이루며, 그 과정에서 공동의 도덕성을 발전시켜나갈 수 있다고 전망했다. 이러한 생각은 루소(Jean-Jacques Rousseau)의 '일반의지'나 스미스의 '보이지 않는 손'과 같이 공동체의 자연스러운 조화와 질서를 중시하는 낙관론의 계보를 잇는다(Kain 1989, 331-339).[15] 이렇게 칸트의 논리를 따른다면, 우리는 인간 개체들 사이의 갈등과 충돌을 통해 국가가 만들어지지만, 동시에 그들 사이의 정치적 연합과 환대의 정신

---

15 이처럼 개인의 이기적인 속성에도 불구하고 집합적 차원에서 조화로운 질서를 이룰 수 있다는 생각은 현실주의적 사고에서도 수시로 등장했는데, 대표적으로 마키아벨리(Niccolò Macihavelli)와 홉스(Thomas Hobbes)는 개인의 자기이익(self-interest) 추구 성향이 어떻게 '공동선(common good)'을 만들어낼 수 있는지를 보여주었다(Kain 1989, 340).

을 통해 전쟁을 극복하고 평화를 향해 나아갈 수 있다는 추론이 가능하다. 칸트의 평화 사상은 인간 개인과 공동체 차원에 걸쳐 현실 세계에서 어떻게 평화가 구현 가능한지에 관한 실천론을 지향한 것이었다.

칸트가 제시한 인간의 '반사회적 사회성'의 속성은 역사 속에서 사회적 적대관계를 통해 작동한다. 인간은 원초적으로 개인이고 독립적으로 존재하는 까닭에 자신을 둘러싼 근본적인 조건으로서 상호의존(interdependence) 관계 속에서 부득불 '반사회적' 성향을 띨 수밖에 없다. 이러한 반사회적 성향은 명예, 권력, 부를 추구함으로써 다른 사람들보다 우월해지려는 욕망으로 발전한다. 이와 같은 욕망은 이성의 힘으로 통제하기 어렵기 때문에 '악'으로 간주되어 왔지만, 그럼에도 반사회적 성향은 자연의 목적을 따라 인류의 진보에 발맞추어 스스로를 개선해나가면서 인간의 통제 능력을 후대에 전달해주었다(Wood 2006, 251-252). 이처럼 인간의 집합적 평화 지향성은 역사 속에서 무의식적이지만 지속적으로 전개되어왔다. 그리하여 인류는 오랜 세대를 거치면서 자신들의 갈등을 극복하고 평화로운 공존을 도모할 수 있는 역량을 축적해왔다는 것이다.

이처럼 칸트의 '반사회적 사회성' 개념은 그의 목적론적 평화 개념을 지탱하는 핵심 개념으로 자리 잡아 왔다. 이것은 인간 집단과 같이 '조직화된 존재(organized beings)'에서만 구현될 수 있는 자연의 궁극적인 '목적(end)'이라는 의미를 지닌다. 여기서 '조직화된 존재'는 단순한 기계론적 개념이 아니라 유기체처럼 하나의 '전체'로서 작동하는 대상을 가리킨다. 이러한 유기체로서의 인간은 단지 자연의 목적에 수동적으로 반응하는 존재가 아니라, 이성을 바탕으로 판단할 수 있는 적극적 존재라는 것을 뜻한다. 따라서 칸트가 언급한 평화는 자연의 '초월적' 목적과 인간의 적극적 노력이 결합되어야만 가능한 것이다(Baum 2013, 44). 또한 칸트의 평화 개념은 역사의 지향점으로서 인류가 나아가야 할 이데아적 목표로 제시되고 있지만, 동시에 그것이 만들어져가는 하나의 '과정'으로서 의미를 지닌다는 점을 간과해서도 안 된다. 이러한 진보는 우연의 산물도 아니지만 그렇다고 해서 저절로 달성되는 것도 아니며, 오직 자연과 인간의 꾸준하고도 적극적인 상호작용을 통해서 만들어질 것이기 때문이다(Wilson 2017, 274).[16]

칸트가 지향했던 완전한 시민 정치체제는 궁극적으로 합법적인 국제관계라는 문제로 귀결되었는데, 이 문제를 해결하지 않고서는 평화라는 목표에 도달했다고 판단하기 어려울 것이다. 칸트는 인류가 유구한 역사를 거치면서 수없는 시행착오와 비극을 반복했고, 그리하여 서서히 야만의 늪에서 벗어나고 국가들 사이의 연합을 이룰 것이라고 예측했다. 이런 점에서 20세기 초의 국제연맹은 칸트의 평화사상이 현실 세계에서 구현된 첫 실천적 사례라고 할 수 있다. 인간이 궁핍한 자연 상태로부터 야만의 투쟁을 거쳐 합법적인 질서와 안정의 상태로 나아가는 것이 그가 그렸던 평화의 모습이라고 본다면 특히 그러하다. 이러한 과정의 종착점은 내부적으로는 공화정의 수립을 통해, 외부적으로는 국가 간의 연합이라는 시민 공동체의 완성에 의해 도달하는 하나의 '자동장치'라고 할 수 있다. 여기에서 '자동장치'라는 의미는 개개의 구성원들이 야만적인 무(無)목적성을 가지고 있다고 하더라도 인류 전체는 자연의 합목적성(Zweckmassigkeit)에 따라서 자연적 본성을 억제하면서 평화 상태에 도달할 수 있게 된다는 의미를 담고 있다(Kant

16 칸트의 평화가 목적론적 개념이라는 점은 오랫동안 비판의 대상이 되어 왔다. 예를 들어 포퍼(Karl Popper)는 칸트의 목적론적 역사주의에 대한 비판을 제기했는데, 그럼에도 불구하고 칸트의 평화담론이 단지 결정론적인 역사관에만 기초하고 있다고 볼 수는 없다. 그의 사상은 인간의 이성이 분별력 있게 작용하면서 자연의 목적에 적극적으로 부응해야 한다는 점을 강조하고 있기 때문이다(Wilkins 1966, 184).

2009, 35-36; Kleingeld 2006, 491).[17]

결국 칸트의 '반사회적 사회성' 개념은 그가 제시했던 평화, 특히 '과정'으로서의 평화 개념을 떠받치는 핵심 요소이며, 인간의 경쟁적 상호관계에 내재된 변증법적 측면을 부각시킨 이론적 개념이라고 할 수 있다. 경합주의 이론과 마찬가지로 칸트의 평화 개념은 경쟁자들이 반사회적 사회성 속에서 어떻게 합의를 도출하는지의 과정에 주목한다. 이것은 무페가 주장한 대로 인간의 상호작용이 단지 적과의 적대적 관계만을 상정하는 것이 아니라, 경합적 인식을 통해 일정한 제약 내에서 타협과 합의를 찾아가는 하나의 '과정'이라는 점을 더 중시한다. 칸트는 인간의 갈등에 내재된 이러한 복합성 관계를 '불협화음의 화음(concordia discors)' 또는 '조화로운 불협화음(discordia concors)'라 불렀는데, 이는 우리가 평화 개념을 이해하는 데 있어 인간 본성의 반사회성과 사회성을 동시에 고려해야 한다는 결론으로 이어진다(Lebovitz 2016, 353-354). 그렇다면 반사회적 사회성과 경합주의적 사고는 새로운 평화 개념을 구축하는 데에 어떤 의미를 갖는 것일까?

V. 맺는말: 새로운 평화 개념의 정치적 함의

지금까지 주류 국제정치학에서는 '전쟁' 현상을 일탈적(deviant) 행동으로 바라보고 이를 '문제화(problematization)'하려는 경향을 보여왔

---

17 칸트의 평화사상과 목적론은 훗날 국제정치이론에서 등장하는 '세력균형(balance of power)' 개념과 유사한 의미로 전개되었다. 그에 따르면 세계시민적 상태는 자유로운 국가 행위자들 사이에 작용과 반작용의 관계를 통해 만들어지는 '평형상태'를 통해 가능하며, 인류의 '문명'이란 이와 같은 과정을 반복하면서 도덕성과 계몽을 향해 나아가는 과정이다(Kant 2009, 38).

다.[18] 하지만 인류의 오랜 역사 속에서 전쟁은 예외가 아니라 오히려 일상적인 현상이었다. 19세기 이래로 인간이 국제정치를 부분적으로나마 통제할 수 있다는 낙관주의가 팽배하면서 이러한 추세는 반전되었다. 국제연합헌장 제2조 4항에 규정된 것처럼, 전쟁은 바야흐로 '일탈적 문제'로 규정되기 시작했다. 이러한 자유주의적 '문제화'의 이면에는 서구의 근대 세계관이 자리 잡고 있는데, 이는 '안정'을 도모하기 위해 공동의 대응이 요구된다는 규범으로 발전해왔다. 일례로 오늘날 아프리카 지역에서 벌어지는 혼란스러운 폭력행위에 대한 국제사회의 무력개입 의지는 전쟁을 문제화하면서 상황을 빨리 안정시켜야 한다는 서구 중심적인 의무감을 배경으로 한다. 그만큼 전쟁행위는 비합리적이고 야만적인 폭력행위로서 통제되어야 한다는 인식으로 연결된다 (Andra 2022, 708-709).

이와 같이 평화의 대척점으로서 전쟁이 근대에 들어와 일탈적 현상으로 인식되었다면, 그러한 개념화에 내포된 편향성을 해체해볼 필요가 있다. 평화에 대한 지금까지의 인식은 대체로 전후 평화체제의 수립이라는 목표를 향한 좁은 의미의 평화구축(peacebuilding) 활동, 그리고 이론적으로 실증주의와 문제해결이론을 지향하는 민주평화론으로 집약되고 있다. 이러한 관행 속에서 평화란 '폭력의 제거'와 동일시되었으며, 이 개념을 보편적으로 규정하려는 유혹으로 말미암아 국제정치의 헤게모니적 성격을 답습하면서 지적 다양성과 자유를 억압하

18 중요한 정치적 개념들이 어떻게 문제화되었는지에 대한 계보학적 방법은 푸코(Michel Foucault)의 방법론에서 유래한다. 푸코는 특정한 시대와 상황 속에서 특정한 사고가 어떻게 하나의 문제로서 형성되었는지를 가리키는 '문제화'의 역사적 고찰이 중요하다고 강조하였다. 이와 같은 문제화 과정은 보편적이고 단일하게 전개되는 것이 아니라 시간적, 장소적 특성에 따라 다양하게 나타날 수 있다(Foucault 1977, 185-186; Bacchi 2012, 1).

는 또 다른 문제로 연결되곤 했다(Richmond 2008, 442-451). 따라서 우리가 전쟁을 하나의 '일탈' 또는 '문제'로만 바라보는 편향적 자세와 마찬가지로, '평화'의 담론 내에서도 근대의 서구 중심적이고 현상유지적인 사고방식이 존재하는지 의심해볼 필요가 있다. 그리하여 기존 평화 개념이 지나치게 이데아적인 상태에 머물러 있는 것은 아닌지, 또는 비(非)서구적 주체들의 입장이 과소 대표되지는 않았는지 두루 살펴보아야 할 것이다.

이러한 주류 접근법과 더불어 평화의 개념을 다양한 영역에 적용함으로써 외연을 확장하려는 시도 역시 재검토하는 일은 의미가 있을 것이다. 냉전의 종식 이후, 특히 코로나 위기 이후 이러한 주장들이 커져 왔는데, 이에 따르면 기존에 국제기구나 학계에서 사용된 평화 개념이 지나치게 좁은 영역에 국한되어 있기 때문에 이를 확대할 필요가 있다고 한다. 예를 들어 국제연합의 평화유지활동은 분쟁 방지에만 초점을 맞추어왔지만, 이에 대하여 평화의 제도적 측면에 초점을 맞춘 '큰 평화(big peace)'의 어젠다가 요구된다는 목소리도 크다. 이러한 주장은 국제연맹이나 국제연합과 같은 글로벌 차원의 제도를 통해 평화를 도모했던 것처럼 지구촌 모두가 겪게 되는 갈등과 분쟁의 근본적인 원인을 체계적으로 해소하는 데 주안점을 두고 있다(Simmons 2020, 10-11). 다만 1970년대에 제시되었던 '구조적 폭력' 개념이 눈에 띄는 성과를 거두지 못해왔다는 점을 고려하여 개념의 무조건적인 확대에는 신중을 기할 필요가 있다 하겠다.

이와 관련하여 최근 관심을 끌고 있는 비판이론의 평화론에도 주목할 가치가 있다. 이 이론에서는 평화를 인식하는 데 있어서 인간 행동의 다양한 가능성을 염두에 두면서 그것이 지닌 도덕적, 실천적 잠재력에 초점을 맞춘다. 비판이론은 기존의 자유주의적, 합리주의적, 개인주의적 개념화에 매몰된 주류 이론을 비판하면서, 탈실증주의적 방법론을 바탕으로 하여 담론, 공감, 해방의 프로젝트로서 평화 개념을 추구하고 있다. 특히 사람들의 일상생활에 초점을 맞추면서 다양한 상황과 맥락을 고려하여 평화 개념의 외연을 확장한다는 점에서 기존의 개념 확장 노력과 차별화를 시도하고 있다(Richmond 2008, 451-452). 이 논문도 평화 개념이 과거와 달리 새롭게 이론화되어야 한다는 점에 공감하지만, 비판이론과 마찬가지로 그러한 외연화가 어떤 점에서 기존의 접근에 비해 더 바람직한지를 정당화할 필요가 있다고 강조한다.

결국 평화 개념을 새롭게 규정하는 데 있어 중요한 점은 개념화의 핵심적인 요소를 어떻게 범주화할 것인지를 먼저 정하는 일이다. 갈퉁의 '구조적 평화'와 같이 기존의 개념 확대 노력이 왜 충분한 성과를 거두지 못했는지를 살펴보고, 이를 보완하기 위해 개념의 외연을 어떤 방향으로 확장할지를 정해야 하기 때문이다. 개념의 이론적 범주화로서 '정치적인 것'은 최근 정치학 분야에서 슈미트의 부활과 무페의 경합이론을 통해 새롭게 부상하고 있는 중요한 출발점이라 할 수 있다. 그로부터 이 논문에서는 구조적 평화 이후 평화 개념 확장을 위한 선제적 작업으로서 정치이론적 검토가 필요하다는 점을 역설했다. 특히 평화를 하나의 '상태'로 고정하기보다 그러한 상태를 향해 나아가는 '과정'으로 이해해야 한다는 점을 강조했다. 이는 자연스럽게 기존의 자유주의 정치이론에서 제시해온 평화 개념이 왜 제한적일 수밖에 없는가에 대한 검토로 이어졌다. 또한 무페의 경합주의가 강조하는 '정치'의 핵심적인 내용과 그것이 새로운 평화 개념을 구축하는 데에 어떤 도움을 주는지를 밝히고자 하였다. 경합주의 정치이론의 핵심 요소로서 인간 본성에 관한 칸트의 '비사회적 사회성'에 대한 탐구 역시 평화의 새로운 개념화에 이론적 기초를 제공할 것이라는 주장으로 이어지고 있다.

　　이런 맥락에서 한반도의 평화 문제를 자유주의 패러다임이 아닌 경합적 다원주의 관점에서 재해석하고, 남북한 간의 정치적 화해를 통해 평화구축의 행위자 주체성을 확립해야 한다는 제안에도 주목할 필요가 있다(강혁민 2022, 98-104). 한반도의 평화 담론은 그동안 '민족'과 '통일'이라는 단일성에 초점을 맞추어왔지만, 오늘날의 복잡한 정치 현실을 고려할 때 다원성과 상호주체성을 바탕으로 하는 경합주의 패러다임에 힘이 실리고 있기 때문이다. 평화 개념이 국제정치의 냉혹한 현실과 밀접하게 관련되어 있는 까닭에 이러한 경합주의적 사고를 통한 '정치'를 직접 구현하는 일은 쉽지 않겠지만, 적어도 평화의 과정적 측면과 더불어 그것이 지닌 '정치적인 것'으로서의 성격을 이해하는 것만으로도 평화 개념의 재설정은 충분한 의미를 가진다고 할 수 있다.

참고문헌

강혁민. 2022. "경합적 평화론의 한반도 평화구축에의 함의: 경합적 다원주의를 중심으로." 『담론 201』 25(1): 79-111.

김성철. 2021. "평화학의 진화: 연원, 계보, 복합화." 『통일과 평화』 13(2): 5-78.

신승환. 2018. 『형이상학과 탈형이상학: 형이상학의 유래와 도래』. 파주: 서광사.

이진현. 2013. "합당한 다원주의와 경합적 다원주의." 『동서사상』 15: 137-172.

장왕식. 2016. 『화이트헤드 읽기』. 서울: 세창미디어.

Anderson, Royce. 2004. "A Definition of Peace." *Peace and Conflict* 10(2): 101-116.

Andra, Christine. 2022. "Problemitizing War: Towards a Reconstructive Critique of War as a Problem of Deviance." *Review of International Studies* 48(4): 705-724.

Aristotle. 2017. Metaphysics. 조대호 옮김. 『형이상학』. 서울: 도서출판 길.

Aversa, Marcelo. 2008. "The Inheritance of Immanuel Kant's Philosophy of History in Norbetto Bobbio's Human Right Conception." In Valerio Rohden, et al. eds. *Recht und Frieden in der Philosophies Kants: Akten des X Internationalen Kant-Kongresses Band 5* (Berlin: Walter de Gruyter), 487-496.

Bacchi, Carol. 2012. "Why Study Problematizations? Making Politics Visible." *Open Journal of Political Science* 2(1): 1-8.

Baum, Manfred. 2013. "Kant on Teleological Thinking and Its Failures." *Washington University Jurisprudence Review* 6: 27-44.

Boulding, Kenneth. 1977. "Twelve Friendly Questions with Johan Galtung." *Journal of Peace Research* 14(1): 75-86.

_____. 1978. "Future Directions in Conflict and Peace Studies." *Journal of Conflict Resolution* 22(2): 342-354.

Buzan, Barry and Lene Hansen. 2010. *The Evolution of International Security Studies*. 신욱희 외 옮김. 『국제안보론: 국제안보연구의 형성과 발전』. 서울: 을유문화사.

Dombrowski, Daniel. 2019. *Process Philosophy and Political Liberalism: Rawls, Whitehead, Hartshorne*. Edinburgh: Edinburgh University Press.

_____. 2020. "Metaphysics, Political Philosophy, and the Process of Liberal Political Justification." *Review of Metaphysics* 74(2): 345-380.

Doyle, Michael. 1986. "Liberalism and World Politics." *American Political Science Review* 80(4): 1151-1169.

Foucault, Michel. 1977. *Donald Bouchard, ed. Language, Counter-Memory, Practice: Selected Essays and Interviews*. Ithaca: Cornell University Press.

Galtung, Johan. 1969. "Violence, Peace, and Peace Research." *Journal of Peace Research* 6(3): 167-191.

Hamlyn, D. W. 2000. *Metaphysics*. 장영란 옮김. 『형이상학』. 파주: 서광사.

Kain, Philip. 1989. "Kant's Political Theory and Philosophy of History." *Clio* 18(4): 325-345.

Kant, Immanuel. 2006. *Toward Perpetual Peace and Other Writings on Politics, Peace, and History*. New haven: Yale University Press.

_____. 2009[1789]. "세계 시민적 관점에서 본 보편사의 이념." 이한구 편역. 『칸트의 역사철학』. (파주: 서광사), 23-45.

Kleingeld, Pauline. 2006. "Kant's Theory of Peace." In Paul Guyer, ed. *The Cambridge Companion to Kant and Modern Philosophy*. Cambridge: Cambridge University Press, 477-504.

Lebovitz, Adam. 2016. "The Battlefield of Metaphysics: Perpetual Peace Revisited." *Modern Intellectual History* 13(2): 327-355.

Lederach, John-Paul. 1997. *Building Peace: Sustainable Reconciliation in Divided Societies*. Washington, DC: US Institute of Peace.

Leibniz, Freiherr von Gottfried Wilhelm. 2007. *Theodicy: Essays on the Goodness of God, the Freedom of Man and the Origin of Evil*. Charlston: BiblioBazaar.

Locke, John. 2009. *A Letter Concerning Toleration*. 최유신 옮김. 『관용에 관한 편지』. 서울: 철학과 현실사.

Mouffe, Chantal. 2006[2000]. *The Democratic Paradox*. 이행 옮김. 『민주주의의 역설』. 고양: 인간사랑.

_____. 2007[1993]. *The Return of the Political*. 이보경 옮김. 『정치적인 것의 귀환』. 서울: 후마니타스.

_____. 2020[2013]. *Agonistics: Thinking the World Politically*. 서정연 옮김. 『경합들: 갈등과 적대의 세계를 정치적으로 사유하기』. 서울: 난장.

Northwood, Heidi. 2006. "Entelechy." In H. James Birx, ed. *Encyclopedia of Anthropology*. Thousand Oaks: Sage, 821-822.

Rawls, John. 2005. *Political Liberalism*. New York: Columbia University Press.

_____. 2017[1999]. *Law of Peoples*. 장동진·김만권·김기호 옮김. 『만민법』. 파주: 동명사.

Richmond, Oliver. 2008. "Reclaiming Peace in International Relations." *Millennium* 36(3), 439-470.

Richmond, Oliver and Felix Berenskoetter. 2016. "Peace." In Felix Berenskoetter, ed. *Concepts in World Politics*. Los Angeles: Sage, 107-124.

Roberts, Tom. 2014. "From Things to Events: Whitehead and the Materiality of Process." *Environment and Planning D* 32: 968-983.

Russett, Bruce and John Oneal. 2001. *Triangulating Peace: Democracy, Interdependence, and International Organization*. New York: W. W. Norton.

Scanlon, Thomas. 2021. *The Difficulty of Tolerance*. 이민열 옮김. 『관용의 어려움』. 서울: 서울대학교 출판문화원.

Schmitt, Carl. 2012a[1996]. *Die Geistesgeschlichliche Lage des Heutigen*

Parlametarismus. 나종석 옮김. 『현대 의회주의의 정신사적 상황』. 서울: 도서출판 길.

_____. 2012b[2002]. *Der Begriff des Polischen.* 김효전·정태호 옮김. 『정치적인 것의 개념』. 파주: 살림.

Sentesy, Mark. 2020. *Aristotle's Ontology of Change.* Evanston: Northwestern University Press.

Simmons, Solon. 2020. "Big Peace: An Agenda for Peace and Conflict Studies after the Coronavirus Catastrophe." In Richard Rubenstein and Solon Simmons, eds. *Conflict Resolution after the Pandemic: Building Peace, Pursuing Justice.* London: Routledge, 9-16.

Strickland, Lloyd. 2014. *Leibniz's Monadology: A New Translation and Guide.* Edinburgh: Edinburgh University Press.

Strömbom, Lisa, Isabel Bramsen and Anne Lene Stein. 2022. "Agonistic Peace Agreements? Analytical Tools and Dilemmas." *Review of International Studies* 48(4): 689-704.

Walzer, Michael. 1983. *Spheres of Justice: A Defense of Pluralism and Equality.* New York: Basic Books.

Werner, Wouter. 2004. "From Justus Hostis to Rogue State: The Concept of the Enemy in International Legal Thinking." *International Journal for the Semiotics of Law* 17: 155-168.

Whitehead, Alfred North. 1991. *Process and Reality.* 오영환 옮김. 『과정과 실재: 유기체적 세계관의 구상』. 서울: 민음사.

Wilkins, Burleigh. 1966. "Teleology in Kant's Philosophy of History." *History and Theory* 5(2): 172-185.

Wilson, Catherine. 2017. "The Building Forces of Nature and Kant's Teleology of the Living." In Michela Massimi and Angela Breitenbach, eds. *Kant and the Laws of Nature.* Cambridge: Cambridge University Press, 256-274.

Wood, Allen. 2006. "Kant's Philosophy of History." In Pauline Kleingeld, ed. *Toward Perpetual Peace and Other Writings on Politics, Peace, and History by Immanuel Kant.* New Haven: Yale University Press, 243-262.

제2부 신흥평화의 사례

제4장 　　신흥안보와 사이버 평화론

윤정현(국가안보전략연구원)

* 이 글은 윤정현·이수연. 2023. "사이버 평화론에 대한 소고: 신흥안보 시대의 대안적 접근."
『정치·정보연구』 26(1): 1-28을 기반으로 작성되었다.

I. 머리말

기술의 발전은 새로운 공간의 출현을 낳고, 새로운 공간의 출현은 그에 따른 국제질서와 안보적 파급력을 낳는다. 새로운 공간의 출현은 곧바로 그 공간을 누가 지배하고, 어떻게 이용하느냐에 대한 전략적 고민을 안겨주기도 한다. 육지, 해양, 우주 등 인간의 의지나 행동과는 무관하게 존재하는 자연적 공간과 달리 사이버 공간은 탄생이나 존재, 확대에 있어서 전적으로 인간의 의지와 노력으로 창조된 산물이다. 그런 의미에서 사이버 공간은 행위자들에 의해 매일매일 '구성되는' 공간이기도 하며, 사이버 공간에 대해 행위자가 갖는 관념과 선택은 사이버 공간의 성격을 결정하는 중요한 변수로 작용한다. 행위자가 사이버 공간을 얼마나 잠재적으로 위험한 공간으로 인식하느냐에 따라 그들의 사이버 공간에 대한 전략과 행동은 달라질 수밖에 없다. 또한, 사이버 공간의 안전을 확보하고자 하는 궁극적인 지향점이 어디냐에 따라 사이버 평화의 개념과 거버넌스의 형태, 그것을 달성하기 위한 노력의 수준 역시 큰 차이를 보일 수밖에 없을 것이다.

현재 사이버 공간에서는 소극적 의미에서부터 적극적이고 포괄적인 의미에 이르기까지 사이버 평화 개념을 둘러싼 다양한 해석이 존재하고 있다. 중요한 점은 사이버 공간이 창출된 이후로 인류가 영위하는 온라인 활동 범위가 비약적으로 확장되었으며, 이에 따라 '안전하고 평화적인 사이버 공간'이 갖는 포괄적 의미 역시 한정하기 어려워지고 있다는 점이다. 특히, 증대되고 있는 신흥안보 이슈의 부상은 사이버 공간의 평화 개념을 어디까지 확장할 것인가에 지대한 영향을 미치는 주요 변수로 자리 잡고 있다. 다시 말해, 사이버 평화에 대한 논의의 시작은 기존의 물리적 세계를 기준으로 국가 중심적 시각에서 통용되던 전통적 평화론을 넘어 사이버 공간의 양적·질적 진화를 고려하여 살펴볼 필요가 있는 것이다. 본 연구는 이 부분에 착안하여 기존의 사이버 평화론을 넘어설 수 있는 대안적 사이버 평화론의 정립 필요성을 검토하고자 한다.

사이버 공간은 자연 창발로 형성된 세계가 아니며, 정보통신기술과 네트워크를 통하여 구축되는 완전히 인공적인 영역이라 볼 수 있다. 거리나 시간의 의미가 물리적 세계에서와는 다르며, 현실 세계에서는 중요한 국경이나 국적 등이 사이버 공간 속에서는 의미가 없거나 중요성이 크지 않다. 그렇다고 해서 사이버 공간이 현실 세계와 완전히 별개로 존재한다고 볼 수도 없다. 현실 세계와 사이버 공간은 서로 밀접하게 연결되어 있어서, 사이버 공간과 현실 세계가 존재하고 기능하기 위해서는 상호 간 존재와 소통이 필수적이다(한인택 2014, 2).

문제는 평화와 안보에 대한 기존 관념과 전략이 신흥안보 시대의 사이버 공간이 보여주고 있는 양적·질적 변화와 역동성을 충분히 반영하지 못하고 있다는 것이다. '신흥안보(emerging security)' 개념은 시스템 내의 미시적 위험 요소가 상호작용을 통해 변화의 임계점을 넘으면서 다양한 경로를 통해 초국가적 차원의 안보 문제로 확장될 수 있다고 보는 대안적 접근이다(김상배 2016; 윤정현 2019). 특히, 제한적인 하나의 위험 요소가 해당 부문을 넘어 거시적이고 복합적인 안보 문제로 증폭되는 동태적 변화에 주목하며, 이 과정에서 발견되는 '양질전화-이슈 연계-지정학적 피드백'의 특성을 강조한다(김상배 2022b). 최근 사이버 공간에서는 신흥안보의 파급력 특성이 나타나고 있다. '양질전화(良質轉化)'의 측면에서, 긴밀히 연결된 디지털 네트워크를 통해 악성코드를 마치 전염병처럼 동시다발적으로 감염시켜 국가안보의 임계점을 넘는 피해를 유발하는 현상이 관찰된다. 지식·정보, 가상자산

탈취, 가짜뉴스 살포로 인한 사회적 혼란 등은 어느 한 개인이나 집단에 머물지 않기 때문이다. '이슈 연계' 측면에서 보면, ICT 공급망 셧다운, 백신 연구기관의 해킹, 전력 제어시스템의 오작동 유발과 같은 공격은 단순히 디지털 공간 안에서의 사고에만 그치지 않고 경제·보건·에너지·환경 등 물리적 안보 이슈와 결합한다. 마지막으로 이처럼 진화된 사이버 공격은 '사이버 동맹', '디지털 진영화'와 같은 민감한 군사안보적 대응이라는 결과를 초래한다. 이른바 '지정학적 피드백'으로의 귀결이 일어나는 것이다. 레스 블룸(Les Bloom)과 존 세비지(John Savage)는 오늘날 사이버 안보 이슈를 유발하는 구조적인 문제와 이에 대한 기술적·제도적 관리의 어려움을 언급하며 사이버 안보 환경은 필연적으로 불확실할 뿐만 아니라, 완벽한 안보의 달성 역시 불가능함을 주장한 바 있다(Bloom and Savage 2011). 이 같은 사이버 공간의 속성 하에서 평화를 어떻게 정의하고, 어떤 수준의 사이버 평화를 추구하느냐는 실천적 차원에서 중요한 문제가 될 수밖에 없다.

II. 사이버 공간 속 평화에 대한 기존 시각과 주요 쟁점

사전적으로 평화는 '평온하고 화목한 상태로서 전쟁이나 분쟁 등이 존재하지 않는 상황'으로 정의된다. 그러나 이와 같은 전통적 의미의 평화 개념으로는 더 이상 복잡성과 다양한 이해당사자가 난립하는 현실에서 발생하는 평화의 난제를 이해하기 어려워졌다. 즉, 전쟁에까지는 치닫지 않더라도 삶에 지대한 영향을 미치는 변수들을 포착하기 어려워졌기 때문이다(김상배 2022a, 1). 현실 세계에서의 평화 개념이 다양하게 존재하는 것처럼 사이버 공간에서의 평화에 대해서도 다양한 시각이 존재할 수 있다. 사이버 안보의 목표는 무엇인가? 안보를 통해 달성하고자 하는 궁극적인 지향점이 평화라는 데 이의를 제기하기는 어려울 것이다.

평화는 자유와 평등 못지않게 인간이 추구하는 보편적 이상이라고 할 수 있다. 기존의 사이버 평화에 대한 논의는 상당 부분 안보화 담론에 기반하여 전개된 측면이 있었다. 특히, 미중 간의 사이버 안보 이슈를 다루는 연구들은 양자의 관계를 '사이버 안보화'의 시각으로 조명하는 공통점이 있었다. 그러나 이 같은 관점이 가지는 문제는 아직 존재하지 않는 잠재적 위험을 실체화하거나 파괴력을 과장하기 쉽다는 한계를 내재하고 있었다. 또한, 이 과정에서 전문지식이 높은 기술 전문가들이 안보담론을 독점하게끔 허용하는 문제를 낳기도 하였다(정영애 2017, 109). 무엇보다도 사이버 위협을 국가안보의 차원에서 접근하는 것은 개인과 사회적 차원에서 직면하게 되는 사이버 위협을 과소평가하거나, 그러한 위험들까지 국가안보의 시각으로 흡수하는 우를 범할 수 있다. 즉, 사이버 안보는 사이버 평화 논의의 핵심적인 초점이 되어야 하지만, 안보에만 경도된 접근은 국가에 비해 개인과 사회를 부차적인 관심의 대상으로 치부할 수 있다는 점을 유의해야 하는 것이다.

사이버 안보를 통해 도달하고자 하는 최종 상태를 사이버 공간의 평화라 가정할 경우, 사이버 평화에 관한 논의의 시작은 갈퉁(Johan Galtung)의 평화론에서 출발하는 것이 유용할 것이다. 갈퉁은 평화가 폭력이라는 개념과 함께 설명된다고 보았다. 폭력은 '직접적(물리적) 폭력', '구조적 폭력', 그리고 이를 뒷받침하는 '문화적 폭력' 등이 있는데, 단순히 직접적 폭력이 없는 상태를 평화라 보는 시각은 '소극적 평화(negative peace)'에서 벗어나지 못한 것이다(Galtung 1969). 그는 눈에 보이지 않는 다른 나머지 폭력들 또한 모두 제거한 상태만이 '적극적 평화(positive peace)'를 의미한다고 보았다(홍용표 2021). 정리하자면 소극적 평화는 부정적인 무언가가 없는 상태(without), 적극적 평화는 무언가가 없는 상태를 넘어 기본적으로 긍정적인 무언가가 보장된 상태(with)를 의미한다. 따라서, 전쟁의 부재와 같은 소극적 평화 영역은 불안정한 기반에서만 유지되거나 위협, 폭력적인 능력 부족과 같은 소극적인 수단에 의해서만 유지되는 영역이다. 반면, 안정된 평화의 영역은 상호적이고 합의된 기반 위에서 평화가 유지되는 영역으로 폭력 발생에 대한 기대가 없는 환경을 의미한다(Inversini 2020, 265).

갈퉁의 논의를 사이버 공간에 적용한다면, 소극적 사이버 평화는 '사이버 전쟁', '사이버 테러', '사이버 범죄' 등이 부재한 상태라 할 수 있을 것이다. 그런데 소극적 평화론의 시각에서 사이버 평화를 보는 것은 진정한 사이버 안보 의식을 확립하는 데 필요한 규범과 정책을 설명하기에는 충분하지 않다(Roff 2016, 3). 가장 큰 문제는 공식적인 '전쟁의 부재'가 왜곡하는 불안정한 현실이라 할 수 있을 것이다. 물리적 환경에서와 같이 '전쟁권(Jus ad Bellum)'의 원칙은 사이버 공간에 그대로 적용되기 어려운데, 전쟁을 선포하려면 적을 규정하고 책임을 귀속시킬 수 있어야 하기 때문이다(Inversini 2020, 261). 물리적 영역과 달리 사이버 공간은 공격자를 식별하는 데 더 많은 어려움이 따른다. 대부분의 국가들은 사이버 공간에서 전쟁 행위로 여겨질 수 있는 직접적 행동을 조심하지만, 특정 집단을 앞세우고 배후에서 지원할 수 있으며, 실제로 국가 지원 해킹의 빈도 역시 증가하고 있다. 공격 대상과 공격의 목표 등을 명확하게 구분할 수 없는 상황에서 물리적 공간에서와 같은 기준으로 전쟁의 시작이 언제인지 파악하는 것은 무의미하다. 사이버 공간에서는 언제부터를 전쟁의 시작으로 볼 것인가, 어느 정도 규모여야 전쟁이라고 인정할 것인가 등에서 합의된 바가 없기 때문이다. 따라서, 공식적인 전쟁 선포 없이도 사이버 공간에서는 전쟁과 같은 폭력적 상황에 놓일 수 있는 위험을 안고 있다. 이는 사이버 공간에 소극적 평화 개념을 그대로 원용하는 데에 한계가 있다는 것을 의미한다.

두 번째 문제는 '직접적 폭력의 부재' 이상의 적극적 평화를 사이버 공간에 적용할 수 있는가에 대한 문제이다. 모두가 납득할 수 있는 평화와 폭력에 대한 보편적인 정의를 수립하는 것은 갈퉁 역시 비현실적이라 보았다. 사회와 기술이 변화함에 따라 평화와 폭력에 대한 범위와 사회적 이해 또한 변화할 수밖에 없다. 부정적인 상태가 제거되고 기본적으로 보장되는 무언가를 사회적으로 합의하는 데 있어 가치판단이 개입되기 때문이다. 여기서 문제는 가치판단의 주체를 누구로 설정할 것인가로 귀결된다. 로프(Heather M. Roff)는 탈냉전과 함께 마주한 사이버 공간의 질서를 인간안보와 적극적 평화의 관점에서 접근할 필요성을 제기하였다(Roff 2016, 33). 국제전기통신연합(ITU) 역시 이러한 맥락에서 사이버 평화를 '무질서, 혼란, 폭력의 부재와 건강한 평온함(wholesome state of tranquility, the absence of disorder or disturbance and violence)'에 기반한 '사이버 공간의 보편적 질서(universal order of cyberspace)'로 정의한 바 있다. 하지만 적극적 평화 역시 앞서 언급한 사이버 공간의 속성이 '무결한 환경'의 달성을 목표로 하는 것을 어렵게 한다는 점에서 매우 달성하기 어려운 문제이다. 매 순간 우리가 인지하지 못하는 와중에도 사이버 공격과 방어의 메커니즘에 끊임없이 마주하고 있다. 즉, 적극적 평화의 기본 전제가 되는 부정적 상태의 완전한 제거조차도 보장할 수 없다는 것이다. 또한, 상술한 정의에서 볼 수 있듯이 사이버 평화는 인권, 경제, 안보, 국제협력 등 여러 측면을 지닌 복합적 양상을 띠게 되며, 이는 일국 차원

의 노력만으로 달성할 수 없는 도전이기도 하다. 동시에 개인정보보호
이슈 등 개인 단위에서도 일상에서 마주하는 미시적인 문제들은 끊임
없이 제기되는 사안으로 이 모든 것을 포함할 경우 과잉 안보화의 위
험성을 피하기 어렵다.

하지만 과잉 안보화의 위험이 존재함에도 안보화 과정이 주는 의
의가 전혀 없는 것은 아니다. 안보화 과정에서 주목받는 지점들이 곧
평화를 위해 고려해야 할 부분이 어디에 있는지를 가리키는 지표가 될
수 있기 때문이다. 단순히 전통적인 군사안보의 차원에서만 접근함으
로써 간과될 수 있는 부분들을 수면 위로 끌어올려서 사이버 평화를
고민하는 데 적절한 영감을 던져줄 가능성이 있다는 것이다. 결론적으
로 사이버 평화에 대한 논의는 사이버 공간의 실질적 안전 확보나 이
를 위한 실천 방안에서 보더라도 단순히 적극적 개념이나 소극적 개
념의 구분을 넘어서야 할 필요성을 제기한다. 이러한 필요성에 근거하
여 이 연구는 사이버 공간이 가지는 양질전화, 이슈 연계, 지정학적 피
드백과 같은 신흥안보의 관점을 활용하여 기존의 소극적·적극적 평화
개념이 담을 수 없는 사이버 평화의 사각지대가 있을 수 있다는 것을
지적하고자 한다.

III. 사이버 공간의 진화적 특징

1. 사이버 공간의 확장이 갖는 경계 구분의 초월성

신흥안보 시대의 사이버 평화 논의를 위한 첫 번째는 사이버 공간의
확장이 갖는 경계 구분의 초월성이 낳는 함의를 포착하는 것이다. 이는

사이버 공간이 지니는 특성이나 사이버 공간이 현실 세계와 가지는 상호의존성을 충분히 고려해야 한다는 것을 의미한다. 또한 공간의 특성 변화로 인해 행위자의 경계 구분에도 초월성이 나타난다는 것 역시 파악해야 한다는 것이다. 사이버 공간의 확장은 여러 의미에서 사이버 위협의 양적, 질적 변화를 야기하고 있기 때문이다. 따라서 사이버 평화가 포괄해야 하는 범위 역시 이에 부합하여 확장되어야 함을 의미한다고 볼 수 있다. 실제로 최근의 사이버 보안 문제에서 나타나는 문제의 양상은 악성코드가 마치 전염병 바이러스처럼 빠르게 복제되는 과정에서 변종이 나타나는 특징을 보이며 국가 행위자도, 인간 행위자도 아닌 비인간 행위자가 행위 주체성(agency)을 가지게 된다는 것이다. 랜섬웨어에 의한 동시다발적 국가 기반시설 위협, 'Log4j'의 치명적인 보안 취약점 발견 등 이른바 '사이버 팬데믹'의 현실화 위협을 낳은 바 있으며, 메타버스 패러다임의 확산으로 가상과 현실의 경계를 초월한 가상 융합 공존 세계까지 논의되는 상황이다.

나아가 최근의 사이버전 양상은 사이버 전장과 물리적 전장이 상호 긴밀히 연결되고 있으며 무력 공격에 앞선 전초 작전으로의 기능까지 수행하고 있다. 인프라, 금융, 미디어, 정부 기관 등에 대한 사이버 공격을 감행하여 사회적 혼란을 유발하고 정보·심리전을 통해 적국의 항전 의지를 약화시키는 등 '하이브리드전'의 핵심으로 기능하고 있다 (Microsoft 2022, 7). 이러한 사례들이 바로 사이버 공간이 가지는 특성과 물리적 공간과의 상호의존성, 행위자의 경계 초월을 고려해야 하는 이유를 보여준다. 기존의 안보 개념은 선형적이고 물리적 측면에 대한 고려만 이루어졌다. 경계선을 명확히 기준으로 삼아 '안'과 '밖'을 구분하고, 경계선을 강화하여 '밖'에서 '안'으로 침범하는 일이 일어나지 않도록 하는 것이 기본적인 안보 전략이라고 할 수 있다. 하지만 그 자체가 경계를 초월해버리는 경우라면 경계가 가지는 의미는 모호해진다.

1) 공간의 경계 초월

사이버 공간의 확장은 크게 두 가지 의미에서 경계를 초월한다. 하나는 사이버 공간 내에서 경계의 초월이고, 다른 하나는 사이버 공간과 물리적 공간 사이에서 경계의 초월이다. 우선 사이버 공간이 점점 더 확장됨에 따라 물리적 공간에서의 경계와 사이버 공간에서의 경계가 일치하지 않는 현상을 만들어낸다. 이는 국경이라고 하는 경계가 명확한 물리적 공간과는 달리 사이버 공간에서는 사실상 가시적인 경계가 존재한다고 보기 어렵기 때문에 발생한다. 즉, 사이버 공간 내에서 경계의 초월이 나타난다. 사이버 공간이 가지는 특성이라고 할 수 있다. 이러한 의미에서 사이버 공간을 글로벌 공유재(global commons)로 간주하는 학술적인 연구나 미국의 정부 보고서 등이 존재하기도 한다 (Shackelford 2012, 1291). 사이버 공간이 확장하는 가운데 영역의 경계가 명확해지지 않는다는 것은 그 공간을 관리할 주체가 불명확해짐을 의미한다.

예를 들어, 공격의 시작이 A국에 있는 서버에서 발생하였고 최종적인 공격의 목표물은 B국에 있다고 했을 때, 해커는 사이버 공격을 하는 과정에서 수많은 우회 루트를 거친다.[1] 추적을 피하기 위해서다. 하지만 이때 A국과 B국만이 사이버 평화 상태에 놓여 있지 않다고 볼 수 있는가? 경유지인 C국, D국 등의 국가들이 사이버 평화를 누리고 있었

---

1   '눈사태(Avalanche)'라는 해킹 단체는 탐지를 피하려고 빠른 이동(fast-flux) 기술을 사용하여 80만 개의 도메인을 악용하였다. 다만, 이 사건의 경우 독일 경찰, 유로폴, 미국 연방수사국(FBI), 보안기업인 시만텍 등이 공조하여 해커를 특정한 바 있다(Reinhold and Reuter 2019, 285).

다고 단언하기 어려울 것이다. 즉, 사이버 평화를 논하기 위해서는 A국에서 사이버 공격이 시작되지 않도록 막는 방법, B국에서 사이버 공격으로 인해 피해가 생기지 않도록 차단하는 방법이 기본적으로 논의되어야 한다. 나아가 경유하는 국가들(C국과 D국)에서 발생하는 시도들까지도 차단할 수 있어야 하며, 애초에 경유 시도 자체가 발생하지 않는 것 자체까지 포함한 상태를 엄밀한 평화의 상태로 봐야 할 것이다.

사이버 공간을 글로벌 공유재로 간주하는 경향이 있으나, 물리적 세계에서 나타나는 일반적인 '공유지의 비극'이 발생하지는 않는다. 사이버 공간의 확장은 기본적인 인프라를 기반으로 하므로 결국 인프라를 소유하는 주체가 개입할 수밖에 없기 때문이다. 인프라를 구축하는 데 기여한 민간기업은 손실의 발생을 막기 위해, 국가는 사이버 공간을 활용하는 과정에서 피해를 경험한 국민이 많아지면서 발생할 수 있는 사회적 비용을 줄이기 위해 사이버 공간을 평화적 상태로 유지하려는 유인이 있다. 하지만 앞서 언급한 사이버 공간 내 경계의 불명확성으로 인하여 국가나 기업과 같은 이해당사자가 어디까지 나설 수 있는지에 대한 문제가 제기될 수 있다. 이 과정에서 물리적 공간과 사이버 공간의 경계 불일치라는 특징으로 인해 물리적 공간에서의 지정학적 갈등을 유발하여 다른 의미에서 평화를 해칠 가능성이 존재한다.

다음은 물리적 공간과 사이버 공간의 경계를 초월하는 것으로 사이버 공간과 현실 세계의 상호의존성과 관련이 있다. 사이버 공간이 확장하면서 그 영향력이 사이버 공간 안에만 머무는 것이 아니라 현실 세계와도 밀접히 연결되어 나타나는 양상을 쉽게 확인할 수 있다(윤정현·이수연 2022, 134-137). 디지털 전환은 이러한 양상을 더 빠르게 확산시켰다. 디지털 전환이라고 하는 것이 사이버 공간과 물리적 공간의 경계를 허무는 과정이라고 할 수 있는데, 증강현실이나 메타버스의 구

현도 디지털 전환의 결과 가상공간과 현실 세계의 경계가 흐려지는 현
상이라고 할 수 있다. 이는 사이버 공간에서 조작한 것이 현실 세계에
구현되어 영향을 준다는 것을 의미한다. 여기서 나타나는 문제가 바로
'첨단 인프라의 역설'이다. 첨단기술이 도입된 인프라를 갖춤으로써 디
지털 전환을 이뤄냈지만, 오히려 외부로부터 공격을 받을 수 있는 연결
성이 올라가 취약성이 증가하게 되는 것이다. 선진국이 사이버 공격의
피해가 큰 이유이기도 하다. 가상과 현실 세계의 경계를 초월하여 피해
가 발생한 비근한 사건들은 쉽게 찾아볼 수 있다. 첨단 인프라의 역설
이 적용됨으로써 평화를 위협받은 사례와 그 반대의 사례를 통해 사이
버 공간이 지니는 경계의 초월성이 사이버 평화에서 갖는 의미를 간단
히 살펴보고자 한다.

먼저 콜로니얼 파이프라인 사건이다. 2021년 5월 6일에 데이터를
탈취하는 최초 공격 시도가 있고 나서 다음날 랜섬웨어 공격이 이루어
졌다. 최초 공격을 통해 해커 집단은 2시간 안에 100기가바이트의 데
이터를 탈취한 것으로 밝혀졌다. 미국 의회 청문회에 따르면 해커들은
VPN 계정의 노출된 암호를 통해 네트워크에 침입했다(Kerner 2022).
콜로니얼 파이프라인은 미국에서 가장 규모가 크고 중요한 송유관을
운영하는 회사였기 때문에 이 사이버 공격으로 인해 받은 물리적 피해
가 상당했다. 미국 남동부 지역에 공급되는 석유의 45% 이상을 콜로니
얼 파이프라인이 점유하고 있었기 때문에 관련된 주들에서는 주유 대
란이 일어났고, 갑작스러운 공급 감소와 가수요 증가로 인하여 가격이
7년 만에 최고 수준으로 폭등하였으며, 재고 부족으로 몇 개 주는 비상
사태를 선포하기도 하였다(이민석 2021). 7일에 랜섬웨어 공격을 받고
12일에 송유관을 재가동하기까지 약 5일 정도가 소요되었지만, 미국
사회는 상당히 큰 영향을 받은 것으로 보인다. 2021년 5월 12일 바이

표 4-1 콜로니얼 파이프라인 사이버 공격 타임라인

일자	사건 내용
2021년 5월 6일	최초 공격, 데이터 절취
2021년 5월 7일	랜섬웨어 공격 시작
	콜로니얼 파이프라인, 침해 사실 인지
	보안기업인 맨디언트(Mandiant)에 공격에 대한 조사 및 대응 요청
	사법당국과 연방 정부 당국에 고지
	운영 중인 네트워크에 대한 노출 위험을 줄이기 위해 파이프라인을 오프라인으로 전환
	몸값으로 75비트코인(440만 달러) 전달
2021년 5월 9일	바이든 대통령 긴급 선언
2021년 5월 12일	정상 운영 재개로 파이프라인 재가동
2021년 6월 7일	법무부, 공격자들로부터 63.7비트코인(약 230만 달러) 회수
2021년 6월 8일	공격에 대한 의회 청문회 실시

출처: Kerner(2022).

든은 국가의 사이버 안보를 강화하기 위한 행정명령을 내리기도 하였는데, 안전한 사이버 공간의 구축이 곧 미국인들의 삶에 중요하다는 내용을 담고 있다(The White House 2021).

　앞의 사례가 첨단 인프라를 갖추었기 때문에 오히려 사이버 평화를 누릴 수 없었던 사례라고 한다면 미국의 북한 미사일에 대한 '발사의 왼편(Left of Launch)' 전략은 첨단 인프라를 활용하여 사이버 평화까지는 아니더라도 물리적 공간에서의 평화를 추구했던 사례로 볼 수 있다. 발사의 왼편 전략은 오바마 행정부 때부터 시작되었는데, 사이버 공격을 통해 발사 이전 단계에서 미사일 발사를 무력화하는 것을 말한다.[2] 오히려 발사의 왼편 전략으로 인해 북한이 우발적이거나 허가받지 않은 핵무기 사용 가능성을 키우려 할 수 있다는 점에서 한반도의 핵 위험을 증폭시키는 결과를 낳는다는 주장도 존재하긴 하지만

(Panda 2018) 북한의 미사일 발사 시도를 좌초시킴으로써 물리적 공
간에서 가시적으로 드러날 수 있는 위협을 제거했다는 점에서는 평화
추구 효과가 있었다고 할 수 있다. 물론 북한의 입장에서는 사이버 평
화에서 멀어진 사례로 볼 수도 있을 것이다. 미국의 사이버 공격으로
물리적 공간에서 원하는 제어를 달성하지 못했기 때문이다. 관점에 따
라 평화 상태를 다르게 논할 수 있는 것과 별개로, 이 사례 역시 사이버
공간에서 일어난 일이 경계를 초월하여 물리적 공간에 영향을 미친다
는 것을 보여준다.

2) 행위자의 경계 초월

사이버 공간과 물리적 공간에서 행위자가 발휘할 수 있는 역량이 정확
히 일치하지 않는 특징에도 주목해야 한다. 사이버 공간이 확장됨에 따
라 물리적 공간에서 소외된 행위자들이 사이버 안보나 평화의 영역에
서 행위 능력을 보여주는 경우도 있기 때문이다. 사이버 공간에서 행위
주체성을 가지는 주요 행위자는 국가, 비국가 행위자, 비인간 행위자
등으로 구분할 수 있다. 물리적인 전쟁에서는 전쟁에 참여하는 정규군
의 존재가 명확하게 있지만 사이버전의 경우에는 국가의 지원을 받는
해커 집단, 정규군의 일부로 편성된 해커 집단, 국가와는 연계성이 없
는 해커 집단 등 다양한 형태가 존재한다. 이 경우 사이버 공격이 수행
되었을 때 누구에 의해 이루어진 것인지를 확실하게 알기 어렵다는 점
에서 물리적 전쟁과 차이가 존재한다. 일부 사이버 공격의 경우에는 대
단한 해킹 능력을 갖추고 있지 않더라도 수행할 수 있는 부분이 존재
하기 때문에 누구든 사이버 공격의 주체가 될 수 있다. 해커들이 대대

---

2 오바마 정부 때 발사의 왼편 전략을 사용하여 북한의 미사일 발사를 방해한 사례들이 존
   재한다(Panda 2018; U.S. Department of Defense 2017, 1; 한기재 2017).

적으로 기간 시설을 공격하는 경우를 제외하면 대부분의 사이버 공격은 개인에 대해서 이루어지는 경우가 많다. 그 개인의 수가 한 명에 그치느냐 다수가 되느냐에 따라서 국가에 미치는 파급효과는 달라질 수밖에 없다. 신흥안보의 특징인 양질전화가 나타날 수 있다는 것이다.

물리적 전쟁에서는 주요 행위자가 국가였던 기존의 경계를 넘어, 완전한 비국가 행위자로서 행위 주체성을 가지게 된 사례로 핵티비스트인 '어나니머스(Anonymous)'와 민간기업인 스페이스 X(Space X)의 일론 머스크(Elon Musk)를 들 수 있다. 러시아-우크라이나 전쟁에서 어나니머스라는 핵티비스트 집단이 우크라이나를 대신하여 러시아에 대한 대대적인 사이버 공격을 감행한 바 있다. 이들은 주로 러시아 국영 미디어나 군 시설에 대해서 사이버 공격을 수행하였고 이외에도 매쉬오일(MashOil) 등 러시아 경제에서 주요한 위치를 점하는 기업들의 데이터를 해킹하여 공개하기도 하였다. 어나니머스의 공격은 전쟁에서 치명적인 결과를 내지 못했을 수는 있지만 푸틴이 전쟁을 계속하는 것에 대한 부담과 압박을 느끼게 하는 효과를 미쳤을 것으로 평가되었다(김경곤 2022). 머스크는 러시아-우크라이나 전쟁 발발 직후부터 통신망이 파괴된 우크라이나에 스타링크 수신 장비를 제공함으로써 사실상 우크라이나의 전쟁 수행을 지원해왔다(곽노필 2022). 머스크의 지원은 인터넷의 원활한 이용을 도움으로써 우크라이나가 전쟁에서 사이버 공간을 활용할 기회를 제공해 주었다고 볼 수 있다.

전쟁에서 승패를 나누기 위해서는 공격자에 대해 확실하게 보복하는 것이 중요한데 어나니머스를 우크라이나군으로 인정할 수 없으므로 어나니머스의 지원을 받는 우크라이나군에 반격하는 것은 상징적인 측면에서 의미가 없다. 그렇다고 어나니머스에 별개로 대응하게 되면 전쟁에서 또 다른 전장을 형성하는 것을 의미하는 것이기 때문에 전력이 분산되는 효과만 발생할 뿐이다. 그렇다면 스페이스 X의 사례는 어떻게 보아야 하는가? 미국의 민간기업이 전쟁을 지원하고 있으니 미국에 대해 보복을 할 수 있는가? 이렇게 되면 미국에 대한 전쟁을 선포하는 것이기 때문에 확전을 의미한다. 물론 스타링크 서비스를 무력화하기 위한 러시아의 사이버 공격이 있었고 스타링크가 이를 방어했다는 점에서 사이버 공간에서의 확전은 이루어졌다고 할 수도 있다(Pearson 2022). 이는 사이버 공간의 경계가 불명확한 특징으로 인해 사이버전의 확전이 더 쉽게 일어날 수 있음을 의미하기도 한다. 하지만 현실 세계에서도 민간기업의 지원을 방해하기 위해 러시아가 해당 민간기업이 위치한 미국에 물리적 공격을 가할 수 있을지는 논의의 차원이 다르다.

비국가 행위자 이외에도 컴퓨터 바이러스, 알고리즘 등 비인간 행위자 역시 행위 능력을 갖추고 영향력을 행사하기도 한다. 한번 심어놓은 악성 바이러스가 자가 증폭하거나(Reinhold and Reuter 2019, 141), 알고리즘을 통해 사이버 공간 및 물리적 공간에서의 정보·심리전을 수행하는 경우가 존재하기 때문이다. 이러한 사례들은 공간의 경계에 더해서 행위자의 경계 역시 사라지고 있다는 것을 보여준다. 사이버 평화에서 행위자 경계의 초월성을 고려해야 하는 이유 역시 마찬가지이다. 행위자의 경계가 불분명해지면서 평화를 해칠 수 있는 혹은 평화구축을 지원할 수 있는 행위자의 범위도 변화한다는 점을 인식해야 하기 때문이다.

2. 사이버 활동이 갖는 이슈 연계 측면의 파급력

사이버 평화론의 발전을 위해 두 번째로 주목할 점은 사이버 활동이 갖는 이슈 연계 측면의 파급력이다. 사이버 물리시스템의 원격·제어를 통해 감행되는 사이버 공격의 피해는 물리적 공간인 물적·인적 피해로 이어질 수 있다. 지금까지 별개의 영역으로 간주하였던 사이버 공간에서 기원한 위험이 현실 세계의 연계·비연계 영역으로까지 전이되는 현상들이 빈번하게 목도되고 있다. 따라서 사이버 공간에서 행해지는 활동에만 초점을 맞추어서는 사이버 평화 논의를 발전시킬 수 없다. 사이버 공간에서의 활동이 다른 이슈와 연계되는 경우 논의의 심각성이 달라질 수 있기 때문이다. 예를 들어, 앞서 언급했던 콜로니얼 파이프라인 사례는 사이버 안보 이슈로 끝나지 않을 수 있다. 미국의 에너지 안보라는 이슈와 연계될 가능성이 존재한다. 이 경우, 단순히 사이버 공격을 막아내는 사이버 안보 전략에서 그치는 것이 아니라, 이 사이버 공격을 방어하지 못하게 되면 에너지 수급 불안정이 초래될 수 있고 이는 사회적 혼란과 경제적 위기로 이어질 수 있다는 전제하에 사이버 안보 전략과 에너지 안보 전략의 융합이 필요하다. 안보의 궁극적 목표에 해당하는 평화는 안보 전략의 영향을 받을 수밖에 없는데 사이버 안보가 지니는 이슈 연계라는 신흥안보 특성으로 인해 안보 전략이 복합적 성격을 띠게 되므로 이러한 의미에서 사이버 평화 역시 단순하고 협소하게 정의할 수 없는 것이다.

사이버 안보의 대상 중 ICT 공급망과 관련하여 이슈 연계의 특성을 더 구체적으로 설명해볼 수 있다. ICT 공급망은 사이버 공간을 창출하기 위한 필수재이기도 하다. 사이버 인프라 구축을 통해 사이버 공간을 확장하기 위해서는 통신장비, 반도체, 클라우드 등 다양한 요소들이 필요하다. ICT 공급망이라고 하는 것은 이러한 요소들을 공급하기 위한 네트워크라고 할 수 있으며, 이에 대한 공격이나 보안 위협은, 곧 사이버 안보에 대한 위협이 될 수 있다. 2019년 발표된 트럼프 행정부의 행정명령이 이 같은 인식을 극명하게 보여준다. 사이버 공간에서 제공되는 서비스에서 취약성을 활용하여 적대국이 행하는 침해 행위들을 국가안보에 대한 위협으로 간주하고 있으며 이에 대하여 국가 비상사태를 선포한 바 있기 때문이다(The White House 2019). 이어지는 조치로 바이트댄스의 틱톡 사용 금지, 텐센트의 위챗 사용 금지 등이 있었으나[3] 가장 영향을 미쳤던 제재는 바로 화웨이에 대한 것이었다.

화웨이의 5G 장비에 대한 백도어 논란은 ICT 공급망의 구성요소 중 하나인 통신장비에 대하여 안보화한 결과였다. 사이버 안보의 측면에서 통신장비에 백도어가 설치되어 있으면 데이터 유출이나 사이버 공격의 취약점으로 활용될 수 있기 때문에 중요하게 다루어져야 할 필요가 있었다. 화웨이의 위험성을 제거하기 위하여 미국 상무부는 화웨이를 거래 제한 목록(Entity List)에 올려 미국 기업이나 기관들이 화웨이 장비를 조달받지 못하도록 조치했다. 하지만 미국 내에서만 화웨이 장비를 사용하지 않는다고 안전한 것은 아니었다. 미국과 긴밀하게 연결된 국가들이 화웨이 장비를 사용하고 있다면 결국 사이버 공간에서 데이터가 흐르는 과정에서 이 경로를 통하여 유출되거나 침입이 시도될 수 있기 때문이다. 따라서 이른바 '클린 네트워크'[4]라는 다국적 연합을 통해 미국은 화웨이에 대한 제재 수위를 높였다. 미국의 기술이 들어간 부품을 화웨이에 수출하는 것을 금지한 것이다. 이렇게 되면 화웨이는 모든 공정을 자신들의 기술력에만 의존해야 하는데, 이는 현실적으로 불가능했다. 그 결과 5G 인프라 구축에 있어 중요한 장비의 공급

---

3   https://www.commerce.gov/issues/ict-supply-chain

4   클린 네트워크는 중국 공산당과 같은 악의적인 행위자들이 사이버 공간에서 공격적으로 침입하는 것으로부터 시민의 프라이버시와 기업들이 민감한 데이터, 국가의 자산을 보호하기 위해 트럼프 행정부에서 취한 포괄적 접근 방법이다. https://2017-2021.state.gov/the-clean-network/index.html

에 문제가 생겨 전체적인 일정이 연기되는 것을 우려한 국가들이 화웨이 장비 배제를 선택하면서 미국의 사이버 안보 전략이 비로소 효과를 얻을 수 있었던 것이다.

하지만 이 이슈는 여기에서 끝나지 않는다. 미국이 사이버 안보를 위하여 ICT 공급망을 재편하는 과정에서 경제안보 이슈와 연계가 되었기 때문이다. 즉, 미국은 단순히 사이버 안보만을 해결하기 위해 화웨이 제재 등 ICT 공급망 관련 조치를 내놓은 것이 아니다. 미국의 경제안보 전략과 연동해서 진행한 것으로 보아야 한다는 것이다. 과거에는 '경제를 위한 안보'에 주목하였다면 최근에는 '안보를 위한 경제'에 초점을 맞추는 방향으로 경제안보의 개념이 변화하였다(이효영 2022, 5-6). 글로벌 가치 사슬(Global Value Chain, GVC)이 복잡하게 얽히며 상호의존성과 불균형이 강화됨에 따라 상호의존의 무기화가 발생하게 되었다. 미국은 중국과의 불균형적인 무역 관계에 대한 불만이 있는 상태였으며, 중국을 비롯한 일부 국가에 제조 및 생산을 의존하고 있었기 때문에 코로나19 팬데믹을 거치며 첨단기술이 포함된 부품이나 제품의 수급 불안정을 경험하게 되었다. 민군 겸용이 가능한 첨단 부품이나 제품의 제조 및 생산에 대한 대외의존도가 높은 경우 수급 교란이 발생하게 되면 국가안보가 위협을 받을 수 있으므로 경제안보의 관점에서 다루어지게 된 것이다.

급격하게 부상하는 중국과의 경제적 격차가 좁혀지는 가운데 미국이 우위를 누리고 있는 핵심 기술 및 기초 기반 기술이 유출된다면 그 속도가 가속될 가능성이 크기 때문에, 미국은 수출통제개혁법(ECRA), 외국인투자위험심사현대화법(FIRRMA) 등을 제정하여 기술 이전 가능성을 차단하고(이효영 2022, 21) 생산 공장을 국내로 불러들이는 리쇼어링(re-shoring) 정책을 사용하게 된 것이다. 화웨이 제재는 미국의 사이버 안보 전략과 경제안보 전략이 연계된 결과라고 할 수 있다. 경제안보 이슈와의 연계로 인한 결과가 오히려 사이버 평화를 위협하는 상황을 다시 연출할 수도 있는데, 기술 수출 통제나 리쇼어링과 같은 경제안보 전략이 자연스러운 기술 이전을 방해하기 때문에 중요 산업 데이터에 대한 해킹 시도가 발생할 수 있다. 이렇듯 사이버 이슈와 다른 이슈가 연계되어 전개되기도 하고 그 결과가 다시 사이버 이슈에 영향을 미치기도 하는 복잡한 상호작용이 존재하므로, 우리는 사이버 영역에서 평화를 논하기 위해 이슈 연계에 따른 다양한 파급력과 상호작용 역시 함께 고려해야 한다는 시사점을 도출할 수 있다.

앞서 살펴본 경제안보와의 연계는 국가의 안보를 중심으로 논의가 이루어졌다고 할 수 있다. 하지만 사이버 활동이 인권 이슈와 연계되면 안보의 중심에는 미시적 개인이 놓이게 된다. 사이버 평화를 논하기 위해서는 국가뿐만 아니라 사이버 공간의 주요 행위자 중 하나인 개인의 상태에도 집중해야 한다. 개인이 사이버 공간에서 평화를 누리기 위해서는 국가로부터 개인이 받을 수 있는 사이버 공간에서의 폭력 행위가 기본적으로 제거될 필요가 있다. 여기에서의 폭력은 물리적 폭력이 아닌 감시의 형태로 나타난다. 중국의 금순공정(金盾工程)은 사이버 공간에서 행해지는 검열 정책이라고 할 수 있는데, 이로 인한 사이버 망명자가 증가하는 현상이 나타난 바 있다(정유정 2019). 미국에서는 2018년 '해외 데이터의 합법적 활용을 명확히 하는 법률', 일명 클라우드법(Clarifying Lawful Overseas Use of Data Act)이 통과되었으며, 이 법안을 통해 미국은 해외에 있는 개인 데이터에 대해서 합법적으로 접근할 수 있게 되었다. 이는 미국의 주권이 미치지 않는 해외에 저장된 데이터에 대해서도 미국이 접근할 수 있게 되었다는 것을 의미한다. 이처럼 개인의 동의 없이 사이버 공간에서 개인이 생산한 데이터에 국가가 자유롭게 접근할 수 있게 된 상황은 '프라이버시'라고 하는 인권이 더 이상 보장되기 어렵다는 사실을 보여준다. 사이버 공간에서 이루어지는 국가의 감시 행위는 프라이버시의 침해라고 하는 인권 이슈와 연계되어 개인이 사이버 공간에서 누려야 할 평화를 해치는 요인으로 작용할 수 있으므로 이 역시 사이버 평화에 대한 논의가 고민해야 할 부분이 될 수 있다.

3. '과정'으로서의 사이버 평화 지향

세 번째 검토해야 할 부분은 사이버 평화를 고정된 목표가 아니라 '과정'으로 인식해야 한다는 점이다. 가변성과 불확실성을 상정하는 신흥안보 패러다임에서는 주요 위험 이슈들이 직간접적인 연계를 통해 거시적 안보 문제로 증폭되는 동태적 변화에 주목한다. 사이버 안보가 창발하는 '메커니즘'에 초점을 맞추는 것이다. 사이버 공간에서 발생할 수 있는 위험의 양이 증가함에 따라 질적인 변화를 이루어내거나 다른 이슈와 연계되어 외연이 확대되거나 하는 과정에서 임계점을 넘는 지점들이 존재하는데, 사이버 평화를 위해서는 그 지점들을 끊어내려는 노력이 필요하다. 최근 나타나고 있는 안전한 사이버 공간 구현을 위한 기술·제도적 보완은 이 같은 흐름과 궤를 나란히 하고 있다. 다양한 참여자들이 끊임없이 정보를 공유함으로써 불신을 해소하고, 안정화된 시스템으로 개선해나갈 수 있도록 지속가능한 유인을 제공하는 데 초점을 둠으로써 가변성과 불확실성을 기반으로 하는 위협요인의 창발 가능성을 줄이고자 하는 것이다. 이는 사이버 공간에서의 평화 또한 궁극적으로 달성해야 하는 어느 한 지점으로 보기보다는, 역동적인 변화에 발맞춰 진화해가는 동태적 과정으로 봐야 할 필요가 있음을 시사한다.

유사한 맥락에서 최근 사이버 범죄를 예방하기 위한 국제 규범들은 개인정보보호뿐만 아니라 이해당사자들의 올바른 활용 지침을 구체화함으로써, 규제와 진흥을 균형적으로 추진할 수 있도록 하고 있다(Shackelford 2013). 즉, 보다 안전하고 지속가능한 사이버 생태계의 건강성 유지에 방점을 둔 것이다. 이를 위해, 정부와 민간 사이에서 원활히 작동하는 다중심적(polycentric) 파트너십의 형성 또한 사이버 평화를 유지해가는 주요한 기제라 볼 수 있다. 즉, 다중이해당사자 간의 협력을 촉진함으로써 거버넌스 메커니즘을 강화할 뿐만 아니라 긍정적인 사이버 평화의 토대를 마련함으로써 사이버 전쟁의 발발을 예방할 수 있다는 시각을 반영하는 것이다(Shackelford 2013). 예를 들어, 사이버 평화의 실천적 접근을 위한 노력으로 오픈소스 암호화 기술과 함께 효과적인 악성 소프트웨어 및 스파이웨어 방지 도구를 무료로 배포하면서 정보 보호의 관행을 형성해가려는 시도는 장기적으로 사이버 평화를 위한 보편적인 문화를 구축하는 첫걸음이 될 수도 있다.

앞서 설명한 바와 같이 사이버 공간은 역동적이며 시간이 지날수록 네트워크가 기하급수적으로 형성되어 복잡성이 창발한다. 이 같은 사이버 공간의 특성상 평화가 달성되는 특정한 시점이나 고정된 지점이 존재하는 것은 사실상 불가능하다. 그렇다면 끊임없는 평화 추구 과정의 축적을 통해 이상적인 사이버 평화 상태를 달성하고자 지속적인 노력이 필요할 뿐이다. 이처럼 과정으로서의 사이버 평화를 지향하기 위해서는 전방위적인 거버넌스가 필요하다. 국가, 기업, 개인 등 이해당사자의 다층적인 네트워크 협력이 중요한 것이다. 또한 경계를 초월하는 특성을 기본으로 하는 사이버 공간에 대한 거버넌스를 제대로 구축하기 위해서는 경쟁적, 갈등적 태도보다 협력적 태도가 무엇보다 중요하다. 지정학적 갈등으로 넘어가는 임계점을 관리하기 위해서다. 하지만 실제에서는 지정학적 혹은 지경학적 대결 양상이 드러나며 진영화가 일어나고 있다. 진영화는 곧 대립과 갈등의 가능성을 의미하고 이것은 사이버 평화를 위협하는 요소들에 대한 관리를 더 어렵게 만든다. 사이버 공간 자체를 분리하려는 시도(분할 인터넷 가능성)(장유정 2019), 사이버 공간의 확장에 있어 기반이 되는 주요한 기술인 차세대 통신 네트워크 기술과 관련한 진영화 조짐 등이 나타나는 것이 대표적이다. 물리적 공간에서의 지정학적 갈등이 사이버 공간에까지 투영된 결과이다.

이미 지정학적 피드백의 임계점을 넘어선 중국과의 관계 속에서 미국은 화웨이 제재를 시작으로 클린 네트워크를 구축하기 위해 노력하고 있다. 클린 네트워크는 중국 공산당의 영향력이 미치는 모든 것을 통신 네트워크에서 배제하려는 의지를 강하게 드러낸다. 2019년 5월에는 30여 개 국가의 정부 관계자들, 유럽연합, 북대서양조약기구(NATO), 산업계의 대표들과 함께 각 국가가 5G 공급업체에 대해 평가할 때 반드시 포함해야 할 국가안보, 경제, 상업적 고려 사항에 대해 논의하고 5G 인프라 설계, 건설, 관리에 대한 권고 사항 및 원칙을 담은 '프라하 제안(Prague Proposal)'을 발표하였다.[5] 다중이해당사자들이 사이버 공간의 위협요인을 거버넌스 하기 위해 한자리에 모였다는 점에서는 의미가 있으나 미국의 의도는 중국의 화웨이를 배제하기 위한 데에 있었기 때문에 한계를 지닌다. 2020년 5월, 국무부의 요청에 따라 전략국제연구센터(Center for Strategic and International Studies, CSIS)는 전문가들을 구성하여 통신장비 공급업체의 신뢰도를 평가할

---

5   https://2017-2021.state.gov/the-clean-network/index.html

수 있는 기술을 개발하였는데 이는 프라하 제안과 유럽연합의 5G 툴박스를 보완하는 역할을 한다.[6] 이 역시 사이버 안보를 위해 안전성과 신뢰성을 평가하는 기준을 확립하고자 하는 노력으로 인정받을 수 있지만 동시에 중국을 배제하기 위한 지정학적 고려가 내포된 시도로 볼 수 있다.

오픈 랜 얼라이언스(O-RAN Alliance)는 차세대 통신 네트워크 기술 표준화를 위한 협력 기구라고 할 수 있다. 오픈 랜은 통신 네트워크 인프라를 구축하는 데 있어 특정 장비 공급업체에 종속되지 않도록 소프트웨어를 활용하는 기술이다(오수연 2021). 이 협의체는 미국의 AT&T, 중국의 차이나모바일(China Mobile), 독일의 도이치텔레콤(Deutsche Telekom), 일본의 NTT도코모(NTT DOCOMO), 프랑스의 오렌지(Orange) 등 5개 국가의 주요 통신사업자들에 의해 2018년 2월 발족되었다. 기존의 미국 기업을 중심으로 한국, 일본, 유럽 기업들이 형성하고 있던 협력체인 xRAN 포럼과 주로 중국 기업이 구성하던 C-RAN 얼라이언스를 통합했다는 데 의의가 있다(Abeta et al. 2019, 39). 양분되어 있던 기술 표준 협력체를 하나로 통합하는 노력이라는 점에서 사이버 평화를 위한 다중이해당사자 중심 거버넌스의 일부로서 의미가 있다고 할 수 있다. 참여하는 업체 수를 기준으로 하였을 때 많은 중국 기업이 참여하고 있다는 점에서(오수연 2021) 어느 한쪽에만 편중된 협력 기구로 보기 어려운 것이다.

화웨이 사례에서 확인할 수 있듯이 5G 통신장비 시장에서 미국의 영향력은 취약한 수준이다. 화웨이와 ZTE를 합치면 중국 기업이 통신장비 시장에서 점유하는 비율이 40%가 넘고 이외의 시장은 스웨덴의

---

6   https://2017-2021.state.gov/the-clean-network/index.html

에릭슨, 핀란드의 노키아, 한국의 삼성이 나누어 가지다시피 하고 있기 때문이다. 이러한 상황 속에서 소프트웨어를 기반으로 한 통신 네트워크 기술 표준화는 미국이 다시 우위를 점할 기회를 마련해준다. 이미 하드웨어 장비를 기반으로 한 부문에서는 중국이 앞서는 양상을 보이고 있기 때문에, 특정 장비에 의존할 필요가 없는 소프트웨어 중심 기술 개발을 통해 새로운 판을 형성하고자 하는 것으로 해석할 수 있다. 중국 기업들이 다수 포함된 오픈 랜 얼라이언스 내에서 미국이 기술 표준의 주도권을 잡으려 하는 모습이 나타나는데, 미국 상무부가 킨드로이드(Kindroid), 파이티움(Phytium), 인스퍼(Inspur) 등 중국 기업 세 곳을 거래 제한 명단에 올린 것이 대표적이라고 할 수 있다(오수연 2021). 이외에도 미국 연방통신위원회(Federal Communications Commission, FCC)는 오픈 랜을 활성화하기 위한 정책을 수립하기 시작하였고, 한국이나 일본 등과의 협력을 통해 관련 기술 개발에 착수하는 모습을 보이기도 한다(정보통신기획평가원 2021, 11).

IV. 결론: 사이버 공간의 진화를 반영한 대안적 사이버 평화론의 모색

팬데믹과 4차 산업혁명이 촉발한 디지털 전환의 심화는 사이버 공간이 확장되는 속도를 더 빠르게 하여 현실 세계와의 연계를 더 공고히 하였다. 특히, 가상공간과 현실 공간이 융합되면서 공간, 행위자, 이슈 등 여러 측면에서 경계를 허물고 있는 사이버 공간의 진화는 사이버 안보뿐만 아니라 사이버 평화의 개념에 대해서도 새롭게 그리고 본격적으로 접근해야 할 필요성을 제기한다. 이를 위해 우리는 물리적 공간에 대해 이루어졌던 기존의 평화 논의인 소극적 평화와 적극적 평화 논의를 넘어설 필요가 있으며, 기존 안보 논의의 대안적 시각이라고 할 수 있는 신흥안보의 관점을 도입하여 사이버 평화에 대한 논의를 더욱 풍성하게 만들 필요가 있다.

사이버 공간이 확장됨에 따라 강화되는 특성이라고 할 수 있는 사이버 공간 내부 및 사이버 공간과 물리적 공간 간 경계의 불명확성, 행위자 경계의 초월성 등은 사이버 공간에서 발생할 수 있는 문제들이 양적으로 증가할 수밖에 없음을 보여준다. 양적 증가에 따른 질적 변화가 유도될 수 있다는 점에서 신흥안보에서 말하는 창발 개념이 적용될 수 있을 것이다. 사이버 공간에서 발생하는 문제는 그 안에서 해결되어 사라지지 않고 현실 세계에 파급력을 미친다. 이 과정에서 다른 이슈들과 연계되는 모습을 쉽게 확인할 수 있다. 이러한 이슈의 연계는 사이버 공간의 평화를 사이버 공간에 한정하여 추구할 수 없다는 시사점을 던진다. 양적 증가가 질적인 변화를 낳고 여러 이슈가 연계되는 과정을 거치면서 사이버 공간에서 발생할 수 있는 위험은 다양한 방향으로 창발하고 끊임없이 변화하는 동태적 메커니즘을 따른다. 따라서 사이버 평화는 어느 정태적 순간으로 존재하기 어렵고 계속해서 평화의 상태를 지향해가는 동태적 과정으로서 중요한 의미를 지닌다. 따라서 사이버 활동 범위의 확장과 새로운 가치의 구현, 사이버 공간과 물리적 공간의 경계 소멸, 동태적 과정으로서의 사이버 평화를 바라보는 시도는 그 첫 번째 실천이 될 것이다.

이와 같은 맥락에서 사이버 안보의 대척점으로 사이버 평화를 바라보는 시각은 분명 한계를 갖지만, 이들을 완전히 분리해 접근하는 태도 역시 바람직하지 못하다. 사이버 공간의 진화는 양자가 서로 다른 세계가 아닌 하나의 '연속체(a continuum)'일 수 있으며, 이 연속체의 내부에서 다양한 형태의 폭력과 갈등이 나타나는 동시에, 여러 주요 행위자들 간 합의와 신뢰 구축, 규범화의 노력 또한 이루어질 수 있음을 시사하기 때문이다. 즉, 사이버 안보와 평화는 동시 진행될 수 있다는 것이다. 중요한 점은, 복잡한 양상으로 진화해가는 사이버 공간을 안전하게 구현하기 위해 어떠한 실천적 노력을 기울일 것인가이다. 미 백악관 국가 사이버 국장(National Cyber Director)인 존 크리스 잉글리스(John Chris Inglis)의 언급처럼 "21세기의 인류는 사이버를 위해 존재하는 것이 아니라 사이버 때문에 존재"하기 때문이다. 사이버 공간은 개인, 기관, 기업, 사회, 국가 등 사이버에 의존하는 모든 이들이 영위하는 활동들과 깊이 연결되어 지원하는 영역이라는 의미이다(Inglis 2022). 대안적 사이버 평화의 논의는 이 같은 당위적 명제에서 출발해야 할 것이다. 비정형적이고 높은 불확실성을 내재하고 있는 사이버 공간의 현실상, 갈등과 협력의 끊임없는 반복과 혼재 양상은 피할 수 없는 현실이기도 하다. 중요한 것은 장기적인 시각에서의 사이버 공간의 진화를 염두에 두고, 이에 부합하는 거버넌스의 방식 역시 개선해 나가야 한다는 점이다. 이러한 공진화의 시각만이 신흥안보 시대의 사이버 평화 논의를 추진하는 출발점이 될 것이다.

참고문헌

곽노필. 2022. "머스크의 우크라이나 우주인터넷 긴급지원 '막전막후'." 한겨레, 2022.3.14.
   https://www.hani.co.kr/arti/science/technology/1034704.html
김경곤. 2022. "우크라이나 전쟁에서 활약하는 해커들." MIT 테크놀로지 리뷰, 2022.4.19.
   https://www.technologyreview.kr/
김상배. 2016. "신흥안보와 메타거버넌스: 새로운 안보패러다임의 이론적 이해."
   『한국정치학회보』 50(1): 75-104.
_____. 2022a. "신흥안보의 미래전략 2.0." 『신흥안보 이슈리포트 세미나(미발간 자료)』.
_____. 2022b. "신흥안보의 미래전략 2.0: 새로운 연구와 지평의 모색." 『신흥안보
   라운드테이블』(2022.9.7.).
오수연. 2021. "[글로벌 5G] 미·중 갈등에 흔들리는 오픈랜 동맹." 아주경제, 2021.9.10.
   https://www.ajunews.com/view/20210909194216907
윤정현. 2019. "신흥안보 거버넌스: 이론적 고찰과 대안적 분석틀의 모색." 『국가안보와 전략』
   19(3): 1-46.
윤정현·이수연. 2022. "디지털 안전사회의 의미: 안전과 안보의 복합공간으로서 전환적
   특징과 시사점." 『정치정보연구』 25(3): 123-150.
이민석. 2021. "美송유관업체, 랜섬웨어에 결국 굴복… 56억원 주고 해결." 조선일보,
   2021.5.14. https://www.chosun.com/international/2021/05/14/ZUGVTNISHJC7
   THJNHCZYSE5T34/
이승선. 2015. "국정원 해킹 프로그램, 명백한 국내 사찰용." 프레시안, 2015.7.14. https://
   www.pressian.com/pages/articles/128105
이효영. 2022. "경제안보의 개념과 최근 동향 평가." 『주요국제문제분석』.
정보통신기획평가원. 2021. "ICT Brief." (2021.10.22.).
정영애. 2017. "사이버 위협과 사이버 안보화의 문제, 그리고 적극적 사이버 평화."
   『평화학연구』 18(3): 105-125.
정유정. 2019. "〈Global Focus〉 '中만리방화벽' 각국 확산… '검열인터넷 vs 자유인터넷'
   양분 조짐." 문화일보, 2019.6.21. http://www.munhwa.com/news/view.html?no
   =2019062101073221339001
한기재. 2017. "오바마 정부 때 '발사의 왼편' 작전 실행…전자파-해킹기술로 北 미사일
   발사 방해." 동아일보, 2017.3.6. https://www.donga.com/news/Politics/article/
   all/20170306/83179790/1
한인택. 2014. 『사이버 공간의 평화적 이용을 위한 이론과 전략의 탐색』. 제주평화연구원.
홍용표. 2021. "북한의 평화개념과 평화 만들기." 『JPI PeaceNet』 2.

Abeta, Sadayuki Toshiro Kawahara, Anil Umesh and Ryusuke Matsukawa. 2019. "O-RAN
   Alliance Standardization Trends." *NTT DOCOMO Technical Journal* 21(1): 38-45.

Bloom, Les and John E. Savage. 2011. "On Cyber Peace." *Atlantic Council*. August. https://www.atlanticcouncil.org/wp-content/uploads/2011/08/080811_ACUS_OnC yberPeace (검색일: 2022.10.31.).

Galtung, Johan. 1969. "Violence, Peace, and Peace Research." *Journal of Peace Research* 6(3): 167-191.

Inversini, Reto. 2020. "Cyber Peace: And How It Can Be Achieved." in Markus Christen eds., *The Ethics of Cybersecurity*. Zürich: Springer Open. pp. 259-276.

Inglis, John Chris. 2022. "Cyberspace Democratic Values, and National Efforts." *International Conference on GCPR 2022*. September 15. https://www.youtube. com/watch?v=YBJZ0glZo50 (검색일: 2022.11.3.).

Kerner, Sean Michael. 2022. "Colonial Pipeline hack explained: Everything you need to know." *TechTarget*. April 26. https://www.techtarget.com/whatis/feature/ Colonial-Pipeline-hack-explained-Everything-you-need-to-know

Microsoft. 2022. "Special Report: Ukraine: An overview of Russian's cyber attack activity in Ukraine." April 27.

Panda, Ankit. 2018. "US 'Left of Launch' Cyber Efforts Might Increase Korean Peninsula Nuclear Dangers." *The Diplomat*. October 22. https://thediplomat.com/2018/10/ us-left-of-launch-cyber-efforts-might-increase-korean-peninsula-nuclear-dangers/

Pearson, James. 2022. "Russia downed satellite internet in Ukraine." *Reuters*. May 11. https://www.reuters.com/world/europe/russia-behind-cyberattack-against-satellite-internet-modems-ukraine-eu-2022-05-10/

Reinhold, Thomas and Christian Reuter. 2019. "From Cyber War to Cyber Peace." In Christian Reuter ed. *Information Technology for Peace and Security: IT Applications and Infrastructures in Conflicts, War and Peace*. Springer Vieweg.

Roff, Heather M. 2016. *Cyber Peace: Cybersecurity Through the Lens of Positive Peace* (New America org).

Shackelford, Scott J. 2012. "Toward Cyberpeace: Managing Cyberattacks Through Polycentric Governance." *American University Law Review* 62(5): 1273-1364.

_____. 2013. "The Meaning of Cyber Peace." https://ndias.nd.edu/news-publications/ ndias-quarterly/the-meaning-of-cyber -peace/ (검색일: 2022.11.20.).

The White House. 2019. "Executive Order on Securing the Information and Communications Technology and Services Supply Chain." May 15. https:// trumpwhitehouse.archives.gov/presidential-actions/executive-order-securing-information-communications-technology-services-supply-chain/

_____. 2021. "Executive Order on Improving the Nation's Cybersecurity." May 12. https://www.whitehouse.gov/briefing-room/presidential-actions/2021/05/12/ executive-order-on-improving-the-nations-cybersecurity/

U.S. Department of Defense. 2017. "Report to Congress: Declaratory Policy, Concept of Operations, and Employment Guidelines for Left-of-Launch Capability." May 10.

https://www.commerce.gov/issues/ict-supply-chain
https://2017-2021.state.gov/the-clean-network/index.html

제5장   알고리즘 평화:
        알고리즘 대 알고리즘의 대결

송태은(국립외교원)

I. 문제 제기

인공지능(Artificial Intelligence, AI) 기술은 '기술 중의 기술(the field of the fields)'로서 반도체, 양자컴퓨팅, 바이오, 첨단 네트워크 등 수많은 신흥기술의 발전을 견인하고 있고 국방, 의료, 제조, 서비스, 유통, 치안, 사회기반시설 관리, 교통 분야에서 인간보다 고차원의 지능을 확보하고 인간의 판단을 보조하며 인간의 오류를 교정하는 역할을 수행하고 있다. 나날이 고도화되고 있는 신흥기술 발전에 핵심적인 인공지능 기술은 현대 각국의 군사, 경제, 산업과 정치사회에 지대한 영향을 끼치고 있고, 향후 미중 기술 경쟁의 추세를 결정지을 범용기술(General Purpose Technology)이다.

최근 신흥기술에 의해 빠르게 변화하고 있는 세계안보 이슈는 인공지능의 발전에 따른 기술혁신이 군사 영역에 빠르게 적용되면서 새롭게 등장하는 문제인 경우가 대부분이다. 특히 첨단 무기체제가 각국 군사체계·군사작전 및 전쟁양식(mode of warfare)에 변화를 초래하면서 각국이 미래전(future warfare)을 위한 준비에 한층 더 총력을 기울이게 되었다. 게다가 격화되고 있는 미중 경쟁과 고조되고 있는 진영 간 갈등의 와중에 러시아가 우크라이나에서 일으킨 2022년 전쟁은 지능형 드론이나 극초음속 미사일, 인공지능 안면인식 기술이나 각종 사이버 기술 등 신흥기술의 파괴력을 실험하는 중요한 시험대가 되었다. 더군다나 오늘날 인터넷으로 연결된 모든 신흥기술은 사이버 공간이 본격적으로 전장화되면서 자연스럽게 무기화되는 효과를 초래하고 있다. 우리가 모두 목도하고 있는 것과 같이 이번 전쟁은 디지털 플랫폼과 우주공간을 본격적으로 무기화하고 전장화하고 있다.

이러한 상황 속에서 현재 전방위로 심화되고 있는 미중 경쟁과 미국과 중국을 중심으로 한 진영 간 기술 동맹 형성의 움직임, 그리고 현재도 계속되고 있는 2022년 러시아-우크라이나 전쟁을 계기로 더욱 첨예해질 각국의 신무기 개발 경쟁은 과연 오늘날의 신흥기술 (emerging technologies)이 세계평화에 어떻게 기여할 것인가에 대한 심각한 의문을 제기하고 있다. 빠르게 발전하고 있는 대부분의 신흥기술도 과거 다양한 기술과 같이 민군 이중용도의 성격을 갖기 때문에 이러한 기술이 평화에 더 기여하는지 혹은 분쟁과 갈등 유발의 촉발변수로 기능할지 이분법적으로 평가하기는 어렵다.

지속적으로 빠르게 발전하면서 급진적으로 새로운 오늘날의 첨단기술을 '신기술(new technology)'이라 부르지 않고 '신흥기술'로 일컫는 것도 해당 기술이 기술 발전의 현 상태(status quo)를 지대하게 변화시킬 능력을 가진 것으로 예상되나 그러한 발전과 실제 적용이 아직 완성되지 않았고, 그러한 영향력의 성격이 어떠한 것인지 아직은 불확실하고 불명확하기 때문이다(Reding and Eaton 2020, 51). 이렇게 신흥기술이 끼칠 영향력의 성격이 확실하지 않기 때문에 신흥기술의 발전이 파괴와 폭력보다 인류에 안전과 평화를 더 가져오고 전쟁이 아닌 평화의 증진에 더 기여할 것인지도 예측하기 쉽지 않다.

장거리의 사물을 정밀하게 인식, 분별하고 실시간으로 분석할 수 있는 인공지능 기술이 적용된 사물인터넷(Internet of Things, IoT)과 드론 등은 정찰이나 예측 분석을 통해 치안이나 국토 감시 등 국가의 안전과 사회질서의 유지와 증진에 기여하고 있듯이 동일한 기술로 목표물에 대한 드론 스스로의 판단에 의한 장거리 정밀타격 등 파괴적인 군사활동도 가능하다. 이번 러시아-우크라이나 전쟁에서 세계가 목도하고 있듯이 서방과 튀르키예가 우크라이나에 지원한 다양한 형태의 드론은 러시아의 주요 군사시설과 첨단 무기들을 정찰하고 폭파시키고 있고, 마찬가지로 러시아도 우크라이나에 자폭드론을 이용해 다양한 군사공격을 수행하고 있다. 이 전쟁에서 우리가 목도하고 있는 것은 기술 자체가 전쟁 가능성을 높이기보다 기술이 무기의 목표에 대한 정밀한 파괴와 타격을 가능하게 하여 그만큼 군사공격의 효과를 높여주고 있다는 점이다.

러시아의 핵무기 사용 여부가 전쟁의 중대 고비를 가늠하게 하는 만큼 국가 간 전쟁의 진행 과정은 아직은 기술을 사용하는 인간의 이성에 의한 의사결정에 달려 있다. 따라서 신흥안보가 아닌 '신흥평화(emerging peace)'는 아직 개념화가 이루어지지 않은 미지의 영역이다. 즉 신흥평화는 신흥기술이 평화 증진에 기여해야 한다는 규범적이고 실천적인 함의를 담을 수밖에 없다. 더군다나 디지털 시대의 평화는 기존의 국가 간 국제정치에서 논해왔던 평화보다 훨씬 복잡한 기술 환경에서의 평화이다. 또한 국가 외에 비국가 행위자도 위협 구사의 주체 혹은 평화 구축의 주체가 된다. 따라서 디지털 시대의 신흥평화는 한층 더 '탈국제정치적(post-international politics)' 맥락에서 역동적인 성격을 가지며 전쟁과 평화 간 긴장은 더 커질 것이다. 그러므로 신흥평화의 개념화와 이 글에서 논의할 알고리즘 평화의 개념화는 과거 전통안보 연구가 국가 간 군사안보적, 전략적 관계만을 들여다보던 시각을 뛰어넘어야 한다.

이러한 맥락에서 이 글은 인공지능의 발달에 의한 평화의 성격을 '알고리즘 평화'의 개념을 통해 논하고자 한다. 각국의 산업발달과 경제성장을 추동하는 핵심 기술이자 디지털 정보와 커뮤니케이션, 경제, 산업, 군사 영역, 뇌과학과 심리학 등 전방위로 적용되고 있는 인공지능 기술이 어떻게 국가 안보와 평화구축의 다양한 영역에서 사용되고 있는지 살펴보는 것은 알고리즘 평화가 과연 어떤 방식으로 작동할지 예측하는 데에 중요한 통찰력을 제공할 것이다. 이 글에서는 특히 인공지능 기술이 평화와 분쟁에 끼치는 영향 혹은 안보 영역과 관련되는 세부 이슈―① 알고리즘에 의한 사이버 공간 방어, ② 알고리즘에 의한 치안과 평화유지 활동, ③ 알고리즘에 의한 비확산·군축, ④ 알고리즘에 의한 공급망 보호와 군사적 의사결정의 관리―네 개 주제를 통해 신흥평화로서의 '알고리즘 평화(algorithm peace)'의 의미를 논한다. 한편 이러한 고찰에서 유의해야 하는 것은 신흥기술이 안보의 다양한 영역에 영향을 끼치는 방식은 단순히 국가가 결정하는 것이 아니라는 점이다. 인공지능 기술을 직접 개발하고 실제 적용하는 것은 민간이 주도하고 있기 때문이다. 또한 인공지능 알고리즘의 발전 자체는 평화를 지향하는 것도, 파괴와 폭력을 추구하는 것도 아니므로 기술결정론적 시각으로는 세계안보의 미래를 전망할 수 없다.

II. 알고리즘에 의한 사이버 공간의 방어[1]

사이버 공간은 오늘날 온갖 디지털 기기, 인프라, 주요 기관과 사람을 서로 연결시켜주고 모든 행위자가 활동하는 가장 중요한 공간이다. 따라서 사이버 공간의 평화는 신흥평화의 가장 중요한 근본이 되는 조건이다. 이 공간을 통해 개인, 기업, 각종 기관, 정부 등 모든 형태의 행위자들이 정보·커뮤니케이션 활동과 경제활동을 영위할 수 있고 국가의 행정, 정치, 외교, 군사 활동의 대부분이 사이버 공간을 통해 이루어지고 있다. 따라서 신흥평화의 핵심은 사이버 공간에서의 평화로부터 시

1   2절의 블록체인 관련 내용은 송태은(2022)에서 발췌 및 편집하였다.

작한다고 해도 과언이 아니다. 또한 같은 논리에서 사이버 공간은 신흥평화의 모든 영역과 이슈 중 가장 평화를 달성하기 쉽지 않은 공간이다.

국가의 핵심 인프라와 주요 기관을 대상으로 한 국가 대상 사이버 공격과 개인이나 기업의 민감 정보를 탈취하는 등 다양한 형태의 사이버 공격이 국가 간 갈등을 고조하는 것은 어제오늘의 일이 아니다. 그런데 최근 첨단 컴퓨터 인프라를 갖추고 있는 초거대 인공지능 기술이 사이버 공격에 이용되면서 이러한 기술환경의 강점과 장점을 모두 악용한 사이버 공격이 급증하고 있다. 알고리즘 기술을 탑재할 경우 사이버 공격은 자율적으로 공격이 수행되며 기존의 사이버 공격 탐지 기술이 법칙 기반(rule-based)인 점을 악용하고 있다. 따라서 사이버 공격의 속도와 규모가 이전보다 더욱 위협적으로 변모하고 있다.

인공지능은 그동안 사이버 공격을 탐지하고 사이버 공격을 예측할 수 있는 데에 대단히 유용한 것으로 알려져 있으나 사이버 공격자도 바로 이러한 법칙 기반의 인공지능의 탐지기술을 이용하여 네트워크의 취약 지점을 쉽게 찾아낼 수 있기 때문에 그러한 곳들을 선택하여 사이버 공격력을 증대시킬 수 있다. 해커들이 인공지능을 이용하여 발신하는 피싱(phishing) 이메일은 사람이 제작한 피싱 이메일 메시지보다 훨씬 더 높은 확률로 읽히고 있고, 인공지능을 이용한 멀웨어(malware) 공격은 정태적인(static) 방어벽을 통해서는 방어하기 힘들다(Violino 2022).

결과적으로, 인공지능을 통해 공격 대상의 시스템 취약점과 문제를 찾아내 공격하는 이러한 사이버 위협의 등장은 사이버 공격과 방어를 점차 알고리즘과 알고리즘 간의 대결로 전환시키는 결과를 낳고 있다.

이러한 알고리즘끼리의 대결 양상은 블록체인(blockchain)을 이용한 사이버 보안 이슈에도 동일한 문제로 나타난다. 데이터 보안이나 사이버 보안 등의 강점으로 최근 인공지능 기술과의 융합이 속도를 내고 있는 블록체인은 사이버 보안의 문제를 해결하는 주요한 기술로 주목받아 왔었다. 사이버 공간에서 데이터가 외부의 공격으로부터 탈취당하고 임의로 삭제당하는 것 자체가 불가능하도록 예방하거나 우주군(Space Force)의 운용에서도 전반적으로 불안정한 위성통신 시스템에 다중 인증을 추가할 수 있다. 현재 많은 기술 강국들은 블록체인 기술을 이용하여 대규모의 민감한 군사정보가 저장된 곳에 대한 침투 시도를 빠르게 포착하고 대규모의 공격이 발생하기 전에 이를 차단하려는 노력을 펼치기 시작했다. NATO의 사이버방위센터(NATO Cooperative Cyber Defense Centre of Excellence)가 소재한 에스토니아의 경우 실시간으로 사이버 공격을 포착하고 NATO 회원국들에 경보를 알릴 수 있는 블록체인 플랫폼을 이미 가동하고 있다. 러시아 국방부도 최근 블록체인연구실험실(Blockchain Research Laboratory, ERA)을 설립하여 군사인프라에 대한 해킹 시도를 포착하고 차단하며 사이버 안보 능력을 강화할 수 있는 블록체인 기술을 개발하고 있다(Chang 2018).

블록체인 기술을 이용한 사이버 보안은 대략 세 가지 측면에서 기존의 보안 기술과 다를 수 있다. 첫 번째, 블록체인 기술은 기존의 중앙집중화된 통제를 통해 외부자를 배제하고 방화벽과 같이 외부로부터의 악성코드와 접근 자체를 차단하는 폐쇄적 보안 방식과 다른 '개방형 보안 패러다임'을 지향한다. 즉 블록체인을 이용한 보안은 외부자의 시스템 진입은 허용하지만 허가를 받지 않은 데이터에 대한 위조와 변조가 불가능하도록 감시하고 검증하는 시스템이다. 둘째, 분산형 네트워크 기술인 블록체인은 중앙집중적인 방식으로 데이터를 보호하는 것이 아니므로 해커가 공격할 특정 구심점이 부재하여 개별 블록을 공격하게 되어도 네트워크는 지속적으로 작동하고 그러한 공격에 대한 정보를 네트워크 내 참여자에게 전송한다. 셋째, 블록체인 기술을 이용한 보안에서는 블록체인 시스템으로 진입한 외부자의 공격 과정이 모두 기록되므로 공격 의심자에 대한 사후적 조치가 가능하고, 이러한 정보환경은 공격자에게 일종의 압박으로 작용할 수 있다(윤정현 2019, 73-76).

하지만 블록체인 기술을 이용한 이러한 보안의 강점에도 불구하고 블록체인 보안이 완벽하지 않다는 것을 현재까지 발생한 블록체인 산업에서의 수많은 문제들이 여실히 드러내고 있다. 블록체인 기술을 이용하는 암호화폐가 개인 해커뿐 아니라 국제 경제제재로 글로벌 경제로부터 이탈되어 있는 북한과 같은 국가의 자금 동원 수단이 되고 있는 것이 그러한 사례이다. 북한은 2020년 이래로 라자러스 그룹(Lazarus Group), APT38, 블루노로프(BlueNoroff), 스타더스트 천리마(Stardust Chollima)와 같은 조직을 통해 암호화폐를 사용하는 비디오 게임이나 무역회사, 대규모 암호화폐 및 '대체불가능한 토큰(non-fungible token, NFT)'의 소유주 등 블록체인 관련 산업에 대한 공격을 지속해왔다(Cybersecurity and Infrastructure Security Agency 2022.4.18.). 북한은 다양한 커뮤니케이션 플랫폼을 통해 트로이목마 바이러스가 포함된 암호화폐 앱을 다운로드하도록 유인하는 방식으로 개인의 보안키를 탈취하고 블록체인 거래를 시도해왔다.

블록체인은 근본적으로는 안전한 기술이지만 안전에도 다양한 차원이 있고 탈중앙화(decentralization)에 따른 여러 층위의 위험이 존재하므로 멀웨어와 해킹의 위험으로부터 자유롭지 않다. 특히 해커들의 공격은 주로 블록체인 기술 자체를 공격하기보다 블록체인과 연결되어 있는 다른 소프트웨어와 다양한 웹 어플리케이션(application)을 통해 블록체인 기술을 안전하게 사용하지 못하는 사용자의 약점을 이용한다. 앞서 언급한바, 신흥기술은 기술의 발전과 적용이 아직 완성된 단계에 도달한 것이 아니므로 발전의 효과와 영향력의 성격이 불확실하고 불명확한 것이다.

최근 탈중앙화금융(DeFi) 서비스들은 '보더 게이트웨이 프로토콜(BGP) 하이재킹(hijacking)' 등 다양한 해킹이나 멀웨어 공격에 의해 대규모 가상자산을 탈취당하고 있다. 공격자들은 블록체인 네트워크 중간에 있는 자율시스템(AS Autonomous System)을 해킹하여 네트워크를 마비시키고 데이터를 가로채는 방식의 사이버 공격을 취한다. 대개 대규모의 디파이(DeFi)나 NFT를 보유한 사용자들에게 이러한 공격이 집중되고 있다(테크엠 2022). 2021년을 기준으로 할 때, 최근 전

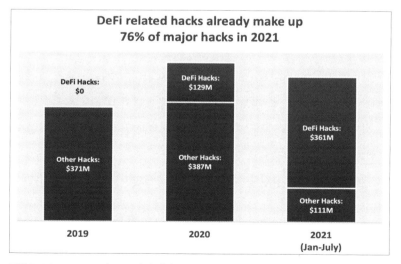

그림 5-1 2019-2021년 DeFi 관련 해킹 규모
출처: Ciphertrace(2021).

세계에서 발생하는 해킹의 76%는 블록체인 기반의 디파이에 집중되어 있다. 기존의 금융산업에 비해 블록체인 기술을 이용한 산업은 제도권의 법적 보호를 받지 못하고 있으므로 이러한 공격에 취약할 수밖에 없다. IP와 인증서에 의존하고 있는 현재의 보안 대응 체계와 인터넷 사용 환경이 바뀌지 않는다면 블록체인 기술은 보안 문제를 지속적으로 갖게 될 것으로 보인다(이상우 2022).

그렇다면 사이버 공격으로부터 안전한 것으로 알려져 있는 블록체인 기술 기반 서비스가 왜 사이버 공격에 대한 취약성 문제를 지속적으로 노출하고 있는가? 블록체인에 대한 공격 경로는 대개 블록체인 자체가 공격받기보다 블록체인과 연계된 외부 서비스에 대한 공격을 통해 이루어진다. 즉 블록체인에 기록된 데이터를 위조하거나 변조하는 것은 불가능하므로 블록체인에 데이터를 전송하는 단계에서 공격자가 개입하는 방식이 이용되는 것이다. 예컨대 암호화폐에 대한 공격은 암호화폐 시스템 자체에 대한 해킹을 통해서가 아니라 암호화폐를 보관하며 상시 입출금이 가능한 온라인 지갑인 '핫월렛(hot wallet)'에 대한 해킹을 통해서 이루어진다. 즉 해커들은 정보 유출 악성코드를 이용하여 핫월렛의 개인키(private key)를 해킹하고 개인정보를 유출하여 지갑 인증에 필요한 정보를 이용해 거래소에서 대규모의 사기 거래를 시도한다. 이렇게 개인 지갑에 성공적으로 접근한 해커는 탈취한 암호화폐를 자신의 지갑으로 쉽게 전송할 수 있다(중앙일보 2021.5.7.).

이러한 현재의 상황을 통해 볼 때, 블록체인 기술은 보안의 측면에서 아직 완성되지 않은, 사이버 안보를 위해 완전히 의존할 수 없는 기술이라는 것을 알 수 있다. 즉 탈중앙화를 지향하는 블록체인 생태계에서도 정부에 의한 법제도적 보완체제가 보완되어야 하고, 공격자의 입장에서 모의해킹을 통해 시스템의 허점을 선제적으로 발견할 수 있는 등의 대비가 있어야 한다(테크엠 2022.5.13.). 결과적으로 군사 분야의 정보 보안에 블록체인 기술을 이용할 경우 블록체인 기술의 보안의 강점을 최대한 활용하고 시스템상의 한계를 보완하는 방법으로써 네트워크로의 진입 여부를 그룹으로부터 허가받는 '컨소시엄 블록체인(consortium blockchain)' 기술이 이용될 수 있다. 보안 문제 외에도 비트코인을 제외한다면 아직 블록체인 기술은 현 단계에서는 군사 분야에서 광범위한 규모로 사용될 수 있을 만큼의 '확장성(scalability)'을 확보하지 못한 것으로 평가되고 있다.

정리하면, 사이버 안보와 사이버 보안의 문제, 즉 사이버 공간에 대한 알고리즘에 의한 방어는 알고리즘 간의 대결이 사이버 공격과 사이버 방어 기술의 양 측면에서 모두 경쟁적으로 이루어지고 있기 때문에 지속적으로 사이버 공간의 불안정성을 근본적으로 해결하지 못하고 있다.

III. 알고리즘에 의한 감시와 평화유지 활동[2]

근대 국가는 국가안보, 범죄 예방과 시민의 안전보호 등 사회질서 유지와 국가 기능의 효율적인 수행을 위해 개인, 사회, 국토에 대한 다양한 감시체계를 운영해오고 있다. 개인과 사회에 대한 국가의 감시활동은 제러미 벤담(Jeremy Bentham)이 생각해낸 원형 감옥인, 소수의 간수가 죄수를 언제 감시하는지 알 수 없게 만든 '파놉티콘(panopticon)'이나 조지 오웰(George Orwell)이 개념화한, 개인의 생각도 들여다보

---

2   송태은(2021).

는 가상의 전체주의 정부인 '빅브라더(Big Brother)'로 비유되어 왔다. 이렇게 과거 추상적으로 묘사된 국가의 감시 및 통제 능력은 첨단 정보통신기술(ICT)과 인공지능 기술의 융합으로 더욱 강력해지고 있으며 현대 감시체계의 핵심적인 역할을 수행하고 있다.

오늘날의 첨단 디지털 감시기술에는 AI 기술이 접목된 지능형 폐쇄회로텔레비전(CCTV)과 항공 드론, 위치 기반 기능을 갖춘 모바일 어플리케이션/앱(Apps), 빅데이터와 사물인터넷을 이용한 주요 인프라, 도시와 국토를 실시간으로 관리하는 스마트시티와 국토관리 플랫폼, 안면인식, 보행인식, 생체인식 및 감정인식 기술 등이 있다. 이러한 다양한 인식 기술을 통해 수집된 빅데이터 분석을 이용한 스마트치안(smart policing), 클라우드 컴퓨팅 기반의 원격 감시, 디지털 중앙화폐(Central Bank Digital Currency, CBDC)에 이르기까지 현대 감시기술은 빠르게 발전하고 있다. 특히 AI 감시기술을 탑재한 지능형 드론은 기상·국토·해양 관측, 재난 감시, 시설 점검, 교통 및 물류 감시, 농업 등 산업 분야에서도 사용되면서 사회질서와 국토 및 시민의 안전 및 국가 안보에서 핵심적인 역할을 담당하고 있다.

세계 인류와 자연을 보호하기 위한 디지털 감시기술의 개발이나 빅데이터를 활용한 다양한 프로젝트는 인텔이나 구글과 같이 세계적인 IT 기업들이 주도하고 있다. 인텔의 경우 AI 드론을 사용하여 아동 착취나 훼손된 문화재를 탐지하고, 빙하를 피하는 안전한 항해를 돕거나 북극 연구를 지원하기도 하며, 피부암 감지 등 의료연구 사업을 전개하고 있다. 구글도 인공지능의 머신러닝을 통해 장애인의 언어소통 어려움을 해소해주는 '유포니아 프로젝트(Project Euphonia)'를 비롯해서, 항공사진을 이용한 '구글 홍수예보 이니셔티브(Google Flood Forecasting Initiative)'와 같은 프로젝트를 전개하고 있다. 이 밖에도 해상에서의 불법 조업을 단속하거나 아마존 열대 우림의 불법 벌채를 감시하는 활동에도 인공지능 감시기술이 광범위하게 이용되고 있다.

또한 인공지능 감시기술은 핵 억지(nuclear deterrence)에 기여하고 무력 충돌 가능성을 낮추는 데에도 기여할 수 있다. 이미 군사 분야에 광범위하게 사용되고 있는 인공지능 감시기술은 원거리 탐지, 이미지 인식 및 감시를 통해 핵물질이나 핵무기 등 핵 프로그램의 안전관리 및 검증 레짐(verification regime)의 효과를 증진시켜 핵비확산과 군축에 긍정적인 영향을 줄 수 있기 때문이다. 내전이나 테러리즘 관련해서도 인공지능 감시기술은 정밀한 감시와 탐지 기술을 통해 국가나 비국가 행위자가 취할 수 있는 다양한 위협을 막고 평화의 상태가 유지될 수 있는 활동에 기여할 수 있다. 따라서 유엔의 평화유지 활동(Peace-keeping Operation, PKO) 등 평화구축 활동에서도 인공지능 감시기술은 매우 중요하게 활용되고 있다.

반면 AI 감시기술은 양면적인 성격을 갖는다. 감시기술에 대한 국제사회의 우려는 주로 개인정보보호와 관련된 의제에서 많은 문제가 제기되고 있다. AI 감시기술에 의한 인권 침해, AI 감시기술을 통해 수집된 개인정보의 유출, 데이터 보안, 개인에 대한 프로파일링(profiling) 등이 주요 이슈이다. 특히 이번 러시아-우크라이나 전쟁에서 러시아와 우크라이나 시민들의 개인정보는 전시 심리전에서 상대 국가의 항전 의지를 꺾기 위해 사용되기도 했다. 우크라이나는 AI 안면인식 기술인 Clearview AI 소프트웨어를 사용하여 8,600명이 넘는 생포되거나 죽은 러시아 군인들의 안면 정보를 수집하고 'Find Your Own'과 같은 텔레그램(Telegram) 채널을 통해 러시아 가족들에게 알림으로써 러시아 내 반전여론을 유도하기도 했다. 이러한 전술은 러시아가 러시아 배우나 러시아 소셜미디어 계정의 프로필 이미지를 이용하여 우크라이나 군인이 생포된 것으로 조작한 정보를 유포한 데 따른 반격이었다. Clearview AI가 러시아의 허위조작 이미지를 스캔하자 이 이미지들이 러시아의 최대 소셜미디어인 VKontakte(VK) 및 인스타그램 계정에서 수집된 것임이 밝혀졌고 러시아인의 신원 확인이 가능해지면서 우크라이나가 이러한 정보를 심리작전의 목적으로 사용하게 된 것이다.

감시기술과 관련하여 빈번하게 제기되는 문제는 AI 감시기술의 확산이 국내정치와 국제정치에 끼치는 부정적인 영향에 대한 것이다. 현재 AI 감시기술의 세계적 확산에는 중국의 영향력이 압도적이다. 중국 정부의 일대일로 사업과 화웨이(Huawei)와 같은 중국의 주요 IT 기업에 의한 감시기술이 세계적으로 확산되면서 중국식 사회통제 체제가 다른 권위주의 혹은 신생 민주주의 국가에 이식되고 있기 때문이다. 중국의 AI 감시기술은 케냐, 라오스, 몽골, 우간다, 우즈베키스탄, 남아프리카공화국, 짐바브웨, 보츠와나, 나이지리아와 같이 첨단기술이 부재한 국가들이 중국의 일대일로에 참여하거나 화웨이가 이러한 국가의 도시들과 맺은 스마트시티 개발 협정 등의 사업을 통해 확산되고 있다.

또한 '만리방화벽(Great firewall)'과 같은 광범위한 검열과 자동화된 감시시스템을 갖춘 중국의 폐쇄적 디지털 인프라와 플랫폼이 이러한 국가에 함께 이식되면서 중국식 디지털 권위주의(digital authoritarianism)가 서구 민주주의 진영에 대항하는 하나의 진영을 구축할 가능성도 제기되고 있다. 더불어, 중국 디지털 대기업의 세계적 진출은 중국이 세계 각지에서 정보수집 활동을 증대시킬 수 있는 조건을 만들어주기 때문에 중국 감시기술이 진출해 있는 대상 국가의 안보와 보안이 중국에 대해 취약해질 가능성이 크다. 더군다나 최근 전방위로 격화되고 있는 미중 기술패권 경쟁 속에서 중국의 감시기술이 전세계로 확산되고 있는 현상은 미중 간의 첨단기술 경쟁이 기술, 시장, 군사 분야를 넘어 정치체제와 인권의 영역에서도 첨예한 갈등을 초래할 가능성을 높이고 있다.

물론 AI 감시기술의 사용 여부 자체는 국가의 정치체제와 밀접한 관계가 있다고 말하기는 힘들다. AI 감시기술은 독재국가나 권위주의 국가보다도 오히려 인터넷과 AI 감시기술 인프라가 더 잘 갖춰져 있는 선진 민주주의 국가에서 더 광범위하게 사용되고 있기 때문이다. 다만 중국이나 러시아와 같은 권위주의 국가들은 AI 감시기술을 시민권 침해와 인권탄압 등 정치적 목적을 위해 자의적으로 남용할 가능성이 크다. 특히 2019년 말 발생하여 전 세계로 확산된 코로나19 감염병 팬데믹은 각국 정부의 감염자 추적과 확진자 정보수집 등 개인에 대한 다양한 추적이 가능한 감시기술에 대한 국가의 수요를 폭발적으로 증대시키는 데 일조했다. 세계 각국의 강화된 방역정책의 필요성이 개인에 대한 프로파일링과 사회 전체를 대상으로 하는 전방위 감시체계 구축을 정당화하고 공고화시키는 계기로 작동했던 것이다.

요컨대 AI에 의한 알고리즘 감시기술은 평화구축이나 평화유지 활동, 국가의 국토방위와 시민과 사회의 안전을 위해서도 사용되지만 그러한 감시의 대상이 되는 시민의 프라이버시와 인권은 심각하게 침해될 수 있다. 특히 평시와 전시의 경계가 점점 불분명해지고 있는 오늘날의 디지털 환경에서 개인정보와 공간 정보 등 감시기술에 의해 수집되는 각종 정보는 이번 러시아-우크라이나 전쟁이 보여주듯이 정보작전과 심리작전의 무기가 될 수 있다. 더 나아가 인공지능 감시기술은 권위주의 체제의 사회통제가 더 은밀하고도 완벽하게 이루어질 수 있게 하므로 본질적인 의미에서 개인과 사회의 평화를 저해하는 결과를 초래하는 측면이 있다.

IV. 알고리즘에 의한 비확산·군축

최근 핵군축과 군비통제 분야에서 블록체인이 주목받고 있는 것은 국제안보 분야에서 국가 간 혹은 다양한 행위자 간 협력과 평화 달성을 가장 어렵게 하는 '신뢰'의 문제를 해결할 기술적 가능성에 대한 기대 때문이다. '공유된 원장(a shared ledger)'인 블록체인은 공유하고 있는 데이터가 온전하게 보존되는 데 대한 높은 신뢰를 유지시킬 수 있는 기술이기 때문에 서로 신뢰하는 데 대한 기반이 제약되어 있는 행위자 간 협력을 도모할 기술적인 토대를 만들어줄 수 있다. 또한 인공지능 기술의 감시나 탐지기술이 블록체인과 융합될 경우 기술의 신뢰도는 더욱 증진될 수 있다.

이러한 가능성 때문에 '신뢰의 기계(the trust machine)'라는 별명을 갖고 있는 블록체인은 핵비확산조약(NPT)의 다자주의적 질서를 지탱해줄 수 있는 새로운 기술적 대안으로 부상하고 있다. NPT와 같은 핵군축을 위한 검증 체제가 제대로 기능하기 위해서는 검증 과정에 대한 참여 국가의 신뢰가 가장 중요한데 사실상 핵 비보유국은 그러한 검증 자체를 수행할 기술적 역량 자체를 결여하고 있다. 따라서 엄격한 다자적 검증이 동반되지 않을 경우 한 국가의 핵군축 과정은 신뢰 있게 진행될 수 없다.

2020년 11월 영국 킹스칼리지런던(King's College London)의 과학안보연구센터(Center for Science & Security Studies)가 펴낸 보고서는 블록체인 기술이 핵물질 데이터의 관리 및 핵시설의 안전 관련 검증에 대해 참여자들이 신뢰할 수 있는 근거를 제공해줄 수 있다고 주장했다. 블록체인 기술이 핵군축의 심각한 도전인 '검증' 문제를 아주 쉽게 단순화시킬 수 있다는 것이다. 블록체인 기술을 이용하여 핵물질과 관련하여 변경이 불가능한 암호화된 기록을 만들어 핵물질을 측정하고 통제할 수 있는 시스템 구축이 가능하고, 이러한 시스템에 각종 센서와 모니터를 장착한 지능형 사물인터넷(IoT)이 그러한 검증시스템을 추가적으로 보강할 수 있다. 즉 블록체인에 더하여 인공지능이 해당 국가의 위반 사항을 자동적으로 비확산 체제의 참가자들에게 알림으로써 실시간의 검증 시스템이 완성되는 방식인 것이다.

같은 맥락에서 핵비확산과 핵군축에 블록체인 기술을 활용하려는 이러한 유사한 노력은 세계의 다양한 기관에서 시도되고 있다. 2020년 초 핀란드의 방사선원자력안전청(Radiation & Nuclear Safety Authority, Stuk)과 미 헨리스팀슨센터(Henry L. Stimson Center), 호주의 뉴사우스웨일즈대학(University of New South Wales)은 블록체인 기술이 핵물질 관련 기록과 안전조치에 활용될 가능성에 대한 실험적 프로젝트를 진행하고 있다. 이 프로젝트에 의해 만들어진 포시바(Posiva)는 보관된 사용후 핵연료를 블록체인 기술을 통해 관리하는 세계 최초의 시설이다. 연구진들은 블록체인 기술을 활용한 보고 시스템(DLT-based reporting system)을 통해 핵물질 데이터 기록이 정확하게 수정되지 않고 남아 있게 하고 언제든지 국제 감독기관이 이러한 데이터에 접근할 수 있게 함으로써 핵물질을 추적하고 관리할 수 있다고 주장한다.

이 프로젝트에 의해 2020년 3월 핵물질 계량관리 목적의 블록체인 플랫폼인 SLAFKA가 실제로 설립이 되었다. 그동안은 원자력 시설을 보유하고 있는 사업자는 안전조치 과정에 대한 기록을 상향식으로 국제원자력기구(IAEA)에 보고를 하는 과정에서 자의적인 문서 변조나 위조가 가능했다. 하지만 SLAFKA 시스템을 이용할 경우 사업자는 블록에 핵물질에 대한 조치 이행 여부를 기록하게 되고, 감독자는 이러한 과정을 실시간으로 모니터링 할 수 있게 된 것이다(Vestergaard et al. 2020).

이 밖에도 블록체인 기술은 테러 자금을 조달하는 기업과 개인을 식별하는 데에 이용되고 있고, 다이아몬드와 같은 고가의 상품 등의 운송경로 추적을 위해서도 사용되고 있으며, 핵물질 방호에도 유용하다.[3] IAEA는 1993년부터 2019년까지 핵물질의 도난 사고가 대개 핵물질의 운송 과정에서 발생한다고 밝힌 바 있다. 미 스팀슨센터가 발표한 2020년 6월 보고서에 의하면 블록체인 기술을 이용하여 이해당사자들은 핵물질의 운송을 추적할 수 있고 핵물질의 양, 유형, 위치 등 핵물질의 물리적 방호에도 블록체인이 유용하다고 밝히고 있다(오혜진

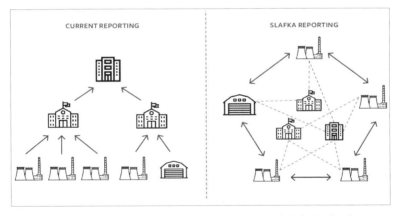

그림 5-2 기존의 핵물질 감독시스템과 블록체인 플랫폼 SLAFKA에 의한 감독시스템
출처: Vestergaard et al.(2020).

3 "Making the commercial case for blockchain diamond tracking." https://everledger.io/making-the-commercial-case-for-blockchain-diamond-tracking/

2021). 이렇게 블록체인이 국제사회가 오랫동안 풀지 못한 난제인 비확산 문제에 대한 기술적 대안으로 떠오르면서 관련한 다양한 연구가 진행되고 있고, 이러한 새로운 블록체인을 이용한 해결책이 기존의 시스템과 상호작용할 수 있는지의 여부도 다양한 학자들에 의해 지속적으로 연구되고 있다(Frazar 2021; Obbard et al. 2021).

V. 알고리즘에 의한 공급망 보호와 군사적 의사결정 관리

미국 국방부 산하 국방고등연구계획국(Defense Advanced Research Projects Agency, DARPA)은 군사정보 관련 데이터가 원래의 상태를 유지시키고 열람자를 추적할 수 있도록 하는 데이터 보존 기술로서 블록체인을 유용하게 인식하고 있다. 블록체인의 정보 보존 역할은 커뮤니케이션 네트워크를 안전하게 만드는 것과 방산물자의 공급망(defense supply chain) 관리에 활용될 수 있다. 즉 방산물자의 공급 과정과 관련된 데이터를 해킹하거나 혹은 누군가에 의한 관련 데이터 변경 여부를 신속하게 확인하는 데에 블록체인이 유용한 것이다.

　예컨대 산업계에서는 모조품이나 불량품을 식별하거나 식품의 원산지를 추적하고 환불 시 안전하게 공급하는 절차 혹은 원자재를 구매하는 과정에 블록체인이 사용되고 있다. 마찬가지로, 군사 부문의 조달 사업과 공급망 관리에도 블록체인의 분산원장기술이 사용될 수 있다. 군이 군수산업체와 계약을 체결하고 이행하는 과정에서도 권한을 가진 행위자만이 계약과 관련된 데이터를 공유하고 그러한 데이터에 접근할 수 있도록 설정하며 계약을 발주한 군이 실시간으로 그 모든 과정을 모니터링하며 감독할 수 있는 것이다. 즉 블록체인 기술을 이용한 이러한 과정을 통해 조달 사업의 투명성을 보장하고 이후 감사(auditing)도 가능하게 만들 수 있다(코인데스크 코리아 2020; Value Technology Foundation 2020).

블록체인의 이러한 강점을 주목한 방산업체인 록히드마틴(Lockheed Martin)은 미국에서 첫 번째로 사이버 시스템 엔지니어링과 공급망 위험관리(supply-chain risk management)에 블록체인 기술을 도입했다. 이렇게 공급망 시스템 관리에 도입된 블록체인 기술은 방산업체가 군수관리에 소요하는 비용과 시간을 감소시켜주므로 업체의 경쟁력 향상에도 도움을 준다(Guardtime 2022.4.27.). NATO의 정보통신국(Communications and Information Agency)은 일찍이 2016년부터 정보와 커뮤니케이션 보안, 병참, 조달 및 재무와 관련된 분야, 그리고 NATO 회원국이나 역외 행위자들 간 정보 공유와 조달 관련 협업 시스템에 블록체인 기술을 사용했다(Cornella et al. 2020, 19). 한국 국방부도 '방위사업 지원 블록체인 플랫폼'이나 '인증서 없는 병무청 민원서비스 블록체인 플랫폼' 등 블록체인 기술을 국방행정에 적극적으로 도입하고 있다(아이티데일리 2021.6.4.). 블록체인 기술을 이용하여 방위사업 입찰 과정을 운영할 경우 입찰시스템을 도입하여 방위사업 제안 입찰 과정에서 수집된 모든 데이터의 위·변조를 불가능하게 만들고 서류 접수 단계부터 관련 부처들이 서류를 저장·관리하고 서류 검토와 심사부터 평가에 이르는 과정을 협업할 수 있다. 즉 블록체인 입찰시스템 도입을 통해 관련 부처들이 시간과 행정비용을 절감하고 입찰 과정을 투명하게 운영할 수 있는 것이다(조선비즈 2020.11.23.).

블록체인 기술은 효율적인 군사적 의사결정 과정에도 도움을 줄 수 있다. 블록체인 기술을 이용하여 '무기 발사'와 같은 군사적 의사결정에 다중 인증을 도입할 수 있다. 즉 다수가 명령권을 가진 경우 합의에 의한 의사결정 등 지휘체계를 통제하고 관리하는 과정을 강화하는 데에 블록체인 기술이 활용될 수 있는 것이다. 예컨대 중앙집권적으로 운영되는 해군 전함의 사격통제나 의사결정 시스템에 블록체인 기술이 적용되면 다수의 독립된 무기체계 간에 공유된 전술 데이터의 무결성을 각자가 쉽게 검증할 수 있기 때문에 전술적 환경에 대한 동일한 이해도를 가질 수 있다. 중앙 컴퓨터에 문제가 생기더라도 블록체인으로 연결된 사물인터넷이 합동작전을 효과적으로 펼칠 수 있는 것처럼 해군은 전투 시스템을 운용하는 데에 있어서 탈중앙화된 합동 시스템을 통해 무기발사의 속도와 생존성(survivability)을 동시에 증대시킬 수 있는 것이다(Babones 2018).

VI. 결론

신흥기술의 군사안보적 영향과 관련하여 국가적 시각과 시민사회의 시각은 서로 엇갈릴 수 있다. 최근 85명의 군사안보 전문가와 14명의 정책결정자들을 대상으로 2020년 6월–7월 실시한, 신흥기술이 세계안보에 끼치는 영향에 대한 의견을 묻는 여론조사는 긍정적·부정적 전망이 섞인 결과를 보여주고 있다. 응답자들은 신흥기술이 핵무기 사용의 위험을 고조시켜 핵억지를 불안정하게 만들 수 있는 부정적 영향을 전망하기도 했고, 신흥기술이 핵 관련 활동을 감시하고 안전조치를 강화하는 등 핵군축의 새로운 기술적 조치를 가능하게 하는 긍정적 영향을 전망하기도 했다. 하지만 이 조사의 종합적인 결론은 전문가들 대다수가 신흥기술이 세계안보에 끼치는 영향은 위험이나 위협의 성격을 복잡하게 만들고 오판을 증대시켜 결과적으로 세계안보 환경을 더욱 불안정하게 만들 가능성이 높을 것으로 내다봤다(Onderco & Zutt 2021).

이와 같은 여론조사 결과는 국제사회의 신흥기술·신흥무기 관련 규범 구축과 거버넌스가 쉽지 않을 것을 예고한다. 더군다나 현재 군사 강국 간 신흥무기 개발 경쟁이 더욱 심화되고 있는 상황에서 신흥무기 개발과 사용에 대한 규범적 논의는 강대국들의 참여 없이는 의미 있는 결과를 만들어내기 힘든 상황이다. 신흥기술과 신흥무기에 대한 거버넌스는 지식층이나 여론의 인식보다도 각국의 정치적 의지와 규범 없이는 불가능하기 때문이다. 따라서 향후 신흥기술과 관련된 다양한 규범 형성을 위한 노력은 민간 전문가 및 이해당사자의 참여를 필요로 하고 이들은 신흥기술과 관련된 국가 안보·경제·규범과 관련한 균형 잡힌 시각을 갖는 데에 통찰력을 제공할 것이다.

신흥기술이 세계의 안보와 평화에 기여해야 함을 환기시키기 위해서는 신흥기술과 평화의 관계에 대한 개념화, 신흥기술 평화의 가치 등 이론적 차원에서의 지식 정립이 필요하고 국가 간 공유된 문제 인식을 형성하는 것도 중요하다. 즉 신흥기술을 세계평화와 국가 간 협력을 도모하기 위해 사용해야 한다는 '목적성'의 측면과 신흥기술 자체를 폭력적이지 않게 사용해야 한다는 '수단적인' 측면에서의 평화의 가치를 제시하는 다양한 개념이 국제사회의 논의에서 발굴되고 도출될 필요가 있다. 신흥기술의 평화로운 사용에 대한 개념을 정립하는 것은 디지털 기술의 안보 담론화로의 경도와 인공지능 기술의 자율적인 의사결정 결과의 불완전성을 고려할 때 신흥기술 사용의 규범 확립을 위해 매우 중요한 작업이기 때문이다.

기존의 전통적인 의미에서의 평화가 아닌 신흥평화의 개념화는 앞으로 디지털 기술에 의해 더욱 복잡해지고 있는 평화의 '조건'과 평화를 만들어내는 '주체(actors)의 다양성'을 강조하고, 평화를 구축하는 '방식의 복잡성'을 고려할 수밖에 없다. 따라서 신흥평화는 기술의 발전과 기술이 끼치는 영향이 가시화됨에 따라 점차 평화의 성격과 내용이 만들어지고 시간이 경과함에 따라 드러나게 되는 동적인 개념이 될 것이다. 앞서 논의한 바를 토대로 할 때, 세계 각국이 첨예한 기술 경쟁을 펼치는 오늘날 알고리즘 평화는 국제사회가 성취하기 위해 추구해야 하는 가장 야심 찬 목표가 될 것이다.

참고문헌

송태은. 2021. "인공지능 기술을 이용한 국가의 사회감시 체계 현황과 주요 쟁점."
『정책연구시리즈』 2020-12. 국립외교원 외교안보연구소.

_____. 2022. "디지털 시대 군사안보 분야에서의 블록체인 기술의 활용." 『미래융합연구』
1(1): 99-127.

오혜진. 2021. "신뢰의 기술, 블록체인 핵비확산 더욱 공공히 할까." 『핵비확산 뉴스레터』 76.
https://www.kinac.re.kr/newsletter/202105/focus.pdf (검색일: 2021.12.14.).

윤정현. 2019. "인공지능과 블록체인의 도입이 사이버 안보의 공·수 비대칭 구도에 갖는
의미." 『국제정치논총』 59(4): 45-82.

이상우. 2022. "암호화폐·NFT 노리는 해킹 증가...블록체인은 안전할까?" 아주경제, 2022.4.3.
https://www.ajunews.com/view/20220403073351876 (검색일: 2022.5.1.).

"[구멍난 블록체인 보안] ③ "블록체인 서비스 보안 구멍 많다…법제도·오펜시브 시큐리티로
빈틈 채워야"." 테크엠, 2022.5.13. https://www.techm.kr/news/articleView.
html?idxno=97130 (검색일: 2022.5.14.).

"블록체인 군비 경쟁, 중·러가 미국 앞질렀다." 코인데스크코리아, 2020.5.22. http://www.
coindeskkorea.com/news/articleView.html?idxno=70931 (검색일: 2021.11.4.).

"블록체인 기반 서비스 본격화, 기술 실용성 높인다." 아이티데일리, 2021.6.4. http://www.
itdaily.kr/news/articleView.html?idxno=203063 (검색일: 2022.1.24.).

"해킹 못한다는 블록체인, 암호화폐는 자꾸 왜? 문제는 핫월렛." 중앙일보, 2021.5.7. https://
www.joongang.co.kr/article/24051979#home (검색일: 2022.3.4.).

Babones , Salvatore. 2018. "Smart 'Blockchain Battleships' Are Right Around the
Corner." *The National Interest*. May 17. https://nationalinterest.org/feature/smart-
battleships-are-right-around-the-corner-25872 (검색일: 2021.12.13.).

Chang, S. 2018. "The Russian Military Is Building blockchain Research Lab to Combat
Hacks." *CCN*. July 3. https://www.ccn.com/the-russianmilitary-is-building-
blockchain-research-lab-to-combat-hacks (검색일: 2021.7.31.).

Ciphertrace. 2021. "Cryptocurrency Crime and Anti-Money Laundering Report."
https://ciphertrace.com/cryptocurrency-crime-and-anti-money-laundering-report-
august-2021 (검색일: 2022.5.6.).

Cornella, Alessia, Linda Zamengo, Alexandre Delepierre, and Georges Clementz. 2020.
"Blockchain in Defense: A Breakthrough?" *AINABEL*. https://finabel.org/wp-
content/uploads/2020/09/FFT-Blockchain.pdf (검색일: 2022.5.6.).

Cybersecurity and Infrastructure Security Agency. 2022. "Alert (AA22-108A)
TraderTraitor: North Korean State-Sponsored APT Targets Blockchain Companies."
April 18. https://www.cisa.gov/uscert/ncas/alerts/aa22-108a (검색일: 2022.5.1.).

Frazar, Sarah. 2021. "Blockchain Applications for Nuclear Safeguards." in Cindy Vestergaard ed. *Blockchain for International Security: The Potential of Distributed Ledger Technology for Nonproliferation and Export Controls.* Springer.

Guardtime. 2022. "Lockheed Martin Contracts Guardtime Federal for Innovative Cyber Technology." *Guardtime.* April 27. https://guardtime.com/blog/lockheed-martin-contracts-guardtime-for-innovative-cyber-technology (검색일: 2022.4.28.).

Obbard, Edward, Yu, Edward, and Guntur Dharma Putra. 2021. "Blockchain Tools for Nuclear Safeguards." in Cindy Vestergaard ed. *Blockchain for International Security: The Potential of Distributed Ledger Technology for Nonproliferation and Export Controls.* Springer.

Onderco, Michal and Madeline Zutt. 2021. "Emerging Technology and Nuclear Security: What does the wisdom of the crowd tell us?" *Contemporary Security Policy* 42(3): 286-311.

Paramonova, Marina, Kristina Van Sant, and Rolf Fredheim. 2020. "Robotrolling" Issue 1 NATO Strategic Communications Centre of Excellence(2020). https://stratcomcoe.org/ publications/robotrolling-20201/60 (검색일: 2021.6.24.).

Reding, D. F. and J. Eaton. 2020. "Science & Technology Trends 2020-2040: Exploring the S&T Edge." NATO Science & Technology Organization. March.

Value Technology Foundation. 2020. "Potential Uses of Blockchain by the U.S. Department of Defense." https://www.scribd.com/document/462322189/Paper-Potential-Uses-of-Blockchain-Technology-in-DoD (검색일: 2022.1.31.).

Vestergaard, Cindy. 2021. *Blockchain for International Security: The Potential of Distributed Ledger Technology for Nonproliferation and Export Controls.* Springer.

Vestergaard, Cindy, Edward Obbard, Edward Yu, Guntur Dharma Putra, and Gabrielle Green. 2020. "SLAFKA: Demonstrating the Potential for Distributed Ledger Technology for Nuclear Safeguards Information Management." The Stimson Center. https://stimson.org/wp-content/uploads/2020/11/Stimson-SLAFKA-Report-Nov-18.pdf (검색일: 2022.2.1.).

Violino, Bob. 2022. "Artificial intelligence is playing a bigger role in cybersecurity, but the bad guys may benefit the most." *CNBC.* September 13. https://www.cnbc.com/2022/09/13/ai-has-bigger-role-in-cybersecurity-but-hackers-may-benefit-the-most.html (검색일: 2022.9.22.).

제6장   공급망 재편의 정치경제와 신흥평화

이승주(중앙대학교 정치국제학과)

I. 서론: 공급망 재편과 21세기 평화

코로나19 이후 공급망의 재편이 빠른 속도로 진행되고 있다. 코로나19는 공급망의 취약성을 적나라하게 드러냈을 뿐 아니라, 기업은 물론, 일반 소비자들도 공급망 교란의 피해를 직접 경험하는 결정적 계기가 되었다. 세계 주요 기업들이 기업 전략 차원에서 공급망 재편을 서두르게 된 배경이다. 또한 코로나19의 세계적인 확산 과정에서 가속화된 미중 전략 경쟁은 기업 전략 차원을 넘어, 국가 전략 차원에서 공급망 재편에 대응해야 할 필요성을 증대시키고 있다. 공급망 재편은 기업의 이해관계는 물론, 국가 경제 및 산업의 안정 및 발전과도 직결된 것이어서, 기업 전략과 국가 전략의 상호작용이 매우 중요하다. 개별 국가 차원에서도 이루어지는 기업 전략과 국가 전략의 상호작용이 초래하는 국제정치적 함의가 적지 않다는 점에서 공급망 재편은 다각도로 조망할 필요가 있다.

기업 전략 차원에서는 공급망 재편의 초점이 주로 공급망 교란의 재발을 방지하는 데 맞추어지고 있다. 전 세계 여러 국가에 걸쳐 공급망을 형성한 다국적기업들은 첫째, 공급망의 디지털화와 같은 기업 조직 차원의 대응을 통해 공급망 교란의 가능성을 낮추는 작업을 강화하고 있다. 공급망의 디지털화는 공급망의 투명성을 촉진하여 공급망 관리의 효율성을 높이는 효과가 기대된다. 둘째, 다국적기업들은 이와 동시에 병목 현상 등 공급망 교란을 초래할 수 있는 지점을 선제적으로 파악하여 전체 공급망의 안정성을 높이는 효과를 기대한다. 다국적기업들이 세계 곳곳의 최적 지점에 공급 기업들을 산재시키는 동시에 집적의 효과를 높이기 위해 특정 지역 또는 특정 국가의 비중을 높인 결과, 공급망이 '세계적으로 분산되어 있으면서도 동시에 특정 국가에 대한 집중도가 높은' 역설적 결과가 초래되었다. 공급망 교란의 문제를 실감한 다국적기업들은 이러한 문제를 개선하기 위해 다변화의 속도를 높이고 있다. 셋째, 다국적기업들은 공급망의 교란이 재발할 경우, 그 기능을 신속하게 회복할 수 있는 복원력 강화에도 초점을 맞추고 있다. 공급망 교란의 선제적 방지를 우선 추구하되, 차선의 대안으로 복원력을 강화하는 이중의 안전장치를 강구하는 것이다.

공급망 재편은 국가 전략 차원에서도 추진되고 있다. 미중 전략 경쟁에서 공급망이 갖는 전략적 중요성이 커지고 있기 때문에, 미중 양국은 물론, 주요국들도 공급망의 재편을 국가 전략 차원에서 접근한다. 공급망 재편에서 국가 전략과 기업 전략이 완전히 차별화되는 것은 아니다. 기업 전략과 마찬가지로, 국가 전략 차원에서도 공급망 교란의 방지를 위한 다변화와 공급망 교란의 충격을 최소화하는 복원력 강화에 초점이 모아진다.

공급망 재편은 기업 전략과 국가 전략의 교차점에 있다. 공급망 재편의 방향, 속도, 범위 등을 둘러싸고 기업 전략과 국가 전략이 일치하기도 하나, 때로는 양자 사이에 상당한 간극이 존재하기도 한다. 특히, 주요국 정부가 추진하는 공급망의 재편 전략은 리쇼어링 또는 가치를 공유하는 국가들과의 제한적 협력을 우선하는 경향을 보이고 있다. 공급망의 재편이 안보화되는 과정을 거치는 것이다. 그러나 국가 전략 차원의 공급망 재편 전략은 공급망 안보화 현상을 수반한다는 점에서 기업 전략의 이해관계와 때로는 긴장 관계를 형성하기도 한다. 공급망의 안정이라는 목표를 공유하면서도, 구체적인 실현 방법과 수단을 확보하는 데 있어서 기업과 국가가 하나의 통합된 전략을 수립하기 어려운 것은 이 때문이다.

II. 공급망의 변화 요인

2000년대 공급망의 변화에 대해서는 다양한 설명이 제공되고 있다. 첫째, 4차 산업혁명의 진전에 따른 기술 혁신이 공급망의 구조적 변화를 촉진하였다는 설명이다. IoT, AI, 로봇, 빅데이터(big data) 분석의 보편화 등으로 인해 공급망의 정점에 있는 기함 기업(flagship company)이 공급망의 효율성을 극대화하는 데 긍정적으로 작용하여 공급망의 지구적 확장을 더욱 가속화하였다는 설명이다. 공급망의 확장은 세계 무역에서 차지하는 GVC 무역 비중의 증가에서 잘 드러난다. GVC 무역의 비중은 1970년 37%에서 1990년 41%로 4% 포인트 증가하는 데 그쳤으나, 1990년에서 글로벌 금융 위기가 발생한 2008년까지 12% 포인트가 더 증가하여 52%에 도달하였다(World Bank Group 2020).

글로벌 금융 위기 이후 세계화와 자유무역에 대한 반발이 증가하면서 GVC 무역의 비중이 정체되기는 하였다. 공급망의 지리적 확대가 지속되기 위해서는 국경 장벽뿐 아니라 국내 장벽을 완화하는 것이 필수적이다. 그러나 GVC의 확대에 기반한 경제 통합이 과거와는 질적으로 다른 심층 통합을 초래함으로써 경제적 불평등, 사회적 분열, 정치적 양극화와 같은 문제점들이 대거 등장하게 되었다.

한편, 4차 산업혁명으로 촉발된 디지털 기술의 확산이 GVC 무역을 한 차원 더 높은 수준으로 끌어올리면서 GVC 무역이 질적으로 고도화·효율화되는 과정을 거쳤다. 기술 혁신은 2000년대 이후 FTA의 효과와 결합되어 지리적으로 산재된 공급망의 관리와 운영의 기술적 장애 요인을 대폭 완화함으로써 초국적 기업들이 생산의 최적 입지를 찾아 GVCs를 확대할 수 있도록 하였다.[1] 오프쇼어링과 지구적 가치사슬 참여는 선진국의 탈산업화와 일부 개도국의 산업화를 가속화하는 요인으로 지적된다(Baldwin and Okubo 2019).[2] 뿐만 아니라, 평균 관세율이 1985년 10%에서 2018년 2%로 인하된 데서 나타나듯이 국경 장벽을 낮추기 위한 노력은 비교적 최근까지도 지속되었다. 메가 FTA 는 특히 국내 장벽(behind the border barriers)을 완화하는 데 촉매제 역할을 함으로써 공급망 확장을 위한 제도적 기반이 되었다. 한편, 2010년대 이후 중국의 임금 상승, 신속한 공급의 중요성 증가, 자국 또는 역내 국가들로부터 조달을 확대하는 무역 정책, 지리적으로 산재된 공급망 관리의 어려움, 주기적으로 발생하는 재난, 공급망의 병목 현상 등에 대한 인식 제고는 공급망의 구조적 재편을 촉진하는 요인으로 작용하였다(Evenett 2020).

둘째, 코로나19는 공급망의 구조적 변화 필요성을 증대시켰다. 2020년 세계 GDP가 3.3% 감소하는 등 코로나19가 세계 경제에 미치는 충격이 컸을 뿐 아니라(IMF 2021), 공급망 내 특정 지점의 생산 차질이 병목 현상을 초래하여 전체 공급망을 교란시킬 수 있음을 여실히 보여주었다. 세계 경제 통합의 지속적인 증가를 가능하게 했던 공급망의 취약성이 고스란히 드러난 것이다.

코로나19는 물류, 공장 가동률 저하, 인력 부족, 배송망, 재고 관리, 현금 흐름, 공급원 대체 등 다양한 방식으로 공급망의 교란을 초래하였다. 코로나19 이후 특히 생필품 및 의료 제품에 대한 수요가 급격하게 확대된 상황에서 주요 생산거점이 코로나19의 영향을 받아 생산에 차질이 생기면서 공급망 전체의 교란이 발생하였다. 이에 더하여 주

---

1   이 과정에서 주요국들의 GDP 대비 미국의 무역 의존도가 일제히 증가하였다. 미국의 경우, 1945년 6%에서 2016년 27%로 증가하였다(Nordhaus 2018).
2   오프쇼어링은 무역 비용과 지식 이전 사이의 상호작용을 초래하는데, 볼드원과 오쿠봅은 이를 무역 주도 세계화와 지식 주도 세계화로 구분한다(Baldwin and Okubo 2019).

요국들이 주요 생필품과 의료 제품의 확보를 위해 경쟁적으로 자국 우
선주의를 취한 결과 공급망의 불안정성은 더욱 커졌다. 코로나19 확
산 초기 공급망을 통한 제품의 공급이 원활하게 이루어지도록 국경 개
방을 유지하는 것이 중요하다는 주장이 다수 제기된 것은 이러한 우려
때문이었다(Bown 2020; Mirodout and Nordstrom 2020).

셋째, 코로나19 이후 노출된 공급망의 취약성은 미중 전략 경쟁과
결합되어 지정학적 경쟁의 무대가 됨으로써 안보화의 과정을 거치게
되었다(Suzuki 2021). 2018년 무역 전쟁으로 표면화된 미중 전략 경쟁
은 공급망의 구조적 변화를 촉진하였다. 미중 간 상호의존이 경제적 압
박의 주요 수단이 됨에 따라, 공급망의 지정학적 함의가 증대되었다.

공급망의 교란에 따른 취약성의 보완은 미중 전략 경쟁과 결합
하여 기업 전략 차원뿐 아니라 국가 전략 차원의 문제로 부상하였다
(Deloitte 2020). 이는 공급망의 구조적 변화가 경제와 안보를 연계하
는 고리로서 역할하고 있음을 의미한다. 미중 양국이 상대국보다 유리
한 위치를 점하기 위해 경제와 안보를 긴밀하게 연계하는 경제적 통
치술(economic statecraft)을 활용한 결과이다(Aggarwal and Reddie
2020). 미중 양국이 경제적 수단을 활용하여 상대국을 압박하는 효과
를 극대화하는 한편, 상대국의 압박으로부터 자국의 취약성을 보완하
는 작업을 다각도로 모색하였다. 공급망의 구조적 변화는 이러한 노력
가운데 하나이다.

III. 코로나19와 공급망 재편: 공급망 교란, 불확실성 증폭, 평화의 위협

1. 공급망 교란의 구조적 원인

글로벌 금융 위기 이후 공급망 교란은 이미 여러 차례 초래된 역사가 있다. 2011년 동일본 대지진, 2011년 태국 홍수, 2018년 미중 무역 전쟁, 2019년 코로나19, 2020년 대만 지진, 2021년 수에즈 운하 봉쇄 등 다양한 자연재해와 인재가 크고 작은 공급망의 교란을 초래하였다. 구체적으로 1개월 이상의 생산 차질을 초래하는 공급망 교란은 평균 3.7년에 한 번씩 발생하였고, 10년마다 1년 수입의 42%에 달하는 손실을 경험한 것으로 나타났다(Fazili and Harrell 2021). 기후변화로 인해 공급망의 교란 빈도가 더욱 커지고 있다.

기존 공급망 모델은 소재와 부품 부족, 공급선의 병목, (효율적이지만) 비탄력성 등의 문제가 적나라하게 노출되었다. 중간재와 최종재 생산에 투입되는 원료와 소재의 공급 부족과 공급망의 병목이 전체 공급망의 안정성을 현저하게 훼손하고 있다. 특히 코로나19 이후 원료와 소재의 확보는 물론, 생산 근로자와 선박의 확보에도 어려움이 가중되고 있다. 원료의 조달이 지연되고, 운송은 혼돈에 빠졌으며, 생산 비용은 급격하게 증가하는 등 공급망에 대한 통제가 불가능한 상황에 이르렀다. 기업의 입장에서는 효율성 못지않게 공급망에 대한 통제가 중요하다는 뼈저린 교훈을 얻은 셈이다. 이러한 문제를 궁극적으로 해결하는 대안은 내부의 생산 비중을 높이는 것이다. 기술 혁신에 따른 자동화와 디지털화가 공급망의 거리를 축소하는 데 따른 노동 비용 증가를 상쇄할 것이라는 예상은 공급망의 재편을 더욱 촉진하는 요인으로 작용하고 있다. 그 결과 향후 12개월에서 16개월 사이에 아시아에 집중된 생산 시설 가운데 약 절반을 다른 지역으로 이전하려는 계획을 수립하는 기업들이 증가하고 있다. 기존 공급망이 최적의 효율성을 보유하고 있음에도 비탄력적이기 때문에, 다양한 교란 요인에 대응하는 데한계가 있다.

반도체 산업의 사례에서 잘 나타나듯이, 공급망은 지리적 범위 면에서 지구적이면서 동시에 특정 국가에 집중된 이중적 특징을 가지고있다. 〈그림 6-1〉에서 나타나듯이, 반도체 산업의 경우 한 지역의 생산비중이 65%를 초과하는 공정 단계가 상당수이다. 구체적으로 EDA와코어 IP는 미국의 비중이 74%, 로직 미국 67%, 메모리 동아시아 70%,소재 동아시아 57%, 웨이퍼 조립 동아시아 56%로 나타났다.[3]

공급망의 구조적 취약성은 기업 수준에서도 관찰된다. 고도의 효율성을 갖춘 공급망을 운영하는 것으로 알려진 애플의 공급망에 참여하는 기업은 세계 곳곳에 산재해 있다. 애플 본사가 공급망의 기함 기

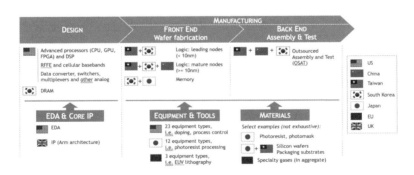

그림 6-1 반도체 공급망
출처: BCG and SIA(2021).

---

3   https://www.bcg.com/publications/2021/strengthening-the-global-semiconductor-supply-chain

업으로서 생산의 최적화와 안정성을 끊임없이 추구한 결과이다. 그러나 반도체 산업의 사례와 마찬가지로 애플의 공급망 역시 구조적 취약성의 문제를 노출하고 있다. 애플은 비교적 견고한 공급망을 구축·운영하는 것으로 알려져 있으나, 리스크 감소를 위해 공급망 재편을 서두르고 있다(Phillips 2023). 부가가치를 기준으로 할 때, 미국을 제외하면 높은 비중을 차지하는 국가들이 모두 아시아 지역에 위치하고 있다. 특히, 중국, 일본, 대만 등의 비중이 압도적으로 높다(그림 6-2 참조). 애플의 공급망 역시 구조적 충격에서 자유롭지 않은 것이다. 최근 중국 정부의 코로나19 봉쇄 조치로 폭스콘의 가동률에 문제가 발생하자 신제품 아이폰14의 출하에도 영향을 미치고 있는 것도 애플 공급망의 구조적 취약성을 보여주는 단적인 사례이다(Yang 2022).

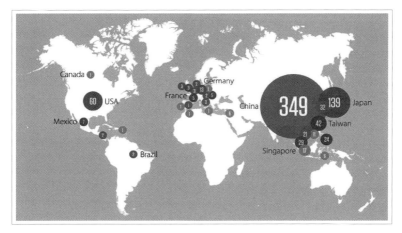

그림 6-2 애플 공급망
출처: 강내영 외(2020).

2. 공급망 교란과 자국 우선주의

코로나19가 확산되는 과정에서 자국 우선주의는 수출 제한과 수입 확대 조치가 동시에 증가하는 현상을 초래하였다(Evenett 2020). 공급망 교란에 따른 생산 감소와 의료장비와 생필품 생산 역량을 보유한 국가들이 국내 수요를 우선 충당하기 위해 수출을 제한하는 과정에서 수출 제한을 확대하였다. 개인 보호 장구, 의료장비와 생필품을 해외로부터 수입에 의존하는 국가들은 수입의 신속한 확대를 위해 일련의 자유화 조치를 취했다. 어느 쪽이 되었건 이러한 조치들은 모두 자국 우선주의의 발로였다.

코로나19가 급격하게 확산되던 2020년 9월 기준 의료장비와 식품에 대하여 이루어진 무역 조치는 660건에 달하였다. 수출 제한 조치가 328건, 수입 확대를 위한 수입 자유화 조치가 332건에 달한 데서 알수 있듯이(Evenett 2020), 세계 각국의 코로나19 대응을 위한 무역 관련 조치가 급격하게 증가하였음을 알 수 있다. 국가 수를 기준으로 할경우, 91개국이 수출 통제 조치를 실행하였는데, 이들이 취한 수출 제한 조치가 무려 202가지 유형에 달할 정도로 다양하고 광범위하다.[4] 보호주의가 증가하는 상황에서 수출 통제 조치를 취하지 않은 국가는 일본, 캐나다, 멕시코, 뉴질랜드 등 소수에 지나지 않을 정도로 코로나19 확산 국면에서 수출 제한은 일상화되었다(Evenett 2020). 비정상의 정상화다.

코로나19 발생 이후 수입 자유화 조치 역시 증가하였다. 코로나19 대응의 시급성을 반영하듯 수입 확대 조치를 취한 국가의 수도 무

---

4   이 가운데 수출 금지, 수출 인증, 수출 쿼터, 수출 면허, 국가 징수, 최소 국내 공급 의무화
      등이 대표적인 수출 제한 조치이다(Evenett 2020).

려 105개국에 달하였다. 이 국가들이 의료장비와 의약품에 대한 수입
을 확대하기 위해 228개의 조치를 취한 데서 알 수 있듯이, 수입 확대
조치 또한 수출 제한 조치와 마찬가지로 매우 광범위하게 이루어졌다
(그림 6-3 참조). 이처럼 세계 각국은 코로나19라는 전대미문의 팬데믹
에 직면하여 각자 처한 상황의 차이에 따른 구체적 조치의 차이가 있
으나, 본질은 자국의 이익을 우선 추구하는 것이었다.[5]

　　수출 제한과 수입 확대는 GVC 무역의 특성과 일정한 관계가 있
다. GVC 무역은 국경을 여러 차례 넘나들며 생산과 무역이 이루어지
는 특징을 갖는다. 위에서 언급하였듯이, 필수품과 의료 장비 또한 공
정 단계별로 세분화된 공급망 내에서 생산되기 때문에, 무역의 증가는
공급망의 원활한 작동을 전제로 한다. 그러나 세계 각국이 봉쇄 조치를
취한 결과, 공급망 내의 특정 지점에 병목 현상이 발생하였다. 코로나

그림 6-3 세계 각국의 수출 통제와 수입 확대 조치
출처: Evenett(2020).

5　　이 가운데 약 100건은 종료 시점이 명시되지 않았다는 점에서 이러한 조치들이 일시적
　　현상이라기보다는 향후 상당 기간 세계 무역 질서에 지속적인 영향을 미치는 새로운 변
　　화의 요인이 될 수 있다(Evenett 2020).

19 직후 수요가 급증하였던 마스크 생산에서 이러한 현상이 극명하게 드러났다. 급증하는 마스크 수요를 독자적으로 충당할 수 있는 국가가 별로 없 는 상황에서 수출 금지는 생산 능력을 갖추지 못한 국가들에게는 치명적인 피해를 초래할 뿐 아니라, 마스크 생산에 투입되는 소재와 마스크의 추가 생산을 필요로 하는 수출국에게도 피해를 초래한다. 수출 금지가 아니더라도 관세 인상은 마스크 가격의 인상, 수출 라이센스는 수출의 지연을 초래한다는 면에서 보호주의의 폐해가 발생하였다(OECD 2020).

코로나19 초기 공급망의 허브이면서 피해가 집중되었던 중국에서 이러한 현상이 나타났다. 2020년 3월 WHO가 개인 보호 장구의 수요 급증을 충당하기 위해서는 제조 규모가 40% 증가되어야 할 것이라고 추산하였다(WHO 2020). 중국에서 코로나19가 확산되고 개인 보호 장구에 대한 수요가 급증하자, 중국은 수요 급증에 대응하여 2020년 4월 마스크의 일일 생산량을 1월 대비 90배 이상 확충함으로써 단기간에 신속하게 생산 규모를 확대하였다(OECD 2020). 중국 내 국내 수요의 급증이 수출 규모에 영향을 미쳐 지구적 차원에서 마스크 부족 현상이 심화되었다. 이처럼 코로나19가 공급망의 교란과 마비를 초래하였고, 이후 공급망의 취약성에 대한 인식이 확산되는 계기가 되었다.

IV. 공급망 재편의 정치경제

제품의 기획에서 생산과 유통에 이르는 전 단계에서 공급망이 기존의 선형에서 디지털 기술을 활용한 네트워크 형태로 변화화고 있다. 빅데이터가 IoT를 통해서 수집·분석되고, 블록체인 기술을 활용하여 데이터를 분산 관리할 수 있게 됨에 따라 보안성도 향상되었다. 이러한 기술 혁신에 힘입어 공급망의 네트워크형 발전이 빠르게 이루어졌다. 공급망의 디지털화는 데이터 유통의 속도를 높이고 재고 유지를 최적화하는 기존의 관리 방식을 유지하는 가운데, 공급망의 유연성을 확보하는 데 목표가 있다.

과거에도 선형적 공급망을 효율화하기 위해 디지털화가 이루어지기도 하였으나, 공급망 내에서 데이터 수집과 분석을 용이하게 함으로써 효율성을 제고하는 데 초점이 맞추어졌다. 반면, 네트워크형 공급망은 효율성뿐 아니라 기민성과 유연성을 제고하는 디지털화를 활용하고 있다. 즉, 비용 절감 또는 관리의 최적화를 목표로 공급망 내 분업보다는 공급망 내 유기적인 연결과 탄력성을 향상시키는 방향의 변화가 발생하고 있다(그림 6-4 참조).

아마존과 구글 등 데이터를 기반으로 생산, 금융, 거래 등 전통적

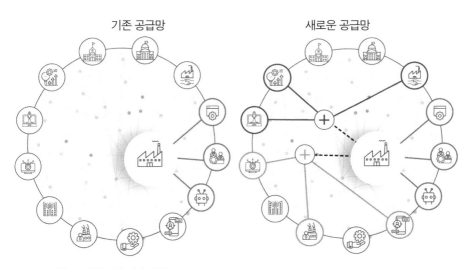

그림 6-4 공급망의 변화 방향
출처: Deloitte(2021).

인 산업의 경계를 넘나들며 다양한 비즈니스를 융합하여 새로운 제품과 서비스를 개발하는 기업들에게는 네트워크형 디지털 플랫폼은 필수적이다. 구글의 경우, 구글 파이버(Google Fiber)를 IT 인프라로 하여, AI는 구글 어시스턴트(Google Assistant), 하드웨어는 픽셀(Pixel), 크롬캐스트(Chromecast), 미디어는 유튜브(Youtube), 자동차는 안드로이드 오토(Android Auto), 전자상거래 구글 쉬핑(Google Shipping), 금융 안드로이드 페이(Anrdoid Pay) 등 다양한 분야의 서비스를 수직적·수평적으로 연계하기 위해서 네트워크형 디지털 플랫폼을 구축하고 있다. 이러한 현상은 애플, 페이스북, 아마존, 테슬라 등 미국의 빅테크는 물론, 중국의 샤오미 등에서도 공통적으로 나타나는 추세이다(그림 6-5 참조).

주요 기업들이 공급망의 불확실성이 증대됨에 따라 생산비용의 절감보다는 통제와 신뢰성에 더 높은 우선순위를 부여하기 시작하였다(Gryta and Cutter 2021). 본국으로 리쇼어링을 추진하거나, 공급자 또는 소비 시장의 근거리로 공급망을 재편하는 움직임이 확대되는 것은 이 때문이다. 기존의 공급망 전략은 지난 20여 년 동안 저렴한 생산지의 확보, 값싼 노동력을 활용한 아웃소싱, 재고의 최소화를 위한 JIT 생산 등 이 요인을 종합적으로 포괄하여 확립된 것으로 효율성과 관리의 최적화에 초점을 맞춘 모델이다.

코로나19 이후 GVCs의 취약성이 명확해짐에 따라 주요국들은 이를 보완하기 위한 대응 전략을 모색하지 않을 수 없게 되었다. 코로나19로 인해 GVCs의 구조적 취약성이 드러난 만큼 대응의 실마리를 공급망의 재편에서 찾는 시도가 우선적으로 이루어졌다. 조사 대상 24개 산업 부문의 기업들은 공급망의 변화 52%, 자동화 투자 증대 36%, 디지털 전환 31%, 노동력 관리 변화 39% 등 코로나19의 영향을 최소화

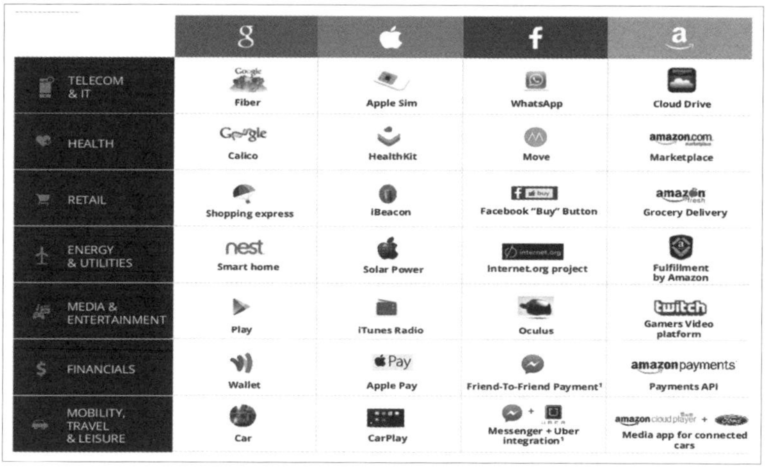

그림 6-5 네트워크형 플랫폼 기업

출처: nsuchaud. http://www.nsuchaud.fr/wp-content/uploads/2015/02/GAFA-Disrupting-all-industries.png

하기 위한 노력을 전개하였다. 공급망의 변화를 위한 조치를 이미 취하고 있는 기업의 비율이 52%일 뿐 아니라, 공급망의 변화를 검토할 계획을 가진 기업의 비율이 40%에 달하는 것은 코로나19 이후 기업들이 추진·검토하는 공급망 변화의 폭이 매우 광범위하게 이루어질 것임을 시사한다(EY Barometer).

다만, 주중미국상공회의소의 2020년 3월 설문조사 결과는 설문 대상 기업 가운데 84%가 코로나19에도 불구하고 단기적으로 생산 시설과 공급망을 이전할 계획이 없다고 답한 것의 의미에 대해 생각해 볼 필요가 있다. 탈중국이 아니라 부품 조달의 다변화를 계획하고 있는 기업들의 비율이 24%에 달하였다(AmCham 2020). 중국 내 미국 기업들이 적어도 단기적으로 '탈중국'보다는 위험 관리에 초점을 맞춘 공급망의 변화를 추구하는 데 우선순위를 부여한 것이다. 이는 미국 기업들이 중국에 편중된 공급망의 취약성을 개선하는 문제를 급격한 탈중국보다는 다변화 차원에서 접근하고 있음을 시사한다.

중국 시장에 대한 접근성과 가치사슬의 주요 기지로서 중국의 이점을 활용할 필요성이 여전히 크기 때문에, 코로나19의 영향이 급격한 탈중국으로 바로 연결되는 것은 아니다. 중국이 제조업의 세계 부가가치 생산에서 약 30%를 차지하고 있는 현실, 거대한 구매력을 갖춘 중국 시장에 대한 접근 필요성, 공급망의 핵심지로서 중국의 비교우위가 여전하다는 점은 미국이 공급망 재편을 위해 단시간에 탈중국을 실현하기 어렵게 하는 구조적 요인이다. 중국은 공급망의 '삼위일체'인 비용, 품질, 배송 시스템, 뛰어난 인적자원과 인프라 등 공급망을 관리하는 데 있어서 높은 경쟁력을 갖추고 있다. 또한 중국의 경제성장이 지속됨에 따라 구매력을 갖춘 중산층이 대규모로 존재하는 시장으로서 중국의 중요성은 비교할 수 없을 정도로 위치도 여전히 중요하기 때문에, 공급망의 탈중국화를 단시간에 실현하기가 쉽지 않다(Bofa 2020).

다변화가 중국에 대한 의존도가 낮아지는 결과를 낳을 수 있으나, 공급망의 마비에 따른 리스크 관리를 위한 것이지 중국에 대한 의존도를 낮추는 것 자체가 목표는 아니라는 점에 유의할 필요가 있다. 기존 핵심 허브인 중국에 대한 과도한 의존이 초래하는 리스크를 효과적으로 관리하는 차원에서 중국 이외의 지역에서 복수의 공급 기업을 확보할 필요가 커진 것이다.

또한 임금 상승과 물류 비용 증가 등 점진적으로 진행된 중국 내 경제적 환경의 변화로 인해 공급망의 다변화가 점진적으로 이루어지는 상황에서(Pandit 2020), 코로나19가 다변화를 가속화하였다. 특히, 중국 정부가 '쌍순환(dual circulation)' 정책을 추진하면서 내수 및 서비스 중심 경제 구조로 전환을 추진하고 있고, 임금 상승, 환경 기준 강화, 정부 규제 등 구조적 환경의 변화 때문에 공급망의 변화가 불가피한 측면이 있기 때문에, 다변화가 공급망 재편의 주요 전략으로 부상하였다.

V. 공급망 안보화와 신흥평화

1. 공급망 안보화의 국가 전략

공급망의 취약성은 공급망 구조와 밀접한 관련이 있다. 공급망을 구성하는 행위자들 사이의 밀도가 높고, 구조적 집중도가 높을 경우, 취약성이 증가한다. 개별 행위자 수준에서 공급망 내에서 핵심적인 위치를 차지하는 허브에 대한 의존은 취약성의 근원이 된다. 공급망 내 주요 행위자들이 개별적 차원에서 취약성을 완화하기 위한 공급망 재편을 시도하는 것은 곧 허브 또는 특정 노드에 대한 의존도를 낮추는 것을 의미한다. 주요 기업들이 공급망 재편의 주요 수단으로 다변화를 추구하는 것은 이 때문이다.

한편, 자동화 또는 디지털 전환은 공급망의 안보화와 결합하여 공급망 재편을 촉진하는 기술적 요인이 되었다. 56%가 자동화로 인해 리쇼어링의 경제적 실행 가능성이 높아진다고 응답하였고, 특히 52%는 국내 생산에 대한 국익 차원의 요구가 공급망 관련 의사결정에 영향을 미칠 것이라고 응답하였다. 한편, 30%는 지구적 가치사슬에서 지역 가치사슬로 전환하고 있다고 응답한 반면, 이에 대한 반대 의견은 36%로 나타났다(Gartner 2021).[6] 취약성 완화가 공급망 재편 전략의 핵으로 부상한 것은 공급망의 구조적 문제점을 개선하는 기업 전략과 공급망

---

6   첨단기술, 제약, 보건 분야에서 국익 차원의 고려가 공급망에 대한 의사결정에 점점 더 큰 영향을 미칠 것으로 예상된다(Gartner 2021).

을 안보화하는 국가 전략 사이의 상호작용의 결과이다.

공급망 내 특정 지점에서 생산과 물류의 이동이 지연 또는 마비되는 병목 현상이 공급망 전체의 교란을 초래하자, 다변화에 초점을 맞춘 기업의 공급망 재편 전략이 국가 전략의 연계를 위한 접점이 형성되었다. 더욱이 공급망의 구조적 취약성을 초래하는 상대가 중국이라는 점은 미국이 공급망 재편을 국가 전략 차원에서 접근하지 않을 수 없도록 하였다. 이로써 코로나19의 세계적 확산으로 드러난 공급망의 취약성을 보완하는 작업이 대중국 전략과 연계될 수 있게 되었다. 공급망 재편이 경제와 산업 차원을 넘어, 국가안보의 문제로 전환된 것이다(U.S.-China Economic and Security Review Commission 2022).

코로나19 확산 초기 급속한 전파에 대한 두려움이 광범위하게 퍼진 가운데 중국 정부가 의료 제품과 장비의 수출을 제한한 것은 미국의 공급망 안보화를 더욱 촉진하였다. 미국은 공급망의 재편을 주요 첨단 산업의 핵심 공정을 외부, 특히 중국에 의존하는 것이 국가 전략 차원에서 바람직한가, 더 나아가 중국이 핵심 소재를 독점하도록 허용하는 것이 현명한 선택인가, 심지어 생명의 안전을 담보하는 의약품마저 중국에 의존할 것인가 등 근본적인 문제와 연계하여 검토할 수밖에 없었다.

2. 디지털화와 리쇼어링

2020년 하반기까지 조사 대상 기업 가운데 80% 이상이 공급망의 교란을 경험하였으며, 66%는 코로나19 이후 뉴노멀에 적응하기 위해 공급망의 구조조정이 필요하다고 응답하였다. 공급망 교란이 장기화됨에 따라, 생산 비용, 속도, 서비스 사이의 근원적 상쇄 효과가 커지게 되었다. 그러나 60%의 기업들이 공급망이 복원력보다는 비용 절감을 우선하도록 설계되었다고 응답한 데서 나타나듯이, 기업들이 복원력, 비용, 고객 수요 충족 사이의 새로운 균형을 맞추어야 하는 도전에 직면하게 되었다.[7] 기업의 공급망 재편 필요성은 2020년 9월에서 11월 사이에 진행된 설문조사에서도 확인되었다. 설문 대상 가운데 87%의 기업이 향후 2년 내 공급망 복원력 강화와 기민성 향상을 위한 투자를 촉진할 것이라고 응답하였다(Gartner 2021).

한편, 디지털 기술은 공급망의 교란을 관리하는 데 상당한 효과가 있다(Toolsgroup 2021). 이를 위해서 공급망의 관리 향상뿐 아니라 공급자, 재고, 배송 데이터를 통합 시스템으로 전송할 수 있는 시스템을 구축하는 디지털 전환을 활용한 공급망 재편이 적극적인 고려의 대상으로 부상하였다. 디지털화를 통해 기업은 노동 비용 격차를 메우고, 수요에서 공급까지 실시간으로 파악하고, 변화 또는 문제의 발생에 신속하게 대응할 수 있게 되었기 때문이다.

PWC 연구는 98%가 효율성 향상을 위해 디지털 공장 건설을 위한 투자를 하고 있다고 응답하였다(Moser 2021). 구체적으로 54%의 기업들이 디지털 기술을 활용하여 수요와 공급의 불확실성을 관리하는 효과를 얻은 것으로 나타났다. 공급망 교란에 대비한 디지털화는 스마트팩토리의 증가로 연결된다(Burke et al. 2021). 스마트팩토리는 생산량 증가 10%, 생산 능력 활용도 11%, 노동생산성 12% 증가 등의 효과를 발생하는 것으로 알려졌다. 북미, 유럽, 아시아 지역의 세계 850대 기업 경영자 가운데 62%는 스마트팩토리 관련 투자를 증가시키고

7 　한편, 응답 기업의 45%는 고객들이 국내 생산보다 낮은 가격을 선호할 것이라고 응답하였다. 가격 경쟁이 치열한 소매와 패션 분야에서 이러한 경향이 더욱 두드러진다. 이러한 유형의 산업에서는 비용 절감이 여전히 중요한 고려 요인이기 때문에, 적량 생산(lean production), JIT, 노동 비용이 낮은 국가로 아웃소싱 등의 전략을 추구할 것이라고 답하였다(Gartner 2021).

있다고 응답하였고, 85%는 2021년 스마트팩토리 투자가 증가할 것으로 예상하였다(Wellener et al. 2020). 75% 이상의 기업들이 본국 또는 소비 시장으로의 리쇼어링의 속도를 높일 계획이며, 스마트팩토리를 증설할 계획을 수립한 것은 이 때문이다(Capgemini 2020).

리쇼어링은 디지털화에 함께 공급망 교란에 대응하는 효과적 수단으로 떠올랐다. 공급망 교란 빈도의 증가로 인해 기업들이 복원력과 효율성 향상을 위한 공급망 리스크 관리를 더욱 적극적으로 해야 할 필요성이 증대된 것은 주지의 사실이다(Passman 2021). 공급망의 복원력을 강화하는 수단 가운데 하나로서 리쇼어링의 필요성이 코로나19 발생 이전부터 이미 제기되고 있었다. 다만, 코로나19가 미중 전략 경쟁과 결합되어 공급망의 변화와 리쇼어링을 가속화하는 결과를 초래하였다.[8]

"The Thomas 2021 State of North American Manufacturing Annual Report"에서도 미국 기업의 리쇼어링 추세가 확인된다. 이 보고서에서는 북미 제조업체 가운데 리쇼어링을 계획하는 업체가 2020년 3월에 비해 54% 증가한 83%에 달하는 것으로 파악되었다(Thomas for Industry 2021). 노동 비용이 전체 생산 비용에서 차지하는 비중이 감소하는 추세에 있기 때문에, 저렴한 노동 비용을 위해 해외로 이전하였던 기업들이 시장 접근성을 위해 리쇼어링으로 선회할 수 있게 된 것이다. 기업들이 첨단기술을 활용하여 디지털 작업 지시, 증강 현실 기반의 업무 지원, 디지털 성과 관리, 부품 교체 자동화 등이 가능할 것이라는 기대가 작용한 결과이다(Thomas for Industry 2021).

미국의 리쇼어링 이니셔티브(Reshoring Initaitive)에 따르면, 2010

---

8   중국의 노동 비용이 멕시코의 노동 비용을 초과할 정도로 상승한 것도 리쇼어링을 촉진하는 요인이 되었다(Burke et al. 2021).

년에서 2022년까지 해외에서 미국으로 회귀한 제조기업들로 인해 창출된 미국 내 일자리의 수가 160만 명에 달하는 것으로 나타났다. 특히 바이든 행정부가 인플레이션 감축법(Inflation Reduction Act, IRA)와 반도체과학법(Chips and Science Act)을 발효시킨 2022년 리쇼어링과 FDI를 통해 창출된 일자리가 36만 개를 상회하였다. 이는 2021년에 비해 53% 증가한 수치이다(Reshoring Initiative 2022).

3. 리쇼어링과 국제협력의 결합

미국의 공급망 전략의 안보화는 두 가지 방향에서 전개되었다. 첫째, 미국 정부는 국내 생산 능력을 증대시키기 위한 노력을 배가하였다. 이는 단기적으로 미중 무역 전쟁으로 인해 촉발된 미중 양국 간 공급망 연계의 약화에 대비하여 국내 생산 기반을 강화하려는 것이다. 미국은 주요 제품의 국내 생산을 단기간에 증대시키기 위해 국방생산법(Defense Production Act)을 발동하였다. 트럼프 행정부는 국방생산법을 18차례 활용하여 백신 개발의 속도를 높이기 위한 각종 지원을 제공하였다. 바이든 행정부 역시 국방생산법에 근거하여 화이자(Pfizer)가 백신 생산을 위해 투입되는 생산 장비를 확대할 수 있도록 지원하였다. 그 결과 바이든 행정부는 2020년 5월까지 모든 성인들이 접종할 수 있는 분량의 백신을 생산할 수 있을 것이라고 미국 국민들에게 약속할 수 있었다(Lupkin 2021). 국방생산법의 발동은 백신뿐 아니라, 인공호흡기와 마스크 등 필수 의약품 및 의료 장비 생산 등 여러 분야에서 미국 기업에 대한 지원으로 나타났다(Vazquez 2020).

　리쇼어링은 취약성 완화를 위해 국내에 공급망을 형성하는 것인데, 중국에 대한 과도한 의존을 낮출 수 있다는 전략적 고려를 반영할 수 있다는 점에서 미국 정부에게 매력적인 대안이었다. 바이든 행정부가 반도체, 배터리, 의약품, 희귀 원료 등 첨단기술 분야에서 미국의 취약성을 파악하고, 리쇼어링에 착수한 것은 코로나19의 영향과 미중 전략 경쟁이 결합된 결과이다.[9] 바이든 행정부는 〈100일 공급망 검토〉를 통해 첨단 배터리에서 중국에 대한 의존도를 낮추기 위해 공급망의 모든 단계를 국내에 확보하고, 핵심 소재와 반도체에서 민간 기업, 동맹 및 파트너들과 협력하여 지속가능한 공급망을 구성하기 위해 모든 역량을 투입할 필요가 있다는 점을 명확히 하였다(The White House 2021). 리쇼어링이 미국이 국내 생산 역량을 확충하여 양질의 일자리를 창출하는 동시에, 대중국 의존도를 낮추어 공급망의 복원력을 제고하는 효과를 기대할 수 있다는 점에서 대외 전략인 동시에 국내정치 전략이라고 할 수 있다.

둘째, 공급망 복원력 강화의 핵심은 리쇼어링과 국제협력 사이의 균형을 맞추는 것이다. 바이든 행정부는 공급망의 취약성을 낮추기 위해 자국 내 생산 역량의 강화에 초점을 맞춘 리쇼어링과 동맹 및 파트너들과의 협력에 기반하여 생산 역량을 공유하는 우방쇼어링을 병행하기 위한 전략을 추구하였다. 니어쇼어링과 우방쇼어링은 미국 공급망 전략의 안보화 과정에서 부상한 대안들이다. 리쇼어링이 일차적으로 중국에 대한 견제와 국내정치적 필요에 의해 새로운 대안으로 부상하였으나, 리쇼어링의 단점과 한계를 보완함으로써 궁극적으로 공급망 복원력 강화를 달성해야 했기 때문에, 다른 대안들과의 결합이 필요하였다(Dezenski and Austin 2020). 리쇼어링으로 인해 공급망이 일정 수준 이상 과도하게 미국 내 집중되는 현상은 공급망의 구조적 취약성

9 자동차 업체들이 집중된 미시간주를 비롯하여 제조업 기반의 지역들이 코로나19의 영향을 가장 많이 받은 것도 리쇼어링의 국내정치적 필요성을 증대시켰다.

을 오히려 높이는 결과를 초래할 수 있다는 점 또한 고려되었다.

바이든 행정부는 이러한 문제의 해결을 위해 리쇼어링과 국제협력의 균형을 맞춤으로써 공급망 전략의 입체화를 시도하였다. 동맹국 및 파트너와의 협력 차원에서 니어쇼어링과 우방쇼어링이 대두된 것이다. 니어쇼어링은 공급망의 봉쇄에 선제적으로 대비하기 위해 공급망에 기반한 공동 생산과 무역뿐 아니라, 연구개발 분야의 협력 강화를 추구한다. 미국은 데이터 기반 공급망 관리 및 보안 시스템의 수립과 이를 위한 제도 구축을 신속하게 추진함으로써 니어쇼어링을 공급망 재편의 주요 수단 가운데 하나로 추진하고 있다. 미국의 자동차 및 모빌리티 무역에서 캐나다와 멕시코의 비중이 50%를 상회하는 점을 감안할 때, 니어쇼어링은 북미 국가들 사이에 형성된 공급망의 집중도를 높이는 효과가 기대된다.[10] 더욱이 트럼프 행정부가 타결한 USMCA는 역내 생산 비중을 NAFTA의 62.5%에서 75%로 높이고, IT에 기반하여 공급망의 효율성을 제고할 수 있도록 설계되어 있기 때문에, 바이든 행정부가 니어쇼어링을 확대하는 데 유용한 제도적 기반이 된다("How USMCA Could Streamline North American Supply Chains" 2020).[11]

우방쇼어링은 중국과의 핵심 공급망의 조정을 위해 필수 자원, 제품, 서비스를 신뢰할 수 있는 민주주의 가치와 자유주의적 국제질서에 대한 신념을 공유하는 동맹국들과 공급망을 형성하는 것이다. 가치와 이익을 공유하는 국가들과 협력을 증진하는 것은 미국의 취약성을 완화하고 미국 기업과 소비자들이 필요로 하는 시장과 제품을 유지하는 효과적인 대안이 된다(Dezenski and Austin 2020). 특히, 일부 희귀 자

10   반면, EU와의 무역에서 중간재의 비중은 37%에 달하는 것으로 파악된다.
11   USMCA 타결로 철강과 알루미늄의 역내 생산 비중이 각각 75%, 70%로 증가하였다 (Gantz 2020).

원과 물질은 미국 내에서 존재하지 않기 때문에 궁극적으로 자원 소재지의 영향을 강력하게 받을 수밖에 없다. 이러한 문제를 근원적으로 해결하는 방법 가운데 하나가 우방쇼어링이다. 〈100일 공급망 검토 보고서〉는 이러한 이유에서 우방쇼어링을 코로나19에 직면하여 미국 공급망의 안정성을 유지할 수 있는 현실적이고 효과적인 방법으로 제시하였다(The White House 2021).

우방쇼어링은 가치와 전략적 이익을 공유하는 국가들과의 경제적 파트너십을 강화하는 데 목적이 있지만, 캐나다 및 멕시코 등 주변국들과의 경제적 연대를 재구축하는 것을 포함하기 때문에 니어쇼어링과 공통점이 있다(Coy 2020). 또한 우방쇼어링은 리쇼어링의 문제를 해결하는 한편, 국제협력 강화를 통해 미국의 리더십을 복원한다는 점에서 외교안보적 의미가 내포되어 있다. 우방쇼어링에는 생산 및 기술 역량을 갖춘 핵심 동맹국들과 공급망의 형성하여 핵심 첨단 제품을 공동 생산함으로써 미국뿐 아니라 동맹국 경제를 강화하는 이중의 목적이 내포되어 있는 것이다.

바이든 행정부는 우방쇼어링이 미국과 동맹국 사이의 공급망을 재구축하여 첨단산업 제품을 생산함으로써 손상된 동맹 관계를 복원하고, 미국의 리더십을 강화하는 데 기여할 것으로 기대하고 있다. 구체적으로 우방쇼어링은 미국 내 생산시설 확대와 기술 혁신을 위한 연구개발 프로그램의 확대에 동맹국들이 참여할 수 있는 기회를 제공하기 때문에 동맹 강화에 기여할 수 있다(Dezenski and Austin 2020). 또한 대외적 차원에서 민주주의 원칙을 확고하게 하고, 좋은 거버넌스의 초석을 공고하게 함으로써 중국을 포함한 권위주의 체제를 견제하려는 의도를 가지고 있는 바이든 행정부에게 우방쇼어링은 미국이 동맹국들과 경제와 안보 협력을 동시에 강화할 수 있는 수단으로 발전할 가능성이 있다. 우방쇼어링이 미국과 동맹국들 사이의 경제 협력에 기반한 동맹 강화라는 경제·안보 연계의 고리로서의 잠재력을 가지고 있는 것이다. 이러한 점을 고려할 때, 우방쇼어링은 산업적 차원뿐 아니라 외교안보적 차원에서도 리쇼어링을 보완하는 대안이 될 수 있다. 바이든 행정부가 리쇼어링과 우방쇼어링을 동시에 추진하는 이유는 경제·안보 연계의 고리로서 공급망의 중요성에 주목한 결과이다.

VI. 결론

코로나19와 미중 전략 경쟁의 맥락 속에서 진행된 공급망 재편은 기업 전략과 국가 전략의 상호작용하는 핵심 쟁점이 되었다. 우선, 기업 차원에서 코로나19 이전 공급망은 수익과 효율성의 극대화를 위해 가치사슬 내의 활동을 조직하고 관리하는 데 초점이 맞추어졌으나, 코로나19 이후 효율성과 안정성 사이의 균형을 위한 GVCs의 재편이 중요한 이슈로 부상하였다. 국가 차원에서 공급망은 코로나19 이전 자국 기업들이 공급망에 편입할 수 있도록 지원하는 정책의 수립과 실행에 우선순위가 놓였으나, 코로나19 이후 다변화와 근거리화 등을 통해 공급망의 취약성을 보완하고, 안정을 확보하는 정책의 상대적 중요성이 커졌다. 그 결과 공급망 재편을 둘러싼 기업 전략과 국가 전략 사이의 조정이 중요해졌다.

 기업 전략과 국가 전략 사이의 상호작용은 미국의 공급망 재편 과정에서 잘 나타난다. 디지털 전환은 코로나19와 전략 경쟁이 상호작용하는 넥서스로서 역할을 하였다. 바이든 행정부가 공급망의 취약성 완화를 리쇼어링 방식으로 해결하고자 한 데는 디지털 전환을 통한 효율성의 향상, 비용 절감, 데이터 관리의 안전성을 동시에 추구할 수 있다는 정책적 판단에 기반한 것이라고 할 수 있다. 리쇼어링에 적극 호응하는 기업의 입장에서도 디지털 전환은 고객 및 공급자들과의 협력 관계를 근본적으로 재편할 수 있는 기술적 수단이 된다. 디지털 전환이 공급망의 효율성과 통제라는 두 가지 상충적인 목표 사이의 균형을 가능하게 하는 요인인 것이다. 한편, 공급망 안보화의 관점에서 볼 때, 미국은 국가안보에 직간접적으로 영향을 미치는 핵심 기술과 첨단산업에서 상호의존의 수준을 낮추는 가운데 전략 경쟁을 지속하는 전략적 재동조화(competitive recoupling)를 추구할 가능성이 높다(Liang 2021).

리쇼어링은 기업 전략과 국가 전략의 조화와 갈등의 양면성을 갖는다. 리쇼어링은 지리적 근접성, 동일(유사) 시간대, 짧은 대기 시간, 서비스 제공의 편의성, 지역 소비자의 선호 파악 등의 이점을 갖는다. 이에 더하여 최근 보호주의와 자국 우선주의가 확산되면서 자국산 제품과 서비스에 대한 선호가 증가하는 것도 리쇼어링의 필요성을 더욱 증대시키고 있다. 그러나 리쇼어링의 한계 또한 명확하다. 공급망의 최상위에 있는 기업들을 중심으로 리쇼어링이 진행되고, 두 번째와 세 번째 층위의 기업들은 여전히 해외 생산 시설을 유지하는 것이 리쇼어링의 일반적인 패턴이다. 이 경우, 공급망의 해외 의존도가 다소 낮아지기는 하였으나, 불확실성이 완전히 제거된 것이라고 보기는 어렵다(Burke et al. 2021). 상당수 기업과 국가들이 공급망을 다변화하기 위하여 중국과 유사한 제조 능력과 서비스를 제공할 수 있는 국가로 다변화하는 '중국+α' 전략을 추진하고 있다. 그러나 새로운 다변화의 대상이 되는 '+α' 국가들 가운데 상당수가 소재와 부품을 중국으로부터 공급받는다는 점에서 다변화 전략이 오히려 중국에 대한 의존도가 높다는 점을 재확인한 셈이다. 다변화를 실행에 옮기더라도 Tier 3 이하에 있는 기업들은 한 국가로부터 소재와 부품을 공급받는다. 결국 Tier 2 또는 Tier 3 기업들이 다변화를 실제로 실현하는 능력이 중요하며, 공급망 전체의 복원력 강화는 Tier 2 이하에서 한 국가 또는 지역에 대한 의존도를 낮추어야 함을 의미한다.

결국 공급망의 불확실성이 커지는 가운데 리쇼어링을 보완하는 차원에서 국제협력이 동시다발적으로 진행되고 있다. 공급 부족 현상이 지속되고 있는 반도체 산업의 경우, 한국과 미국, 미국과 대만뿐 아니라, 미국과 일본, 미국과 유럽, 대만과 일본 등 협력의 움직임이 다면적으로 진행되고 있다. 리쇼어링은 기존의 신자유주의에 기반한 세계화 또는 자국 우선주의가 아닌, 기존의 공급망을 본국과 소비 시장 중심으로 재편하는 재세계화(reglobalization)를 촉진하는 요인으로 작용할 수 있다.

공급망 재편이 다변화와 복원력 강화를 통해 공급망 관리의 안정을 향상시키는 데 초점을 맞춘 기업 전략과 자국 공급망의 취약성을 보완하고 협력의 범위를 제한하는 국가 전략은 개별 국가 수준에서 조화 가능하다. 그러나 공급망 재편 과정에서 나타난 기업 전략과 국가 전략이 세계 경제 체제에 미치는 영향은 상이한 방향으로 작용할 수 있다. 기업 전략이 공급망의 안정성을 강화하는 기대 효과를 창출할 경우, 세계 경제의 안정 더 나아가 번영과 평화의 토대가 될 수 있다. 반면, 공급망의 안정을 자국 우선주의의 관점에서 접근하는 국가 전략은 기업 전략과 달리, 체제적 차원에서 공급망 재편 과정의 불확실성을 높일 수 있다. 기업 전략과 국가 전략이 효과적으로 조율될 경우, 신흥평화의 조건이 형성되는 높아지는 반면, 양자 사이의 불일치가 커질수록 신흥평화의 조건에 부정적 영향을 미칠 수 있다.

참고문헌

강내영 외. 2020. 『글로벌 가치사슬(GVC)의 패러다임 변화와 한국무역의 미래』. 국제무역연구원.

Aggarwal, Vinod K. and Andrew Reddie. 2020. "New Economic Statecraft: Industrial Policy in an Era of Strategic Competition." *Issues & Studies* 56(2).

AmCham China. 2020. Supply Chain Strategies Under the Impact of COVID-19 of Large American Companies Operating in China.

Baldwin, Richard and Okubo, Toshihiro, 2019. "GVC journeys: Industrialisation and deindustrialisation in the age of the second unbundling." *Journal of the Japanese and International Economies* 52(C): 53-67.

BCG and SIA. 2021. *Strengthen the Global Semiconductor Supply Chain in an Uncertain Era.*

BofA Securities. 2020. Tectonic shifts in global supply chains. Global Equity Strategy. February.

Bown, Chad P. 2020. "COVID-19 Could Bring Down the Trading System: How to Stop Protectionism From Running Amok." *Foreign Affairs.* April 28. https://www.foreignaffairs.com/articles/united-states/2020-04-28/covid-19-could-bring-down-trading-system

Burke, Rick. et al. 2021. Reshoring or localization on your mind? https://www2.deloitte.com/us/en/insights/topics/operations/reshoring-supply-chain.html

Capgemini. 2020. Fast Forward: Rethinking supply chain resilience for a post-COVID-19 world. https://www.capgemini.com/wp-content/uploads/2020/11/Fast-forward_Report.pdf

Coy, Peter. 2020. "Get Ready for the Covid-19 Vaccine Mix-and-Match Dilemma." *Bloomberg News*, 30 September. https://www.bloomberg.com/news/articles/2020-09-30/get-ready-for-the-covid-19-vaccine-mix-and-match-dilemma

Deloitte. 2018. Digital Supply Networks. https://www2.deloitte.com/us/en/pages/operations/solutions/digital-supply-networks.html

_____. 2020. COVID-19: Managing Supply Chain Risk and Disruption.

_____. 2021. Using ecosystems to accelerate smart manufacturing A regional analysis.

Dezenski, Elaine and John C. Austin. 2020. "'Ally-shoring' will help US rebuild economy and global leadership." *The Hill.* September 10. https://thehill.com/opinion/finance/515405-ally-shoring-will-help-us-rebuild-econom y-and-global-leadership

Evenett, Simon J. 2020. "Chinese whispers: COVID-19, global supply chains in essential goods, and public policy." *Journal of International Business Policy* 3: 408-429.

EY. How do you find clarity in the midst of a crisis? Global Capital Confidence
　　Barometer.

Fazili, Sameera and Peter Harrell. 2021. When the Chips Are Down: Preventing and
　　Addressing Supply Chain Disruptions. September 23. https://www.whitehouse.
　　gov/briefing-room/blog/2021/09/23/when-the-chips-are-down-preventing-and-
　　addressing-supply-chain-disruptions/

Finan, Tom. 2020. Reassuring the reshoring: A cyber risk management proposal.
　　September 15. https://www.willistowerswatson.com/en-US/Insights/2020/09/
　　reassuring-the-reshoring-a-cyber-risk-management-proposal.

Fu, Xiaolan. 2020. "Digital transformation of global value chains and sustainable post-
　　pandemic recovery." *Transnational Corporations* 27(2): 158-166.

Gartner. 2021. "Gartner Survey Finds 87% of Supply Chain Professionals Plan to Invest
　　in Resilience Within the Next 2 Years." February 10. https://www.gartner.com/en/
　　newsroom/2021-02-10-gartner-survey-finds-87-of-supply-chain-professionals-plan-
　　to-invest-in-resilience-within-the-next-2-years

Gryta, Thomas and Chip Cutter. 2021. "Farewell Offshoring, Outsourcing. Pandemic
　　Rewrites CEO Playbook." *Wall Street Journal*. November 1.

"How USMCA Could Streamline North American Supply Chains." 2020. now that's
　　logisitcs. Octber 14. https://nowthatslogistics.com/how-usmca-could-streamline-
　　north-american-supply-chains/

IMF. 2021. Sizing Up the Effects of Technological Decoupling. IMF Working Paper.
　　WP/21/69.

Lupkin, Sydney. 2021. "Moderna And Pfizer Are On Track To Hit Vaccine Targets." *NPR*.
　　March 11. https://www.npr.org/2021/03/11/976166880/moderna-and-pfizer-will-
　　need-to-double-production-to-hit-u-s-vaccination-target

Mirodout, Sebastien and Hakan Nordstrom. 2020. "Made in the World? Global Value
　　Chains in the Midst of Rising Protectionism." *Review of International Organization*
　　57: 195-222.

Moser, Harry. 2021. COVID-19 Drives Industry 4.0 — and Reshoring. August 30.
　　https://www.sme.org/technologies/articles/2021/august/covid-19-drives-industry-
　　4.0-and-reshoring/

Nordhaus, William. 2018. "The Trump doctrine on international trade: Part two."
　　https://voxeu.org/article/trump-doctrine-international-trade-part-two

OECD. 2020. The face mask global value chain in the COVID-19 outbreak: Evidence
　　and policy lessons. May 4. https://www.oecd.org/coronavirus/policy-responses/
　　the-face-mask-global-value-chain-in-the-covid-19-outbreak-evidence-and-policy-
　　lessons-a4df866d/

Pandit, Priyanka. 2020. "As Global Value Chains Shift, Will China Lose Its Dominance?"
　　The Diplomat. June 11. https://thediplomat.com/2020/06/as-global-value-chains-

shift-will-china-lose-its-dominance/

Passman, Pamela. 2021. Supply Chains Face New Demands after Covid-19: Digital
Transformation, Climate, and Security. May 25. https://www.csis.org/analysis/
supply-chains-face-new-demands-after-covid-19-digital-transformation-climate-
and-security

Phillips, Will. 2023. "How Apple is restructuring its supply chain to reduce risk." Supply
Management. https://www.cips.org/supply-management/news/2023/january/
how-apple-is-restructuring-its-supply-chain-to-reduce-risk/

Reshoring Initiative. 2022. Reshoring Initiative 2022 Data Report: IRA and Chips Act
Boost Reshoring to Another All-Time High, Up 53%.

Suzuki, Hiroyuki. 2021. "Building Resilient Global Supply Chains: The Geopolitics of
the Indo-Pacific Region." Center for Strategic and International Studies. February.

The White House. 2021. Building Resilient Supply Chains, Revitalizing American
Manufacturing, and Fostering Broad-Based Growth. 100-Day Reviews under
Executive Order 14017. June.

Thomas for Industry. 2021. State of North American Manufacturing: 2021 Annual Report.
https://f.hubspotusercontent00.net/hubfs/242200/UA%20Files/State%20of%20
North%20American%20Manufacturing%202021%20Annual%20Report%20v1.1.pdf

Toolsgroup. 2021. Digital Transformation in Supply Chain Planning: 2021. Survey-based
Research Study.

U.S.-China Economic and Security Review Commission. 2022. 2022 Report to Congress.
One Hundred Seventeenth Congress.

Varadarajan, Raj et cal. 2020. What's at Stake If the US and China Really Decouple.
October 20. https://www.bcg.com/publications/2020/high-stakes-of-decoupling-
us-and-china

Vazquez, Maegan. 2020. "Trump invokes Defense Production Act for ventilator
equipment and N95 masks." *CNN*. April 2. https://edition.cnn.com/2020/04/02/
politics/defense-production-act-ventilator-supplies/index.html

Wellener, Paul. et al. 2020. Accelerating smart manufacturing: The value of an
ecosystem approach. https://www2.deloitte.com/us/en/insights/industry/
manufacturing/accelerating-smart-manufacturing.html?id=us:2el:3pr:4di6834:5awa
:6di:102120:&pkid=1007229

World Bank Group. 2020. Trading for Development in the Age of Global Value Chains.
World Development Report.

Yang, Jie. 2022. "Apple Makes Plans to Move Production Out of China." *Wall Street
Journal*, December 3. https://www.wsj.com/articles/apple-china-factory-protests-
foxconn-manufacturing-production-supply-chain-11670023099

제7장 보건의 평화: 보건위기 극복과 지속가능한 보건 평화의 모색

조한승(단국대학교 정치외교학과)

I. 머리말

2014년 서아프리카에 에볼라 감염병이 유행하자 유엔은 에볼라
(Ebola)를 '국제평화와 안보에 대한 위협'으로 선언하고, 유엔 최
초의 보건임무단인 유엔 에볼라긴급대응단(UN Mission for Ebola
Emergency Response)을 조직했다. 이것은 보건, 즉 건강한 상태 또는
건강증진 행위가 평화의 상태 또는 평화증진 과정과 부합하는 것으로
국제사회가 인식하고 있음을 의미한다. 집단으로서의 인간의 건강이
위협받는 것은 집단의 평화가 깨지는 것이며, 건강한 상태를 유지하고
그러한 조건을 만드는 것은 평화를 증진하는 것이다. 다시 말해서 건강
없이 평화 없다.

보건의 평화는 신흥안보(emerging security)로서의 보건안보 논
의와 밀접하게 관련된다. 신흥안보란 미시적 안전 문제를 일으키는 다
양한 유·무형의 요인들이 복잡한 이슈·행위자 네트워크 맥락에서 공
동체의 질서와 안정적 기능을 해치는 거시적 안보 위협으로 창발할 수
있다는 개념이다(김상배 2017). 신흥안보로서 보건안보는 질병을 개
별 인간의 건강을 해치는 요인으로만 해석하는 것이 아니라 감염병과
같은 보건 문제가 사회 공동체의 안정적 기능에 위협을 끼치는 요인이
될 수 있다고 이해한다. 신흥안보 개념이 주목하는 복잡한 행위자·이
슈 네트워크 연계망에서 연계, 인간 행위와 비인간적 위험 요인 사이의
상호작용 등으로 발생하는 거시적 안보 위협의 창발(創發, emergence)
개념은 보건 이슈를 안보와 평화의 중요한 논의 대상으로 간주하도록
만든다.

보건과 평화가 서로 관련된 것은 사실이지만, 건강(보건)의 기본
단위는 생명체로서의 개인이라는 점에서 세력균형, 전쟁 억제, 외교적

중개와 같이 국제정치학에서 다루어지는 일반적인 평화 연구의 주제와는 차원이 사뭇 다르다. 많은 경우 보건 문제의 원인은 육안으로 보기 어려운 세균이나 바이러스인데, 국제적인 안보와 평화의 문제가 되는 군사력, 이데올로기, 지정학적 조건 등과 같은 선상에서 논의되기 어려운 것들이다. 하지만 코로나19 팬데믹을 통해 국제사회가 경험한 것처럼 대규모 보건위기는 개인의 건강에만 영향을 미치는 것이 아니라 지구적 인류 공동체 차원에서의 심각한 안보 위협이 된다. 평화를 이루기 위해서는 이러한 안보 위협을 극복하거나 예방해야 한다는 점에서 보건이 공동체의 안보적 위협이 되는 것을 극복하고 예방하는 노력도 우리가 관심을 가져야 할 평화의 신흥 논의가 된다.

　보건안보 위협의 창발과 유사하게 보건의 평화 논의에서도 거시적 수준과 미시적 수준 사이를 연결하는 평화의 창발을 발견할 수 있다. 당면한 글로벌 팬데믹 위기 상황에서 국가들의 관심은 위기 극복에 집중된다. 그런데 로컬 수준에서 보건의 취약한 환경과 구조가 개선되지 않으면 글로벌 차원의 보건 평화는 안정적으로 지속되기 어렵다. 따라서 보건의 평화는 거시적 차원에서의 글로벌 보건위기 극복을 위한 협력을 필요로 하는 동시에, 미시적 차원에서 보건의 평화가 항상성을 유지할 수 있도록 취약한 행위자를 지원하기 위한 협력도 필요하다. 글로벌 차원에서 보건위기의 신속한 극복과 복원을 위한 국가들 사이의 협력은 로컬 수준에서 보건안보를 초래하는 구조적 조건을 개선하는 노력을 촉진하고, 로컬 보건의료 환경 개선을 통해 주민의 보건에서의 평화를 증진할수록 글로벌 차원에서 원활한 교류가 더 잘 이루어져 국가들의 발전과 번영의 기회가 커진다.

　글로벌 차원과 로컬 수준에서의 보건 협력은 상호 시너지 효과를 가져오며, 보건의 평화를 이루기 위해서는 행위자, 특히 국가와 국제기구의 적극적 역할이 필수적이다. 하지만 치명적인 신종 코로나 바이러스가 확산하자 방역, 백신을 두고 각국이 경쟁을 벌인 것처럼, 미지의 질병으로 의료가 마비되고 사망자가 속출하는 상황에서 나뿐만 아니라 남도 생각하는 협력은 쉬운 선택이 아니다. 보건위기 상황에서 협력을 이루어 보건에서의 평화를 되찾고 이를 지속시키기 위해서는 규범적 측면과 기능적 측면에서의 접근이 모두 필요하다. 전자는 보건을 전통안보의 제로섬(zero sum) 게임으로 바라보지 않도록 인식의 변화를 이끌어내는 규범을 확산하고 이를 제도화하는 것이다. 후자는 미지의 질병에 의한 두려움이 보건위기를 초래하고 협력을 어렵게 만든다는 점에서 질병을 더 잘 이해하여 두려움 없이 위기를 예방·극복할 수 있는 기술적 역량을 제고하는 것이다.

이 글은 신흥안보 이슈로서의 보건이라는 그동안의 논의에서 한 걸음 더 나아가 보건을 평화의 관점에서 접근하는 것을 모색하는 실험적인 작업이다. 안보의 궁극적 목적은 평화를 이루는 것이라는 점에서 이러한 작업은 코로나 팬데믹과 같은 보건안보 위기를 극복하는 것을 넘어서 글로벌 공동체가 평화의 조건으로서의 보건, 즉 건강한 삶을 영위할 수 있는 방안을 강구하는 것이다. 보건의 평화를 논의한다고 해서 새로운 거창한 평화이론을 제시하는 것은 아니다. 하지만 보건 이슈를 안보화 차원에서 접근하는 것에만 머물지 않고 평화의 관점에서도 바라봄으로써 "더 건강하고 더 평화로운 세상"을 만드는 실마리를 얻을 기회를 가져볼 수는 있을 것이다.

II. 신흥이슈로서 보건의 안보화와 평화

보건의 평화를 모색하는 것은 그 대칭 개념인 보건안보에 대한 이해로부터 시작되어야 할 것이다. 국제관계 분야에서 보건은 비교적 최근에 주목을 받기 시작한 이른바 '신흥' 이슈이다. 1994년 UNDP가 인간안보(human security) 개념을 제시하고 8가지 유형의 인간안보 가운데 보건안보를 포함하면서 '보건'은 국제관계의 연구 및 정책에서 빈번하게 언급되었다. 2001년 세계보건총회(WHA)는 "글로벌 보건안보: 풍토병 경보와 대응(Global Health Security: Epidemic Alert and Response)"이라는 제목의 결의문을 채택했는데, 이는 개인의 건강을 보장하는 것이 국가 및 국제사회의 의무와 책임이라는 인식이 보편화되는 계기가 되었다. 2007년에는 남아공, 노르웨이, 브라질, 세네갈, 인도네시아, 프랑스, 태국 외무장관들이 오슬로 성명을 통해 보건을 외교정책에 포함하기로 합의했고, 2009년 UN 총회는 보건을 국가와 사회의 핵심 이슈가 되는 정치적, 경제적 문제로 다루어야 한다는 내용의 결의문을 채택했다.

이처럼 국제관계에서 보건의 중요성이 점차 강조되었지만, 신흥이슈로서 보건을 어떻게 국제관계의 관점에서 접근하느냐에 대해서는 행위자마다 서로 견해가 달랐다. 전통적으로 국제관계의 가장 중요한 이슈는 군사안보였고, 보건은 이른바 하위정치(low politics)의 영역에 속했다. 전통적 관점에서 보건과 안보의 결합은 질병으로 인한 군사력의 약화, 군사기의 저하, 난민 유입에 의한 혼란, 공적 서비스 와해, 경제적 황폐화 등 주로 국가역량에 미치는 영향에 초점이 맞춰졌다. 따라서 초기의 접근은 1990년대에 유행하던 에이즈가 군사력에 얼마나 부정적인 영향을 미치는가에 관한 연구로 시작되었고, 이어 사스, 인플루

엔자 등 감염병이 국가안보에 미치는 영향으로 이어졌다(Singer 2002;
Caballero-Anthony 2005). 이러한 논의는 미국을 중심으로 에이즈 확
산에 대한 글로벌 대응, 바이오 테러 대응 등에 관련하여 활발하게 이
루어졌다.

하지만 유엔의 인간안보 개념 제시와 더불어, 배리 부잔(Barry
Buzan) 등 코펜하겐 학파를 중심으로 안보화(securitization) 논의가
활성화되면서 보건안보를 국가 중심의 관점에서 바라보는 것에 대한
비판이 제기되었다(Buzan, Weaver and De Wilde 1998). 즉, 병원체(病
原體)가 사회 구성원에게 존재론적 위협을 가할 수 있는 사회적 안보
위협이 될 수 있다는 주장이다(Fidler 2007). 이러한 접근은 보건안보
를 국가안보의 하위 개념 혹은 국가안보 수단으로 인식하는 것에서 벗
어나 수평적 관점에서 보건안보와 국가안보를 각각 밀접하게 관련된
독립적인 개념으로 이해해야 함을 강조한다.

보건안보를 어떻게 이해할 것인가를 두고 행위자들이 서로 의견
충돌이 발생한 대표적 사례가 2005년 국제보건규칙(IHR) 개정을 둘러
싼 논쟁이다(Aldis 2008). 당시 사스(SARS)와 같은 신종 감염병이 등
장하자 국제 방역 협력의 범위를 새롭게 설정하기 위해 세계보건기구
(WHO)에서 IHR 개정을 위한 협상이 시작되었다. 협상 초기에 미국과
유럽은 글로벌 보건안보 개념을 IHR에 구현하여 테러집단 및 적성국
가가 화학·생물·방사능·원자(CBRN) 위협을 무기화할 가능성을 차단
할 목적으로 이러한 위험요인을 IHR에 포함하려고 했다. 즉, '보건안
보'를 바이오 테러까지 포함하는 광범위한 개념으로 접근하고자 한 것
이다. 특히 미국은 9.11 테러와 탄저균 테러를 경험하면서 보건안보의
위험요인을 국가안보의 차원에서 다루고자 했다.

당시 미국은 대내적으로는 보건안보 및 바이오 테러에 대응하

는 법제화를 추진하는 한편, 대외적으로 보건안보위협에 대응하기 위한 국제협력 파트너십을 구축하고자 했다. 1999년 국가전략비축 (Strategic National Stockpile) 정책 수립, 2001년 미국 주도의 글로벌 보건안보 이니셔티브(GHSI) 출범 등이 이러한 노력의 일환으로 이루어졌다. 또한 2003년에는 에이즈 확산이 미국과 글로벌 사회에 심각한 보건안보 위협이 된다고 판단하여 에이즈 구호를 위한 대통령 긴급계획(PEPFAR)을 수립하여 에이즈 치료와 예방을 위한 글로벌 협력을 적극적으로 후원했다.

미국의 이러한 접근에 맞서서 여러 개발도상국은 글로벌 보건 문제를 국가안보 차원에서 접근하게 되면 결과적으로 글로벌 질병 감시 및 대응 시스템이 선진국 중심으로 구축되어 선진국 이익에 우선 봉사하는 것이 될 수 있다면서 보건의 본질이 훼손될 것을 우려했다(Peterson 2018). 여러 나라가 '보건의 국가안보화' 문제를 제기함에 따라 새로운 IHR에는 CBRN에 관한 내용이 빠졌다. 그리고 서로 다르게 해석하는 '보건안보' 대신 '공중보건위협(public health risk)'이라는 용어가 사용되었다(Weir 2015). 2007년 WHO 보고서에 "보건안보" 용어가 사용되기는 했지만, 여기서 '보건안보'는 "국경선을 초월하여 다수 주민의 집단보건을 위험하게 만드는 심각한 공중보건 사태"로 설명되었다(WHO 2007). 즉, 글로벌 공중보건안보와 국가안보를 엄격하게 구분한 것이다.

보건안보를 둘러싼 해석의 차이는 오바마 행정부 이후 점차 해소되었다. 2014년 에볼라가 미국에 유입되자 오바마 행정부는 각국 정부, 국제기구, 제약회사, NGO 등이 참여하는 글로벌 보건안보구상(GHSA)을 출범시키고, 백악관 국가안보위원회(NSC)에 글로벌 보건안보 대응팀을 설치했다. 이러한 조치의 목적은 신종 감염병과 같은 보건

안보 위험요인이 국가안보 차원의 위기를 불러일으키기 전에 초기 단계에서부터 위험요인을 감시, 관리, 대응하기 위한 시스템을 구축하기 위한 것이었다. 에볼라 등 신종 감염병은 대부분 아프리카 등 글로벌 남반구의 보건의료 환경이 취약한 저소득 국가에서 발생하기 때문에 이들 나라에서 질병을 감시하고 신속 대응하는 조기경보 시스템을 구

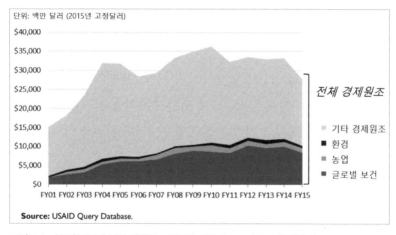

그림 7-1 미국의 글로벌 보건 해외원조 규모와 비중 (2001-2015 회계년도)
출처: Lawson(2017, 2).

축하면 질병이 미국 등 선진국에 유입되는 것을 최소화할 수 있을 것이라는 취지였다. 하지만 이를 위해서는 저소득 국가의 보건의료 역량 개선이 우선되어야 하기에 〈그림 7-1〉과 같이 미국의 보건안보 정책은 글로벌 보건에 대한 대규모 원조를 포함했다(Lawson 2017).

　　WHO와 저소득 국가를 포함한 글로벌 보건 관련 행위자들은 오바마 행정부의 새로운 보건안보 정책이 국가안보뿐 아니라 보건 원조를 확대하는 내용을 담고 있으므로 마다할 이유가 없었다(Kamradt-Scott 2015). 따라서 이들은 보건안보를 위한 미국의 주도적 역할이 자

신들에게도 도움이 된다고 판단하여 적극 동참했고, 그 결과 오바마 행정부의 글로벌 보건안보 거버넌스 운영은 기존의 보건안보와 국가(군사)안보 사이의 구분이 상대적으로 완화되는 효과를 가져왔다. 예를 들어 2022년 WHO 홈페이지에 설명된 WHO의 보건안보 대응에 '화학물질 및 방사성 핵유출 위험에 대한 대응'이 포함되어 있고, 그 협력 대상으로서 군(armed forces)이 명시적으로 언급되었다.[1] 이는 2005년 IHR 개정 당시의 입장과는 비교되는 것으로서, 보건안보를 둘러싼 견해차가 크게 줄어들었음을 의미한다.

　　하지만 트럼프 행정부는 미국이 주도하는 글로벌 보건안보협력이 미국 국민의 세금을 다른 나라를 위해 사용하면서 미국의 국가안보에 기여하는 바가 없는 예산 낭비에 불과하다고 인식했다. 백악관 NSC 글로벌 보건안보 대응팀을 해체했고, GHSA에 대한 미국의 지원을 대폭 축소하여 GHSA의 기능이 사실상 마비되었다.[2] 또한 미국의 감염병 대응 담당 기관인 질병통제예방센터(CDC)의 글로벌 보건안보 감시 예산과 인력을 대폭 축소했다. 이러한 조치는 신종 감염병 발생에 대한 현지의 감시 및 정보 공유에 상당한 어려움을 초래함으로써, 결과적으로 코로나바이러스가 발생하고 확산하는 데 대한 글로벌 차원의 신속한 대응을 어렵게 만들었다(Devi 2020, 415).

1　WHO, "Health Security: WHO Response." https://www.who.int/health-topics/health-security#tab=tab_2 (검색일: 2022.8.25.).

2　트럼프 퇴진 이후 2021년 집권한 바이든 행정부는 GHSA에 대한 지원 확대를 포함하여 GHSA를 통한 글로벌 보건안보 협력을 강조하고 있다(White House 2021). 또한 격년마다 개최되는 7차 GHSA 각료회의가 2022년 11월 28일 서울에서 열려 글로벌 보건안보 협력 방안이 논의되었다. 하지만 우크라이나 전쟁과 글로벌 경기침체로 글로벌 보건안보에 대한 국제사회의 관심이 위축되고 있어 GHSA의 기능이 완전히 회복하는 데 시간이 걸릴듯하다. 2023년 1월 현재 GHSA 홈페이지(https://GHSAgenda.org)는 정상적으로 운영되고 있지 않다.

이처럼 신흥 이슈로서 보건의 안보화는 다양한 모습을 보이면서 진행되었다. 이러한 변화는 주요 국가 및 행위자의 보건안보 정책을 역동적인 것으로 만들었다. 이러한 역동성은 보건의 평화에 대한 접근에서도 나타난다. 국제관계 연구에서 평화를 언급할 때 전쟁 상태를 끝내는 것에 초점을 맞추는 접근도 있지만, 전쟁이 발생하지 않는 환경을 형성하는 데 주안점을 두는 접근이 있듯이, 보건의 평화 논의도 보건위기로부터의 극복에 초점을 둘 수도 있고, 그러한 위기가 발생하지 않는 조건을 형성하는 것에 주안점을 둘 수도 있다. 코로나19 팬데믹과 같은 보건위기 상황에서는 위협의 창발을 끊기 위해서 방역과 백신접종으로 감염 확산을 막고 사회적 질서를 회복하는 데에 초점이 맞춰질 것이다. 하지만 보건 위험 요인의 발생 가능성을 낮춤으로써 창발의 약한 고리가 발생하지 않도록 만드는 접근도 필요하다. 즉, 취약한 지역 공동체의 보건 환경을 개선하고 보건 역량을 강화하는 정책이 고려되어야 한다.

보건의 평화를 이루는 데에 이러한 접근들은 서로 충돌하는 것이 아니라 상황에 따라 역동적으로 사용되어야 한다. 보건위기를 신속하게 극복하기 위해서는 글로벌 차원에서 방역과 백신 보급에 대한 협력이 강조될 것이다. 한편 새로운 보건위기가 등장하지 않도록 만들기 위해서는 로컬 수준에서 취약한 보건의료 환경을 개선하고 공중보건에 대한 주민과 지도자의 인식을 제고하기 위한 다양한 지원이 중요할 것이다. 더 나아가 글로벌 차원의 접근과 로컬 수준의 접근이 효율적으로 조화롭게 이루어질 수 있도록 다양한 행위자의 서로 다른 이해관계가 과학적 전문성을 바탕으로 합리적으로 조율될 수 있는 체계를 개발하는 것이 필요하다.

III. 보건위기의 창발과 보건의 평화

1. 팬데믹 위기와 보건의료의 공평한 접근

글로벌 보건위기 상황에서 당장 추구되는 보건의 평화는 창발을 끊는 것이다. 즉, 감염 확산을 막고 더 이상의 환자가 나오지 않게 만드는 것이다. 이를 위해서는 백신의 신속한 접종이 가장 효과적이다. 단시간에 많은 사람이 백신을 접종하면 집단면역이 형성되어 치명률을 낮추어 의료 붕괴를 막을 수 있을 뿐 아니라, 바이러스 변이의 발생을 제한하여 보건위기가 장기화하지 않도록 억제할 수 있다. 코로나 팬데믹에서는 다행히 대규모 확산이 이루어지는지 불과 수개월 만에 백신이 개발되어 게임 체인저가 될 것으로 기대되었다.

하지만 백신을 둘러싼 자국 우선주의는 그러한 기대를 무색하게 만들었다. 백신의 공동 개발 및 구매 프로그램인 코백스 퍼실리티(COVAX Facility) 사업이 이루어졌음에도 불구하고 백신 공급의 구조적 문제는 백신의 공평한 접근에 장애가 되었다. 2022년 10월 30일 현재 전 세계 백신 접종률은 64% 수준이지만, 사하라 이남 아프리카에서 접종률 20% 미만인 나라가 다수 있다. 예를 들어 세네갈은 6.9%, 콩고민주공화국은 4.9%, 부룬디는 0.2%에 불과하다.[3] 백신 도입을 위해 국가들은 제약회사와 계약을 체결하였으나 백신 수요가 폭증하여 뒤늦게 계약 협상을 시작한 국가들은 더 비싼 가격으로 백신을 구매해야 했다. 게다가 백신 제조사와의 계약조건은 대부분 비밀이라서 재정 형편이 어려운 저소득 국가들은 가격 협상력이 취약할 수밖에 없다. EU

---

3   WHO, Coronavirus (COVID-19) Dashboard https://covid19.who.int/table (검색일: 2022.11.1.).

가 아스트라제네카로부터 공급받은 백신은 도즈당 3.5달러였으나, 백신 품귀현상이 빚어진 이후 우간다는 같은 백신을 그 두 배인 7달러에 구매한 것으로 알려졌다.[4]

감염자 폭증에 따른 백신 공급 부족의 문제를 해결하기 위해 백신 특허권을 면제함으로써 백신에 대한 공평한 접근이 필요하다는 주장이 설득력을 얻고 있다. 치명적인 질병으로 여겨졌던 에이즈도 치료약 특허권 면제에 의해 복제약이 대량 생산되면서 많은 환자가 쉽게 치료받게 되었고, 에이즈에 대한 공포도 사그라들었다. 마찬가지로 코로나 백신과 치료약이 저렴하게 대량 생산되어 취약한 환경의 주민에게 제공될 수 있다면 보건위기가 계속되는 것을 막을 수 있다. 이러한 배경 아래에서 WHO는 코로나19 기술접근공유(Covid-19 Technology Access Pool, C-TAP) 아이디어를 공론화했다. 이는 코로나19에 의약품 생산기술의 공유를 통해 생산을 확대하여 보건위기를 신속하게 종식하자는 내용이다(WHO 2021a). 하지만 대형 제약사들과 일부 의과학 선진국은 특허권 면제가 앞으로 발생할 수 있는 보건안보 위기에 대한 신약개발 동기를 저해할 것이라면서 반대했다. 하지만 국제적 저명인사들이 특허권 유예를 지지하고 2021년 바이든 대통령도 여기에 가세함으로써 새로운 대안이 모색되기 시작했다. 즉, 지식재산권 침해 논란을 우회하여 WHO, 국가, 제약사, 글로벌 보건 민관파트너십(PPP) 등이 컨소시엄을 구성하여 저소득 지역에 백신 생산 허브를 만들어 해당 지역에 백신을 저렴하고 신속하게 제공하는 것이었다. 그 결과 최초로 아프리카 지역 백신 허브를 남아공에 설립하고 남아공 제약회사

---

4   Global Health Centre, "COVID-19 Vaccine Purchases and Manufacturing Agreements." https://www.knowledgeportalia.org/covid19-vaccine-arrangements (검색일: 2021.9.16.).

아스펜(Aspen)이 존슨&존슨 백신 기술을 이전받아 생산하도록 했다 (WHO 2021b).

백신의 공평한 접근을 위한 규범은 공급 측면만 들여다봐서는 안 된다. 보건위기가 장기화하고 새로운 감염병의 등장이 또다시 일어날 수 있다는 점에서 앞으로의 백신 분배를 위한 규범은 수요자에 대한 측면도 살펴보아야 한다. 2021년 백신 공급 위기를 겪은 이후 코로나 백신의 생산 능력이 획기적으로 증대하여 2022년에는 연간 200억~240억 도즈를 생산할 수 있게 되었다(Cuddihy et al. 2022). 이는 전 세계 미접종 인구를 대상으로 접종하여 전 세계의 70%를 접종하는 데 필요한 백신 수량을 훨씬 넘는 규모이다(Etten 2022). 충격적인 사실은 위에서 언급한 남아공의 백신 허브가 설립된 지 불과 몇 개월 만에 주문이 없어서 폐쇄 수순에 들어갔다는 점이다(Reuters 2022.5.2.). 이는 감염병 예방과 치료를 위한 백신 및 의약품에 관련해서 그동안 문제로 여겨졌던 생산과 공급뿐만 아니라 접근과 투여도 살펴봐야 함을 시사한다.

백신 공급 문제가 해결되어가고 있음에도 불구하고 접종률이 여전히 낮은 이유는 무엇인가? 우선 거론할 수 있는 것은 저개발국의 열

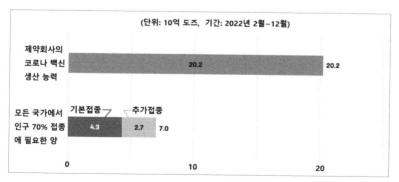

그림 7-2 2022년 백신 생산 능력과 미접종자 투여에 필요한 백신 수량 (2022년 2월 기준)
출처: Etten(2022).

악한 접종 인프라이다. 아프리카에서 백신 생산이 증가했음에도 불구하고 저개발 국가의 상당수가 보건 인프라를 제대로 갖추고 있지 못하기 때문에 백신을 구할 수 있다 하더라도 접종까지 이어지지 못하고 있다. 특히 mRNA 백신은 초저온 운반 및 보관을 위한 콜드체인이 갖춰져야 안전하게 접종할 수 있는데, 저개발국의 여러 지역에서는 콜드체인을 위한 안정적 전력 공급, 냉동 보관 시설 등이 열악하다. 설령 지역 의료기관에 백신이 전달된다고 하더라도 백신을 안전하게 접종할 수 있는 교육받은 전문 인력이 많지 않다.

보건 인프라와 더불어 강조되는 것은 보건위기 극복을 위한 지도자의 의지와 주민의 인식이다. 여러 저개발 지역에서는 코로나19뿐만 아니라 콜레라, 말라리아, 결핵 등 다양한 질병에 오랫동안 시달려왔기 때문에 코로나19를 특별한 질병으로 여기지 않는다. 코로나19에 감염되어도 굳이 당국에 보고하고 격리할 필요성을 느끼지 못하기 때문에 정확한 집계에 어려움이 있다. 게다가 저소득 국가의 일부 지도자들은 코로나19 팬데믹에 대한 심각성을 갖고 특단의 조치를 취하려는 의지를 갖고 있지 않다. 오히려 코로나19 감염의 증가를 지도자의 치적에 역행하는 것으로 여겨 코로나 대응에 굳이 적극적으로 나서지 않을 수도 있다. 아이티처럼 내전을 겪는 빈곤 국가에서는 코로나 백신은커녕 콜레라 치료도 어려운 상황이다. 문제는 빈곤에 따른 이러한 무관심, 의지 결여, 정치적 혼란이 백신접종을 통해 집단면역을 이루려는 글로벌 노력에 빈틈을 키운다는 것이다. 반복적으로 변이 바이러스가 등장하고 세계 여러 지역으로 확산하는 현상이 반복되어 위기가 장기화되는 결과가 초래된다.

보건의료에 대한 공평한 접근은 보건위기를 극복하기 위해서 필요할 뿐만 아니라, 더 나아가 미래 새로운 글로벌 보건위기를 예방하고 대응하기 위해서도 중요하다. 코로나 백신 사례에서 확인된 것처럼 보건에 대한 공평한 접근이 가능한 환경을 만들기 위해서는 일차적으로는 신약 개발, 보건의료 인프라 구축, 전문 인력 양성 등 물질적 차원의 접근이 모색되어야 한다. 그리고 공중보건에 대한 주민의 인식 개선과 정부의 합리적 정책 마련 등 사회적 차원의 접근도 함께 강구되어야 한다. 즉, 보건위기의 극복과 보건의 평화는 특정 행위자 혹은 특정 분야만의 문제와 책임이 아니라 모두의 문제와 책임이라는 인식이 확산되어야 한다.

2. 감염병 위기 대응을 위한 국제규범

코로나 위기가 한창일 때 각국은 새로운 보건위기 위협이 등장할 가능성에 대비하는 규범을 제도화할 것을 모색했다. 그 대표적인 것이 바로 팬데믹 조약이다. 코로나19 위기를 경험하면서 감염병 예방과 대비를 위한 글로벌 협력이 강화되어야 한다는 공감대가 형성되었다. 2021년 3월 세계보건총회에서 26개국 지도자, EU위원회, WHO 사무총장은 감염병 대응 능력 제고, 질병 정보 및 필수 물자 관리 메커니즘 구축을 통해 미래의 팬데믹에 국제사회가 사전에 대응할 수 있는 기제를 마련할 것을 제안했다. 이어 2021년 12월 1일 세계보건총회 특별회의에서 팬데믹 조약 제정에 관한 결의안이 통과되고, 2024년을 목표로 팬데믹 조약 제정을 위한 작업을 시작했다.

하지만 팬데믹 조약의 필요성에 대한 논란은 계속되고 있다. 미국, 중국, 러시아, 일본 등 주요 국가들은 팬데믹 조약에 대해 처음에는 부정적 입장이었다. 그러다가 코로나 팬데믹이 심화하는 상황에서 국제사회의 압력이 커지자 원칙론적 차원에서 팬데믹 조약 제정 지지로 선회했다. 이는 국가의 의무적 조치와 같이 팬데믹 조약의 세부적인 사항을 구체화하는 과정에서 쟁점이 부각될 경우 조약 제정을 위한 협상이 지체될 수 있음을 시사한다.

팬데믹 조약 제정과 관련하여 예상해볼 수 있는 쟁점은 감염병 위기에 처한 국가 및 지역에 대해 WHO가 비상사태를 선포하는 긴급조치가 국가의 주권 또는 경제적 이익과 충돌할 수 있다는 문제이다. 특히 보건 및 바이오 분야의 기술이 발전하여 경제효과가 커지면서 이 문제에 대해 국가들은 예민하게 반응하고 있다. 2005년 IHR 개정 당시 질병 정보에 대한 보편적 접근 원칙을 타이완(台灣)에도 적용해야 한다는 주장에 대해 중국이 주권 문제를 제기하며 협상을 난항에 빠뜨린 사례가 있다. 2006년에는 조류독감(H5N1) 백신을 개발하기 위해 WHO와 제약회사가 인도네시아에서 바이러스 샘플을 채취하려는 것에 대해 인도네시아가 바이러스 주권(viral sovereignty)을 내세워 갈등이 빚어졌다. 이후 유전자원의 접근 및 이용에 의한 이익의 공평하고 공정한 공유를 포함한 나고야 의정서(Nagoya Protocol)가 채택되었으나, 디지털염기서열정보(Digital Sequence Information on genetic resource, DSI) 기술이 등장하면서 이를 생물자원으로 간주하느냐를 두고 국가들이 논쟁을 벌이고 있다(조한승 2021).

팬데믹 조약 제정을 위한 협상 과정에서도 유사한 논쟁이 재현될 가능성이 있다. 이미 러시아, 중국, 인도는 자국 주권이 팬데믹 조약에 우선한다는 원칙을 분명히 밝혔고, 미국에서도 보수적 인사들은 팬데믹 조약이 미국의 주권을 침해할 것이라며 협상을 반대하고 있다(Groves 2022; Wenham et al. 2022). 하지만 2022년 7월 WHO 정부간 협상기구(INB) 2차 회의에서 다수 국가는 팬데믹 관련 수단은 법적인 구속력을 가져야 한다는 원칙을 고수한 바 있어서(WHO 2022), 앞으로 주요국들이 이에 어떻게 대응할지가 주목된다. 이 때문에 WHO 인사들은 아직 조약의 윤곽이 드러나지 않았음에도 불구하고 조약의 구속력은 연성법(soft law) 수준이 될 것임을 강조하면서 협상이 난항에 빠지지 않도록 애쓰고 있다(Jones and Lewis 2022).

주권 논란뿐만 아니라 규범 형성을 위한 국제적 환경도 걸림돌이될 수 있다. 팬데믹이 채 끝나지 않은 상황에서 우크라이나 전쟁이 시작되고, 에너지 위기, 경기침체, 식량 불안정 등 국제적 불안정성 요인이 커지면서 국제적 행위자들의 관심이 팬데믹으로부터 멀어지고 있다. 각국의 경제 상황이 악화되면 조약 제정 및 시행에 대한 비용 부담을 회피할 가능성이 커지고, 신냉전 분위기의 고조로 인해 보건 분야에서도 정치적 편가르기 현상이 나타나 보건의 평화를 이루기가 더욱 어려워질 수 있다. 만약 팬데믹 조약 체결에 많은 시간과 자원이 소요되거나, 예상한 수준의 국제적 규칙에 합의가 이루어지지 못하면 오히려글로벌 보건 평화 규범의 동력이 상실될 가능성이 있다. 따라서 일부보건안보 전문가들은 불확실한 미래에 관한 조약을 성급하게 제정하다가 혼란을 초래하기보다는 오히려 기존의 국제보건규칙(IHR)을 개정하여 당장의 코로나 팬데믹 위기를 극복하는 것이 우선되어야 한다고 주장하고 있다(Fidler 2021).

국가마다 서로 다른 질병 발생의 조건, 경제적 여건, 기술 수준, 생활·문화적 특성 등도 보건안보 위협에 신속하고 효율적으로 대응하기위한 기준과 절차를 만드는 데 영향을 미친다. 예를 들어 다수의 국가가 감염병 방역을 위해 국제여행을 일시적으로 제한하는 규칙 설정에찬성하더라도 관광산업에 의존하는 나라는 그러한 규칙을 쉽게 수용하기 어려울 것이다. 또한 문화적 관습도 규범 설정에 신중하게 고려해야 할 요인이다. 서아프리카에서 에볼라가 확산한 이유 가운데 하나는 시신을 손으로 문지르고 입맞춤하는 이 지역의 독특한 장례 풍습이 있었기 때문이다. 아무리 국제적으로 합의한 규범이라고 할지라도 고유한 전통 관습까지 규제하기는 어렵기 때문에 고유문화를 존중하면서도 교육을 통해 관습을 개선하는 노력이 수반되어야 한다. 코로나 팬데믹 위기가 미래의 글로벌 보건위기 예방과 대응에 대한 새로운 규범과 규칙의 필요성을 부각하는 계기가 되었지만, 이와 같은 여러 가지 요인들을 어떻게 극복하느냐는 질병의 예방과 퇴치 못지않은 어려운 작업이다.

IV. 지속가능한 보건의 평화 모색

1. 보건의 적극적 평화

앞서 살펴본 것처럼 보건위기 상황에서 추구되는 당장의 보건의 평화는 위협의 창발을 신속하게 끊어 위기 확산을 차단하고 위기 이전의 상태를 회복하는 것이다. 하지만 신흥안보 위협의 창발이 복잡한 행위자·이슈 네트워크를 통해 발생한다는 점에서 네트워크의 약한 연결고리는 새로운 위기 창발의 루트가 될 수 있다. 따라서 위기가 발생하기 전부터 약한 연결고리가 발생하지 않도록 만드는 노력이 함께 이루어져야 한다. 즉, 보건의 평화를 이루는 노력은 보건위기 극복을 위한 정책 수단으로 이해하는 단기적이고 소극적인 접근을 넘어, 인간 공동체 차원에서 건강한 삶을 영위할 수 있는 구조와 환경을 만드는 장기적이고 적극적인 접근까지 확장되어야 한다.

평화를 어떻게 이해하느냐에 대한 많은 연구가 있지만 요한 갈퉁

(Johan Galtung)의 소극적 평화와 적극적 평화 구분이 널리 알려져 있다(Galtung 1996). 소극적 평화는 전쟁과 같은 직접적이고 물리적인 폭력을 배제하는 것을 의미하고, 적극적 평화는 사회적 불평등이나 종교적 차별과 같이 사회구조와 문화에 내재한 간접적이고 비물리적인 억압 요소를 제거하는 것을 의미한다. 평화에 대한 이러한 구분법을 보건의 평화에 그대로 적용하는 것은 다분히 무리가 있겠으나, 아마도 글로벌 차원의 팬데믹 위기를 극복하는 노력은 직접적인 보건안보 위협에 대응하여 사회적 안정 회복에 초점을 맞춘다는 점에서 소극적 의미의 평화에 가깝다고 하겠다. 그렇다면 그 연속선에서 적극적 의미의 보건의 평화는 로컬 혹은 커뮤니티 수준에서의 일상적인 보건 증진에 부정적 영향을 미치는 여러 구조적 제약을 개선하기 위한 노력을 강조하는 것이 될 것이다.

　앞서 언급했듯이 코로나 백신이 대량 생산되고 있음에도 여러 저소득 국가에서 백신 접종률이 여전히 매우 낮고, 장기적으로 이것이 신·변종 감염병의 원인이 될 수 있다는 사실은 보건의 평화에 있어 구조적인 문제와 관련된다고 하겠다. 코로나 팬데믹처럼 대부분의 보건위기는 로컬 수준의 보건 문제에서 비롯되어 글로벌 차원의 위협으로 확대된다. 글로벌 차원에서 위기에 대한 대응책이 모색되고 국가 수준에서 방역과 백신접종 등의 정책이 시행된다. 백신의 개발과 생산, 그리고 접종이 이러한 과정을 따랐다. 하지만 글로벌 차원의 대응이 로컬 수준에까지 신속하게 그리고 적절하게 이루어지지 못하면 이는 잠재적인 구조적 위험요인으로 남아 또다시 새로운 글로벌 수준의 위기의 원인이 된다. 그러므로 보건의 평화는 위기에 대한 글로벌 차원의 신속한 대응뿐만 아니라 로컬 수준에서 잠재적 위험요인을 초래하는 구조적 문제를 해소하는 것을 포함한다.

흔히 유엔 등 국제사회의 평화·인도적 활동을 'Big-P'와 'little-p'로 구분하여 분석한다. Big-P는 국가 차원에서 정치적 수단과 안보적 대응을 위한 활동이고, little-p는 로컬 수준에서 사회적 행위자 사이의 갈등 해소 및 신뢰 구축 메커니즘과 커뮤니티 역량 강화 활동을 의미한다(Firchow 2018). 다시 말해, 유엔 안보리의 군사개입과 같은 활동은 Big-P 활동으로 구분되고, 시민 개개인의 안정적인 삶의 유지를 위한 분쟁 후 재건, 인도적 지원 등의 평화 활동은 little-p 활동으로 일컬어진다. 과거 유엔의 분쟁 해결과 평화 건설의 노력은 주로 Big-P 차원에서 접근되었으나, 최근에 바람직한 평화 활동은 Big-P 접근뿐만 아니라 little-p 접근이 함께 이루어짐으로써 국가 수준에서의 평화와 시민사회 수준에서의 평화가 조화를 이루는 것으로 받아들여진다.

보건의 평화에 있어서도 이러한 분류를 적용할 수 있을 것이다. 글로벌 보건위기 극복을 위한 국가 중심의 Big-P 방식의 접근만 아니라, 로컬/커뮤니티 수준에서 지속가능한 보건의 평화를 이루기 위한 little-p 접근이 조화를 이루어야 한다. Big-P 차원에서 글로벌 방역 협력과 백신 생산 증대 및 팬데믹 조약 제정과 같은 노력을 지속하는 동시에, little-p 차원에서 편협한 국가이익 접근을 초월하여 보편적 가치로서의 인간의 건강을 우선적으로 고려하고 이를 실천에 옮겨야 한다. 특히 실천적 측면에서 보건위기 극복을 위한 직접적인 대응뿐만 아니라, 취약한 사회의 보건 인프라, 보건 전문 인력 부족, 낮은 보건안보 인식 등을 국제사회 공동의 문제로 간주하여 장기적 관점에서 이를 해결하기 위한 자금, 기술, 정책, 제도를 만드는 노력이 이루어져야 보건의 평화가 지속적으로 유지될 수 있다.

고도로 네트워크화된 글로벌 사회에서 편협한 자국 이기주의 방식으로는 팬데믹 극복은 물론이고 little-p 접근을 통한 보건의 적극적 의미의 평화를 이루기 어렵다. 코로나 팬데믹 극복 이후의 국제사회의 보건 평화는 다양한 행위자가 복잡한 네트워크 관점에서 공동의 이익, 즉 인류 보편의 보건 증진을 실질적으로 이룰 수 있는 활동을 실천에 옮길 수 있어야 한다. 또한 보건 전문기구인 WHO가 과학적 전문성을 기반으로 글로벌 보건 거버넌스의 중추로 기능할 수 있어야 한다. 이를 위해서는 국가와 WHO의 관계가 단순히 주인(principal)과 대리인(agent)의 수직적 관계로 남아서는 곤란하다. 과학적 전문성과 분업을 바탕으로 WHO가 글로벌 보건 증진 사업을 주도적으로 기획하고 다양한 이해당사자의 이해관계를 조율하는 자율적 오케스트레이터(orchestrator)로서 행동할 수 있어야 한다(Hanrieder 2015; 조한승 2018).

2. 논제로섬(non-zero sum) 협력

당면한 보건위기 극복을 넘어서 지속가능한 보건의 적극적 평화를 이루는 데 WHO의 자율적이고 주도적인 역할을 중심으로 주요 국가를 포함한 다양한 행위자의 적극적인 참여가 수반되어야 한다. 환경, 사이버 등 다른 여러 사례에서 나타나는 것처럼 다양한 행위자의 협력을 이끌어내는 것은 결코 쉬운 일이 아니다. 특히 강대국 패권 경쟁과 군사적 갈등이 고조되는 국제 환경에서는 상대적 이득을 추구하는 국가 중심적 접근이 강하게 작동하여 보건 분야에서의 국제관계조차도 상호 경쟁의 틀에서 바라보게끔 만든다. 그러나 상대적 이득을 추구하는 제로섬 접근은 공공재 성격을 띠는 보건에는 바람직하지 않다. 다른 행위자가 건강하다고 나의 건강이 나빠지는 것이 아니며, 오히려 상대방의 건강이 나의 건강을 유지하는 데에 유리하다. 따라서 보건에서의 평화를 이루기 위해서는 상대적 이득 추구 방식에서 벗어나 보편적 이익을 추구하는 접근으로 전환하는 노력이 수반되어야 한다(Snidal 1991). 이를 위해서는 국가, 자선단체, NGO, 제약업계 등 다양한 행위자가 참여하여 공동의 보편적 이해관계를 만들어가는 거버넌스를 구성할 필요가 있다.

다양한 행위자가 공동의 보편적 이해를 모색하여 이익을 공유할 경우 종종 무임승차의 문제가 발생한다. 공공재 성격의 보건 영역에서도 무임승차의 문제로 인해 글로벌 보건 협력이 원활하게 이루어지지 못할 가능성이 있다. 무임승차 문제를 최소화하면서 다양한 행위자가 참여하여 공동의 이익을 추구하기 위해서는 행위자 사이의 이해관계 충돌의 비용보다 협력으로 만들어지는 절대이익을 더 크게 만드는 조건을 형성해야 한다.[5] 이를 위해서는 보건협력에 대한 비용과 이득이 장기적인 관점에서 평가되도록 유도할 필요가 있다. 즉, 보건에서의 협력 과정에서 비용을 상대적으로 더 지출하는 일이 발생하더라도 장기적 측면에서 타국의 방역과 보건 환경 개선으로 인해 자국의 미래 비용 부담이 줄어들 수 있다는 인식을 만들어야 한다. 예를 들어 지역 규모에서 백신의 제조 및 공급을 위한 공동기금을 형성, 백신 구입에 대한 분납 지급 방식 도입, 제약회사에 대한 이익 환수 상한제 적용, 특허 독점기간 재조정 등과 같은 아이디어를 구체화하는 논의가 전개되어야 한다.

---

5   엄밀히 말해 보건에서 다자협력은 상업적 이윤과 같은 공동의 이익(common interests) 추구보다는 감염병 전파 등 특정 리스크나 손실에 대한 공동의 회피(common aversion)에 더 가깝다. 신자유주의자인 스타인(Arthur A. Stein)에 의하면 공동의 이익을 추구하는 협동(공조)적 협력(collaboration) 협력보다 공동의 회피를 목표로 하는 조정(조율)적 협력(coordination) 형성이 보다 용이하다(Stein 1983). 이에 대한 자세한 설명을 위해서는 민병원(2018) 참조.

3. 과학기술과 보건의 평화

코로나 팬데믹의 혼란 상황에서 주요 국가를 포함한 행위자 사이의 경쟁은 결과적으로 누구에게도 도움이 되지 않음을 확인할 수 있었다. 보건을 위한 협력이 안보를 증진하고 평화를 이루는 것이라는 인식이 확대되어야 하지만, 협력의 동기가 모든 행위자에게 똑같은 정도로 만들어지는 것은 아니다. 게다가 미중 경쟁의 심화와 우크라이나 전쟁의 장기화로 인해 국제관계에서 하드파워 중심의 접근이 다시 부각되고 있다. 이런 상황일수록 과학적, 실증적 접근이 강조되어야만 불필요한 경쟁과 대결을 초래하는 정치적 해석이 지양되고, 보건 그 자체에만 초점을 맞추는 지속가능한 평화가 만들어질 수 있다.

코로나19 위기 상황에서 목도한 것처럼 치명적 감염병의 갑작스러운 확산은 집단적 두려움을 불러일으켜 사회적 불안을 야기한다. 우리가 보건을 안보의 관점에서 접근하는 이유도 질병 그 자체를 치료하기 위한 것이라기보다는 질병이 불러일으키는 사회적 불안에 주목하기 때문이다. 그러한 사회적 불안은 정치적 대결과 경쟁을 부추기고, 평화의 위협 요인이 질병을 일으키는 병원체가 아닌 경쟁적 집단이나 국가라는 정치적 선동에 쉽게 동조하게끔 만든다. 따라서 질병이 사회적 두려움으로 전이되지 않도록 하는 것이 중요하며, 이는 질병에 대한 더 많은 과학적 지식을 통해서 이룰 수 있다. 예를 들어 천연두는 오랫동안 여러 지역에서 사회적 두려움을 불러일으켰고 수많은 갈등과 대결의 원인이 되었지만, 종두법 기술의 발전으로 이제는 그러한 사회적 안보의 위협으로 여겨지지 않는다.

코로나19 사태 초기에 세계의 중심이라 불리는 뉴욕 맨해튼에서 급증하는 시신을 처리할 수 없어서 냉동 컨테이너에 보관한다는 소식이 전해지면서 온 세상이 치명적 감염병 확산에 대한 공포에 휩싸였다. 각국은 각자도생을 모색하기 시작했고, 경쟁하는 다른 국가에 책임을 돌렸으며, 다른 집단에 대한 혐오감과 증오가 확산했다. 수개월 후 백신이 개발되고 접종이 이루어지면서 질병에 대한 공포는 점차 사그라들었다. 하지만 한번 고조된 적대적 이미지는 쉽게 사라지지 않는다. 만약 보건위기 초기에 질병에 대한 공포를 억제할 수 있는 과학적 지식과 질병 정보가 더 많았더라면 그 이후의 국제적 혼란과 갈등을 피할 수 있었거나, 훨씬 낮은 수준으로 갈등이 관리되었을 것이다.

그런 맥락에서 보건위기에 대한 과학기술적 대응은 질병 확산을 억제하는 직접적 효과를 가져다줄 뿐만 아니라 사회적 혼란을 완화하는 데에도 도움이 된다. 위기 상황에서 벗어나는 가장 효과적인 방법은 위기의 원인, 과정, 해결책을 정확하게 파악하는 것이다. 위기 상황을 올바르게 판단하고 위기 극복을 위한 정책을 만들어 시행하는 것은 과학기술적 전문성에 기반을 두어야 한다. 보건위기 상황에서 "과학은 단지 여러 의견의 하나가 아니다(science is not just another opinion)"(Denning and Johnson 2021).

그러므로 보건의 평화를 추구하는 담론의 형성과 보건안보 정책의 수립은 정치적 유불리를 떠나 과학적 전문성에 바탕을 두어야 한다. 과학적 근거보다 정치적 유불리가 우선시되는 것이 얼마나 위험한지는 코로나 팬데믹 초기 트럼프 대통령의 정책 실패에서 확인된다. 문제는 과학기술이 하루아침에 만들어지는 것은 아니라는 점이다. 오랜 투자와 연구 환경이 보장되어야만 위기 상황을 극복하고 새로운 질병을 예방하는 기술이 만들어진다. 보건의 평화를 지향하는 정치의 역할은 위기 상황을 어떻게 자신에게 유리하게 만드느냐가 아니라, 과학기술 투자를 활성화하고 필요한 기술이 신속하게 위기 극복의 수단이 될 수 있는 환경을 만드는 것이어야 한다.

그동안 제약업계는 유전자 물질을 약품으로 개발하는 연구를 꾸준히 발전시켰고, 그 결과 팬데믹이 선언된 지 1년이 채 안 되어 백신을 출시할 수 있었다. 최근에는 보건과 직접 관련이 없다고 여겨졌던 분야의 기술도 보건의학에 접목하는 시도가 활발하게 진행되고 있다. 예를 들어 인공지능(AI)과 빅데이터 기술을 제약에 접목하여 질병 데이터를 신속하게 처리하여 백신과 치료약의 후보물질을 발견하는 속도가 획기적으로 빨라졌다. 또한 변이 바이러스의 진화를 추적·분석하는 게놈역학(genomic epidemiology) 기술의 발전은 바이러스의 전파 과정을 파악하고, 변이종의 등장에 신속하게 대응할 수 있게 만든다 (Quammen 2022).

새로운 기술을 감염병 확산의 조기경보 체계에 도입하는 기술도 발전하고 있다. 인터넷에서 유통되는 수많은 정보 가운데에서 새로운 질병 발생의 징후를 발견하는 다국어 텍스트마이닝 기술뿐만 아니라, 최근에는 도시 하수처리 시설에서 주민들이 배출한 분뇨 하수를 분석하여 코로나19, 인플루엔자, 소아마비 등 질병 발생 징후를 파악하는 기술이 개발되었다(Aufrichtig and Anthes 2022). 2020년 9월 미국은 CDC에 국가하수감시시스템(National Wastewater Surveillance System)을 구축하여 미국 전역의 하수 테스트 사이트에서 샘플 분석을 통해 코로나19 감염의 증감, 새로운 변이종의 등장 등을 모니터링하고 있다.[6]

감염 여부를 신속하고 편리하게 파악할 수 있는 기술과 시스템도

---

6   Center for Disease Control and Prevention (CDC), "Wastewater Surveillance," updated on October 26, 2022 https://covid.cdc.gov/covid-data-tracker/#wastewater-surveillance (검색일: 2022.10.29.).

중요하다. 신속 진단 기술은 비록 그 자체로서 감염병을 치료하는 것은 아니지만 치료 시기를 앞당겨 위독한 상황에 처하지 않도록 도울 수 있고, 감염이 되지 않는 경우라면 질병 확산을 늦추고 불필요한 사회적 불안감의 확산도 억제하는 효과를 가져다준다(Heath 2021; Johnson and Steckelberg 2022). 신종 감염병 확산 초기에 질병 그 자체보다 사회적 불안감이 더 빠르게 확산하여 사회적 혼란이 극심해져 감염병뿐 아니라 사회경제적 문제가 심각해질 수 있다는 점에서 신속 진단 기술 및 시스템은 적은 비용으로 큰 효과를 거두는 방법이라 하겠다.

V. 맺음말

코로나19 팬데믹을 일컬어 20세기 초 스페인 독감에 뒤이은 "100년 만의 보건위기"라고 말한다. 그만큼 엄청난 충격을 글로벌 사회에 미쳤음을 의미한다. 하지만 이 말이 앞으로 100년 동안에는 보건위기가 없을 것임을 의미하지는 않는다. 코로나19보다 더 큰 위기가 언제 다시 발생할지는 아무도 모르지만, 코로나19가 결코 마지막 보건위기는 아닐 것이다. 어쩌면 새로운 위기의 씨앗이 지금도 어디에선가 자라고 있을지도 모른다.

　　보건위기는 많은 사람의 건강에 심각한 피해를 미치고 사회를 혼란스럽게 만들지만, 대규모 질병과 죽음을 경험하면서 인류는 세상을 바라보고 이해하는 방식을 새롭게 바꾸기도 한다. 이러한 거대한 변화 속에서 자연과 인간의 관계뿐만 아니라 국가들 사이의 상호관계 및 인간과 인간 사이의 상호관계도 영향을 받는다. 아울러 위기는 혁신적인 기술이 개발되고 과학이 발전하는 계기를 마련하기도 한다. 유럽의 흑

사병은 단순히 감염병의 창궐만을 의미하는 것이 아니라 이러한 대변화의 시작이기도 했다. 코로나19 팬데믹도 그런 인류사적 대변화를 촉발하는 계기가 될 것인지 분명하지는 않지만, 팬데믹이 초래한 사회적 혼란과 경제적 어려움, 그리고 국가 간 갈등의 심화를 목도하면서 인류는 건강이 위협받는 세상은 결코 평화로울 수 없음을 확인했다.

보건의 평화를 위한 노력은 다차원적으로 이루어진다. 글로벌 보건위기에 직면하여 신속하게 위협의 창발을 끊는 소극적 대응뿐만 아니라, 미래의 창발 가능성을 낮추기 위해 로컬 수준에서 역량을 키우는 적극적인 노력도 중요하다. 보건의학기술의 발전에 힘입어 코로나 팬데믹은 조만간 종식되겠지만, 보건안보를 국가안보 혹은 군사안보처럼 간주하는 행태가 계속된다면 새로운 감염병 위기가 발생할 때 글로벌 사회는 또다시 혼란을 겪게 될 것이 자명하다. 보건안보에서 맞서야 하는 대상은 다른 국가나 사회가 아니라 인류 전체를 위험에 빠뜨리는 병원체와 보건의료 역량의 취약성이다. 이러한 취약성은 글로벌 보건안보위협 창발의 약한 고리가 될 수 있다. 따라서 보건의 평화는 글로벌 위기에 대한 신속한 대응뿐 아니라 로컬 수준에서 보건의 항상성을 유지하기 위한 노력에도 초점이 맞춰져야 한다.

세상이 평화롭지 않은데 나 혼자서만 평화로울 수는 없다. 마찬가지로 질병이 만연한데 나 혼자서만 건강하기는 어려운 법이다. 보건의 평화는 모두가 건강할 때 만들어질 수 있다. 그러므로 보건의 평화를 위해서는 여러 행위자 모두에게 이익이 돌아가는 논제로섬 협력이 이루어져야 하며, 그러한 협력은 편협한 정치적 이해득실이 아니라 과학적 전문성에 기반을 둔 규범과 제도에 의해 뒷받침되어야 한다. 과학만능주의를 말하는 것은 아니다. 정치적 혼란과 자연재해를 겪고 있는 취약한 나라에게 지속가능한 보건의 평화를 위해 과학적 정책을 요구하고 논제로섬 협력을 언급하기는 쉽지 않다. 합리적 정책과 협력의 환경을 만드는 노력이 함께 전개되어야만 한다. 주민과 지도자를 설득하기 위한 사회적, 경제적, 문화적, 윤리적 논리도 만들어져야 한다. 보건의 평화를 탐구하는 데 보건의학뿐 아니라 정치학 등 사회과학의 역할이 필요한 이유이다.

참고문헌

김상배. 2017. "신흥안보의 복합지정학과 한반도: 이론적 논의." 김상배·신범식 편. 『한반도 신흥안보의 세계정치』. 서울: 사회평론아카데미.

민병원. 2018. "소다자주의에 대한 이론적 접근: 개념, 기능, 효과." 『통일연구』 22(2): 177-218.

조한승. 2018. "백신사업 사례를 통해 본 글로벌 거버넌스 행위자 상호관계 연구: 국가, 국제기구, 비국가 행위자 관계를 중심으로." 『세계지역연구논총』 36(1): 3-30.

_____. 2021. "코로나 백신 불평등과 글로벌 보건 거버넌스의 과제." 『생명, 윤리와 정책』 5(2): 1-28.

Aldis, William. 2008. "Health Security as a Public Health Concept: A Critical Analysis." *Health Policy and Planning* 23(6): 369-375.

Aufrichtig, Aliza, and Emily Anthes. 2022. "How Wastewater Can Help Track Viruses Like Covid and Polio." *New York Times*. August 17.

Buzan, Barry, Ole Weaver, and Jaap de Wilde. 1998. *Security: A New Framework for Analysis*. Boulder: Lynne Rienner.

Caballero-Anthony, Melly. 2005. "SARS in Asia: Crisis, Vulnerabilities and Regional Responses." *Asian Survey* 45(3): 475-495.

CDC. "Global Health – CDC and the Global Health Security Agenda." https://www.cdc. gov/globalhealth/security/ (검색일: 2022.10.5.).

Center for Disease Control and Prevention (CDC). "Wastewater Surveillance." updated on October 26, 2022 https://covid.cdc.gov/covid-data-tracker/#wastewater-surveillance (검색일: 2022.10.29.).

Cuddihy, Mitch, Andrea Gennari, Tania Holt, and Cormac O'Sullivan. 2022. "Building Greater Resilience in Vaccine Manufacturing." *McKinsey&Company*. October 14. https://www.mckinsey.com/industries/public-and-social-sector/our-insights/ building-greater-resilience-in-vaccine-manufacturing (검색일: 2023.1.5.).

Denning, Peter J. and Jeffrey Johnson. 2021. "Science Is Not Another Opinion." *Communications of the ACM* 64(3): 36-38.

Devi, Sharmila. 2020. "US Public Health Budget Cuts in the Face of COVID-19." *Lancet*. 20(4): 415.

Etten, Megan Van. 2022. "New Data: COVID-19 Vaccine Global Production Capacity Projected to Exceed 20 Billion Doses This Year." PhRMA Foundation. February 24. https://catalyst.phrma.org/new-data-covid-19-vaccine-global-production-capacity-projected-to-exceed-20-billion-doses-this-year (검색일: 2022.10.15.).

Fidler, David P. 2007. "A Pathology of Public Health Securitism: Approaching Pandemics as Security Threats." in Andrew Cooper, John Kirton, and Ted Schrecker. eds. *Governing Global Health: Challenge, Response, Innovation*. Abringdon: Routledge.

Fidler, David P. 2021. "The Case Against a Pandemic Treaty." *Think Global Health*. November 26.

Firchow, Pamina. 2018. *Reclaiming Everyday Peace*. Cambridge: Cambridge University Press.

Galtung, Johan. 1996. *Peace by Peaceful Means: Peace and Conflict, Development and Civilization*. London: Sage.

Global Health Centre. "COVID-19 Vaccine Purchases and Manufacturing Agreements." https://www.knowledgeportalia.org/covid19-vaccine-arrangements (검색일: 2021.9.16.).

Groves, Steven, and Brett D. Schaefer. 2022. "A WHO Pandemic Treaty Must Not Infringe on U.S. Sovereignty." *The Heritage Foundation Issue Brief*. No. 5266. June 27.

Hanrieder, Tine. 2015. "WHO Orchestrates? Coping with Competitors in Global Health." in Kenneth W. Abbott, Philipp Genschel, Duncan Snidal, and Bernhard Zangl. eds. *International Organizations as Orchestrators*. Cambridge: Cambridge University Press.

Heath, Sara. 2021. "Could At-Home Kits Overcome COVID-19 Testing Access Hurdles?" *Patient Engagement HIT*. January 21.

Inter-Agency Standing Committee. 2020. *Exploring Peace within the Humanitarian-Development-Peace Nexus (HDPN)*. Issue Paper. OCHA. October.

Johnson, Carolyn Y. and Aaron Steckelberg. 2022. "The Coronavirus Is Here to Stay. We Now Have A Tool Kit to Live with It." *Washington Post*. February 15.

Jones, Kelly, and Brandon Lewis. 2022. "No, 'Pandemic Treaty' Would Not Give WHO Control over Governments During a Global Health Crisis." *ABC News*. May 19.

Kamradt-Scott, Adam. 2015. "Health, Security, and Diplomacy in Historical Perspective." in Simon Rushton and Jeremy Youde. eds. *Routledge Handbook of Global Security*. London: Routledge.

Lawson, Marian L. 2017. *Major Foreign Aid Initiatives Under the Obama Administration: A Wrap-Up*. Congressional Research Service Report. January 4.

Peterson, Susan. 2018. "Global Health and Security: Reassessing the Links." in Alexandra Gheciu and William C. Wolforth. eds. *The Oxford Handbook of International Security*. New York: Oxford University Press.

Quammen, David. 2022. "We Are Still in a Race Against the Coronavirus." *New York Times*. August 10.

Senghaas, Dieter. 2013. *Pioneer of Peace and Development Research*. Heidelberg: Springer.

Singer, Peter W. 2002. "AIDS and International Security." *Survival* 44(1): 145-158.

Snidal, Duncan. 1991. "Relative Gains and the Pattern of International Cooperation." *American Political Science Review* 85(3): 701-726.

Stein, Arthur A. 1983. "Coordination and Collaboration: Regimes in an Anarchic World." in Stephen D. Krasner. ed. *International Regimes*. Ithaca: Cornell University Press.

Weir, Lorna. 2015. "Inventing Global Health Security, 1994-2005." in Simon Rushton and Jermy Youde. eds. *Routledge Handbook of Global Health Security*. London: Routledge.

Wenham, Clare, Mark Eccleston-Turner, and Maike Voss. 2022. "The Futility of the Pandemic Treaty: Caught between Globalism and Statism." *International Affairs* 98(3): 837-852.

White House. 2021. *Strengthening Health Security Across the Globe: Progress and Impact of the U.S. Government Investment in the Global Health Security Agenda* (2020 Annual Report). (September 2021).

WHO. 2007. *Safer Future: Global Public Health Security in the 21ˢᵗ Century*. Geneva: WHO.

_____. 2021a. "C-TAP: Enhancing Global Manufacturing Capacity to Address Today's and Tomorrow's Pandemics." WHO Meeting Report. January 16..

_____. 2021b. "WHO Supporting South African Consortium to Establish First COVID mRNA Vaccine Technology Transfer Hub." June 21. https://www.who.int/news/item/21-06-2021-who-supporting-south-african-consortium-to-establish-first-covid-mrna-vaccine-technology-transfer-hub (검색일: 2022.1.25.).

_____. 2022. "Pandemic Instrument Should be Legally Binding, INB Meeting Concludes." *WHO Newsletter*. July 21. https://www.who.int/news/item/21-07-2022-pandemic-instrument-should-be-legally-binding—inb-meeting-concludes (검색일: 2022.10.22.).

_____. "Coronavirus (COVID-19) Dashboard." https://covid19.who.int/table (검색일: 2022.11.1.).

_____. "Health Security: WHO Response." https://www.who.int/health-topics/health-security#tab=tab_2 (검색일: 2022.8.25.).

"South Africa's Aspen COVID-19 Vaccine Plant Risks Closure After No Orders." *Reuters*. May 2.

제8장   환경과 신흥평화:
다양한 경로를 찾아서

정헌주(연세대학교 행정학과)

* 이 글은 이 글은 정헌주. 2023. "환경과 신흥평화: 다양한 경로를 찾아서." 『21세기정치학회 보』 33(2)를 기반으로 작성되었다.

I. 서론

기후변화와 환경악화는 지구상에 존재하는 모든 생명체와 이들의 상호작용에 중요한 영향을 미치고 있다. 이러한 기후변화와 환경악화는 인간과 자연과의 관계, 국가, 사회집단, 개인과 이들 사이의 상호작용에 동일하지 않은 방식과 정도로 영향을 미치고 있다는 점에서 문제해결을 위한 공동의 행동은 매우 어려운 상황이다. 특히, 기후변화와 환경악화는 기존의 국가안보와 인간안보에 점증하는 위협으로 다가오고 있으며, 이에 대한 논의가 매우 활발하게 진행되고 있다(Barnett 2003; Gleditsch et al. 2007; IPCC 2022).

반면, 환경문제를 해결하기 위한 국가 간, 집단 간 협력의 필요성이 증가하고 있는 등 환경과 평화와의 관계에 대한 논의 역시 학술적·실천적 관심을 끌고 있다(Swain and Öjendal 2018; Dresse et al. 2019). 특히 환경문제와 이에 대한 대응은 기존의 안보와 평화에 대한 관점이 전환될 필요가 있음을 제기한다. 기존의 안보 및 평화에 대한 관점과 논의는 한 국가 혹은 정치공동체의 생존과 이익에 반하거나 상충하는 타자 혹은 적(enemy)을 상정하고 이들 사이의 안정적 상태 구축·유지 혹은 소극적·적극적 평화의 가능성을 탐구하였다. 하지만, 기후변화 등 환경문제는 이러한 인간 중심적, 특히 국가 중심적인 안보·평화가 아닌 비인간, 비국가 행위자라는 새로운 주체성을 안보·평화 논의의 중심에 위치시킨다는 점에서 기존의 논의와 차별적이다. 나아가, 인간 활동이 역사적·집합적으로 환경악화에 분명히 기여하였지만, 환경문제는 하나의 독립된 실체이자 사회적 구성체로서 인간 활동에 다시금 영향을 미치고 있다. 이러한 점에서 이를 이해하고 해결 방안을 모색하기 위해서는 인간과 자연환경이라는 이분법적 사고를 넘어서 인간과 자연환경의 누적적이며 상호구성적인 관계를 고려하는 전체적인(holistic) 관점이 필요하다. 따라서, 환경과 평화에 대한 논의는 인간 행위자 간의 평화뿐만 아니라 인간과 자연환경의 지속가능한 공존과 다양한 가치 창출의 가능성과 경로 역시 포함한다.

이를 위해서 본 연구는 먼저 기존 연구를 통해 기후변화가 어떻게 국가안보, 인간안보에 부정적 영향을 미치는지를 살펴본다. 기후변화는 신흥안보의 중요한 이슈로 부상하였지만, 동시에 기후변화가 평화의 촉매제로 작용할 가능성 역시 존재한다는 점에서 본 연구는 기후변화와 평화가 연계되는 가능성을 크게 세 가지로 구분하고 각각의 구체적 경로를 추적한다. 첫째, 기후변화·환경악화가 분쟁 당사자의 인식, 역량과 이들에게 가용한 자연자원에 변화를 가져와 분쟁 해결과 평화 구축에 기여하는 경로이다. 특히 대규모 재난이 분쟁 당사자의 관심을 전환시키거나, 기후변화가 이들의 전쟁 수행 능력과 준비 태세에 영향을 미치는 사례를 통해서 이러한 가능성을 살펴본다. 둘째, 기후변화·환경악화가 확산, 제도 구축, 인식과 정체성 변화, 기술혁신이라는 우회로를 통해서 평화에 이르는 경로를 논한다. 구체적으로는 분쟁 당사자 간 효과적인 수자원 공동 관리를 통해서 평화협정에 이르는 경로, 기후변화에 대응하는 국제기구의 역할, 기후변화 관련된 인식공동체의 등장과 다양한 행위자의 정체성 변화, 분쟁의 원천을 기술적 문제로 전환시켜 이슈가 탈안보화되는 과정 등이 이러한 가능성을 보여준다. 첫 번째와 두 번째 경로에서는 환경문제가 인간 행위자에 영향을 미침으로써 인간 행위자 간 평화에 기여하는 도구적 역할을 한다. 반면 세 번째 경로는 환경이 도구이자 목적으로서 인간 행위자 사이의 평화뿐만 아니라 인간과 자연환경 사이의 평화에 이르는 가능성을 살펴본다. 이러한 가능성을 보여주는 대표적 사례로 평화공원이 어떻게 분쟁 당사자뿐만 아니라 인간과 자연 사이의 관계를 재구성하는지를 분석한다.

본 연구의 구성은 다음과 같다. 먼저 제2절에서는 기후변화와 환경악화가 안보에 미치는 영향을 분석한다. 제3절에서는 기후변화와 환경악화에 대한 대응이 어떻게 평화에 직간접적으로 기여하는지를 살펴본다. 다음으로는 인간집단 간 평화와 더불어 인간과 자연 사이의 평화를 동시에 달성할 가능성을 살펴본다. 마지막 결론에서는 기후변화-평화 연계의 실천적 함의를 제시한다.

II. 기후변화와 신흥안보

기후변화는 지구적 차원에서 인간뿐만 아니라 다른 생물종, 그리고 이들의 현재뿐만 아니라 미래의 생존과 활동을 심각하게 위협하고 있다. 즉, 모든 생물종과 생태계 전체라는 범주와 시간적, 공간적 범위가 가장 넓다는 점에서 다양한 위험 중 가장 심각한 위험으로 다가오고 있다. 특히, 기후변화는 다양한 시공간에서의 행위자의 독립적인 행위들이 상호작용하고 그 효과들이 누적되면서 임계점을 넘어 질적 변화를 초래하는 양질전화와 이슈연계성이 가장 잘 두드러지는 신흥안보(emerging security)의 대표적 사례이다(김상배 2016, 83-84). 또한, 인간 행위로 인해서 위협을 받는 환경은 다시금 인간을 위협하는 행위자성을 갖고 있을 뿐만 아니라 물리적 환경을 기반으로 하지만 동시에 사회적으로 구성된 '기후변화문제'와 '환경문제' 역시 독립적으로 인간에게 영향을 미치고 있다. 신흥안보의 대표적 사례로서 기후변화는 다른 위험들과 상호작용하며 지구상의 모든 행위자와 이들의 상호작용에 비가역적인 영향을 미치고 있다.

이러한 점에서 World Economic Forum의 "Global Risks Report 2022"에 따르면, 향후 10년간 지구적 차원에서 가장 심각한 위험으로는 기후대응실패(climate action failure), 기상이변(extreme weather), 생물다양성 손실(biodiversity loss) 등의 순서로 기후변화 관련 위험이 1위~3위를 차지하였다(WEF 2022).[1] 또한, 전체 10대 위험 중 사회적 위험(3개), 경제적 위험(1개), 지정학적 위험(1개)에 비해 환경과 관련된 위험(인간 환경 피해, 자연자원 위기를 포함하여 5개)이 절반을 차지한다는 점에서 기후변화와 환경악화는 현재와 미래의 중요한 위험으로 인식되고 있다.

실제로 기후변화와 환경악화는 다양한 경로를 통해서 갈등을 부추기고 안보를 위협하고 있다.[2] 먼저 기후변화와 환경파괴는 자연자원의 희소성을 강화하고, 자원배분의 집단 간 불균등을 악화시키며, 나아가 집단의 존속 자체와 생태계의 지속가능성을 위협하고 있다. 특히, 기후변화로 인해 발생하는 홍수, 가뭄, 해수면 상승, 폭염, 한파, 사막화, 산림 황폐화 등은 질병, 기근, 거주 환경 파괴·악화를 야기하고 주민의 생계 유지와 생존을 어렵게 만든다. 예를 들면, 감소하는 수자원에 대한 접근을 둘러싼 경쟁, 생산량 감소에 따른 농업용 토지를 둘러싼 경쟁, 식량 가격 인상 등은 갈등의 직간접적인 원인을 제공한다. 또한, 기후변화는 농산물 및 임산물의 수확량을 감소시켜 식량 부족 현상을 초래하며, 더 많은 식량을 확보하기 위한 노력은 때로 이웃 공동

---

1 동 리포트는 2021년 9월 8일부터 10월 12일까지 WEF의 다중이해관계자집단(Global Shapers Community 포함), 자문위원회의 전문가 네트워크, Institute of Risks Management 구성원을 대상으로 한 'The Global Risks Perception Survey(GRPS)'에 근거하였다(WEF 2022, 109).
2 기후변화와 안보, 특히 무력 분쟁에 대한 다양한 회의론적인 시각에 대해서는 김유철(2021, 21-24)을 참조하시오.

체 혹은 집단, 국가에 대한 폭력의 사용, 즉 침략으로 이어지기도 한다. 결국 기후변화는 개인, 사회집단과 공동체, 국가, 국가 간 관계에서의 불안정성을 높인다는 것이다. 시리아에서의 오랜 기뭄이 내전의 중요한 원인 중 하나라는 일련의 주장들은 이러한 입장을 반영한다(Gleik 2014; Kelley et al. 2015).[3]

이렇듯 기후변화와 환경악화는 감소하거나 감소할 것으로 예상되는 공유자원에 대해 접근하려는 다양한 행위자들 사이의 경쟁과 갈등을 초래할 뿐만 아니라 가용한 자원의 총량을 감소시킴으로써 이러한 갈등을 더욱 심각하게 만들고 있다(Swain and Öjendal 2018, 5). 게다가 이러한 기후변화로 인한 갈등의 근본에는 기후변화를 초래한 원인 제공자와 이에 따라 피해를 본 당사자 사이에 존재하는 비대칭성이 있다. 즉, 피해 당사자가 원인 제공자를 특정할 수 없으며 책임을 묻는 데 한계가 있다는 점에서 해결의 실마리를 찾기는 매우 어렵다.

기후변화·환경악화가 안보를 위협하는 가장 극단적인 예 중 하나는 해수면 상승으로 인한 국토 상실(stateless)의 위기에 직면한 태평양 도서국이다. 가장 잘 알려진 예 중 하나는 남태평양 폴리네시아 지역에 위치한 섬나라인 투발루(Tuvalu)이다. 9개 도서로 구성되고, 총 25.9km²의 면적에 약 11,800명의 인구가 거주하고 있는 투발루는 해수면 상승으로 인해서 수몰 가능성이 커 국가 존속이 어려운 존재론적 위협(existential threat)에 처해 있다. 9개 섬 중 하나는 이미 바닷물에 잠겨 사라졌고, 다른 섬들 역시 수시로 바닷물에 잠기고 있다. 또

---

3 이러한 주장에 대하여, 인간으로 인한 기후변화가 시리아에 가뭄을 가져왔다는 명확하고 신뢰할 만한 증거는 없고, 이러한 가뭄이 가져온 이주의 규모가 기존 연구에서 주장한 수준은 아니며, 가뭄으로 인한 이주가 시리아 내전을 가져왔다는 증거 역시 부족하다는 주장도 제기된다(Selby et al. 2017).

한, 이는 식량위기, 수자원 고갈, 생물다양성 손실, 산호초 감소, 폭풍우 등 기후변화의 다른 결과들과 결합하여 투발루를 심각한 위기 상황으로 내몰고 있다. 이러한 상황에서 투발루 주민들은 피지, 뉴질랜드 등 주변국으로 이주하였거나, 이주를 고려하고 있으며(Milan et al. 2016), 이는 다시금 인구 감소로 인한 국가적 위기와 더불어 주변국과의 갈등 소지를 낳고 있다.

이렇듯 기후변화·환경악화로 인해 희소한 자연자원을 둘러싼 경쟁과 갈등은 많은 사람이 삶의 터전을 버리고 기존 정치공동체 내에서 이동하거나 혹은 다른 정치공동체로의 이주를 강제함으로써 집단 간 갈등을 야기하기도 한다. 즉, 기후변화·환경악화의 영향으로 특정 지역에서 갈등이 발생하고, 정치적 극단주의가 발흥하며, 이로 인해 이주가 이뤄지면 이러한 이주민을 수용하는 지역, 공동체에서는 이들과 기존 집단과의 갈등이 발생할 가능성이 높다(Gleditsch et al. 2007, 4). 물론 이주가 발생한 지역과 수용 지역의 정치적·사회적·문화적 차이, 이주민의 규모와 구성, 수용 지역의 가용자원, 거버넌스와 능력 등에 따라 갈등이 폭력적으로 변할 가능성은 상이하지만, 저소득 국가, 취약 국가 등 발전 수준이 낮은 국가에서 환경악화, 재난 등이 발생하여 이주가 발생할 경우, 수용 국가에서의 폭력적 갈등의 가능성은 크다(Reuveny 2007).

유엔 등 국제사회는 이러한 기후변화의 안보적 함의를 인식하고 이에 대한 적극적 대응이 필요함을 제시하였다. 2009년 유엔총회 특별세션에서는 총회결의안을 통해서 기후변화가 안보에 미치는 영향에 대해서 분석하도록 촉구하였으며, 결과 보고서인 "Climate Change and Its Possible Security Implications"가 동년 9월에 제출되었다(최원기 2013, 4). 동 보고서에서는 기후변화가 안보에 영향을 미치는 5가지 경로를 식별하였는데, 이는 (1) 기후변화가 식량안보와 건강을 위협하며 극단적 이벤트에 대한 노출을 증가시키고(vulnerability), (2) 기후변화가 발전 과정을 늦추거나 되돌린다면, 이는 취약성을 악화시키고, 안정을 유지하는 국가 역량을 잠식할 수 있으며(development), (3) 이주, 자연자원을 둘러싼 경쟁, 기후와 관련된 위험에 직면한 가계와 공동체의 다른 대처들은 국내적 갈등의 위험을 증가시키고 국제적인 파급효과를 낳으며(coping and security), (4) 영토 손실로 인한 국가 상실이 권리, 안보, 주권에 영향을 미치고(statelessness), (5) 기후변화가 공유되고 구획이 정해지지 않은 국제적 자원에 미치는 영향으로부터 국제협력에 영향을 미칠 수 있다(international conflict)는 것이다(UN 2009, 1-2). 특히, 기후변화는 '위협 승수(threat multiplier)'로서 기존의 다양한 문제들을 악화시킬 수 있다는 점이 강조된다. 즉, 빈곤, 차별, 불평등, 보건위생, 교육·정보에 대한 낮은 접근성, 취약한 거버넌스, 국가·집단 간 불신과 갈등 등 이미 존재하는 다양한 사회적, 경제적, 정치적 문제들을 기후변화가 더욱 악화시킬 수 있다는 것이다(UN 2009).

게다가 기후변화는 아이러니하게 새로운 자원과 기회를 창출함으로써 오히려 갈등을 부추길 수 있다. 대표적인 예는 기후변화로 인해 북극권의 빙하가 녹아 경제적·군사적 가치가 커짐에 따라 국가 간 이해관계의 충돌 가능성이 높아지는 경우이다(반길주 2021). 기후변화로 인해 북극해를 통과하는 새로운 항로가 열리고, 북극권에 매장된 지하자원에 대한 접근성이 향상되고, 다양한 경제적·군사적 활동이 가능해지는 등 새로운 가치가 창출됨에 따라 주변국뿐만 아니라 인접한 국가들이 정치적·군사적·경제적 이익을 추구하면서 갈등의 가능성이 커지고 있다. 특히 북극해에 관한 국제적 규범과 원칙이 부재한 상황에서 자신의 이익을 강화하려는 러시아와 최근 중국의 점증하는 영향력, 이에 대한 미국의 대응은 북극권을 둘러싼 갈등과 대결의 잠재력이 매우 높음을 보여준다. 이미 미국의 육·해·공군에서 각각 발간한 전략서에서는 북극권에서 러시아와 중국의 도전에 대해 미국이 군사적인 입지와 지배력을 강화해야 함을 강조하고 있다(U.S. Air Force 2020; U.S. Navy 2021; U.S. Army 2021). 이러한 움직임은 북극에 이해관계를 가진 주요국 사이의 오인과 오판, 나아가 의도치 않은 군사적 갈등을 초래할 가능성, 즉 북극 안보딜레마(Arctic security dilemma)를 악화시키고 있다(Wither 2021).

이렇듯 기후변화·환경악화는 인간안보와 국가안보에 부정적 영향을 미치고 있다. 그럼에도 불구하고, 많은 연구는 기후변화와 폭력적 분쟁 해결이라는 두 현상 사이에 다양한 정치적·경제적·사회적·문화적 요인들이 복합적으로 작용함을 지적하고 있다. 기후변화에 관한 정부 간 협의체(Intergovernmental Panel on Climate Change, IPCC)가 발간한 리포트에 따르면, "관찰된 기후변화와 갈등 사이의 인과적 연계에 대한 합의가 존재하지는 않지만, 이러한 기후적 변수와 함께 발생하는 다른 사회경제적·정치적 요인에 의해 증폭될 수 있다는 근거가 존재한다"(IPCC 2022, 593). 따라서, 이러한 기후변화와 안보 사이의 복잡한 관계는 개별 사례에 대한 구체적·맥락적 분석의 필요성은 매우 크다. 나아가 이러한 높은 수준의 복잡성으로 인해 특정 국면과 조건에서 예측하지 못한 새로운 현상이 창발할 가능성 역시 존재한다. 다음 절에서는 안보문제로 부상한 기후변화와 환경악화가 어떻게 미시적 수준에서 갈등적 관계에 있는 행위자에게 영향을 미쳐서 안정과 평화라는 거시적 패턴을 형성할 수 있는가에 대해서 논한다.

III. 기후변화에서 평화로의 다양한 경로

기후변화로 야기되는 갈등에 관한 다양한 연구와 사례에 따르면, 기후변화가 필연적으로 갈등, 특히 이를 해결하기 위한 폭력적 수단 사용을 초래하지는 않는다. 기후변화에 대응하는 개인, 집단, 국가, 국제사회의 역량과 지방적, 국가적, 지역적 정치·경제·사회·문화적 조건과 역사적 맥락에 따라 기후변화는 상이한 형태의 행동을 유발한다는 것이다(Swain and Öjendal 2018, 4). 그럼에도 불구하고, 기후변화와 갈등의 상관관계에 관한 많은 연구는 직접적이든 간접적이든 이 둘 사이에는 양의 선형관계가 있음을 시사한다. 하지만, 이 둘 사이의 관계는 훨씬 복잡할 수 있으며, 나아가 기후변화·환경악화가 의도적 혹은 비의도적으로 평화의 디딤돌로 작용할 가능성 역시 배제할 수 없다. 즉, 기후변화가 야기하는 영향력이 일정 수준, 즉 임계점을 넘어서면 관련된 행위자들의 역량이 변화하고, 이들이 갈등의 비용과 협력의 필요성·이익을 다르게 인식할 뿐만 아니라 정체성이 변화하면서 기존과는 다른 행동을 취할 수 있다는 것이다. 나아가 인간·집단 간 갈등뿐만 아니라 인간과 자연 사이의 관계 역시 새로운 관계를 향한 전환점을 맞이할 수 있다. 결국 기후변화 등 위기는 변화를 위한 기회로 작동할 수 있으며, 평화 구축과 유지를 위한 강력한 자극제로 작동할 수 있다(Amster 2018, 74, 78).

이렇듯 기후변화와 집단 간 갈등이 비선형적 상관관계가 있다면, 변곡점 근처에서 발흥하는 동태적 과정으로서 (폭력적) 갈등 혹은 갈등의 잠재력 약화, 갈등 부재 상황의 지속, 평화로의 진전 등을 분석함으로써 신흥평화로의 길을 찾을 수 있다. 따라서, 기후변화·환경악화가 다양한 인간·비인간 행위자들의 행태와 상호작용에 어떻게 영향

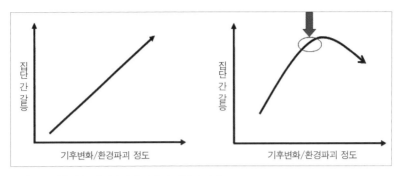

그림 8-1 기후변화·환경파괴와 집단 간 갈등의 관계

을 미처서 평화로움으로 이르는 과정을 추적하는 것은 평화라는 거시적 현상의 미시적 기초/동학(micro-foundations/dynamics of macrophenomena)을 찾는 것과 다름이 아니다.

　본 연구는 이러한 기후변화-평화의 구체적 경로로서 세 가지 가능성을 살펴본다. 첫째, 기후변화와 환경악화가 갈등 당사자의 의지·의도, 능력, 갈등 관련 자원에 영향을 미쳐 평화에 직접적으로 기여하는 것이다. 둘째, 기후변화와 환경악화가 다양한 행위자의 유인구조, 인식, 역량을 변화시켜 협력적 행동을 유발하고 이러한 협력적 행동이 평화를 가져오는 우회로이다. 마지막으로, 환경이 집단 간 갈등을 억제함과 동시에 집단과 환경 사이의 관계 혹은 질서를 변화시킴으로써 평화의 가능성을 높이는 것이다.

1. 기후변화와 평화: 분쟁 당사자의 의지·의도, 능력, 그리고 가용 자원

기후변화·환경악화는 분쟁 당사자의 의지·의도, 능력, 가용자원에 영향을 미쳐 집단 간 평화를 가져올 수 있다. 첫째, 기후변화·환경악화는 분쟁 당사자가 폭력적 방식을 활용하여 문제를 해결하고자 하는 의지·의도를 변화시킬 수 있다. 특히 기후변화로 인해 갈등 당사자에게 대규모의 재난이 발생할 때, 이러한 재난을 통해서 기존의 갈등이 희석되고 재난 피해자들에 대한 동정을 불러일으킴으로써 집단 간 갈등이 완화되거나 분쟁이 종식되고 평화가 정착될 수 있다(Conca and Beevers 2018, 65).

2004년 12월 26일 인도네시아 북서쪽 해역에서 발생한 남아시아 대지진과 쓰나미는 인도네시아를 비롯한 12개국 이상의 국가에 약 136억 달러 이상의 경제적 피해를 줬으며, 이로 인해 적어도 28만 명 이상의 사망자와 약 180만 명 이상의 이재민이 발생하였다.[4] 쓰나미로 인해 가장 큰 피해를 보았던 인도네시아에서는 기존에 있었던 아체주의 분리주의 세력(Free Aceh Movement)과 중앙정부와의 갈등이 완화되었고 이들 사이의 평화협정이 체결되었는데, 쓰나미와 같은 재앙적 상황이 오히려 촉매제가 되었다(Billon and Waizenegger 2007; Kelman 2005).[5] 이는 재난이 분쟁 당사국 국민의 관심을 재난으로 인한 인도주의적 위기 상황 및 재난 대응과 복구로 전환함으로써 분쟁의 잠정적 중단 혹은 평화 구축으로까지 이어질 가능성을 보여준다.[6]

게다가 재난 대응을 위한 국제사회의 재난외교(disaster diplomacy)와 지원은 분쟁의 원천이 되는 자연자원에 대한 경쟁과 갈등을

---

4   국립재난안전연구원 홈페이지. "자연재난" https://www.ndmi.go.kr/promote/know
     ledge/nature.jsp?link=3 (검색일: 2022.11.5.).
5   쓰나미가 인도네시아 중앙정부와 아체주 분리주의 운동 사이의 평화협정에 중요한 영향
     을 미쳤지만, 유일한 원인이라고 볼 수는 없으며, 쓰나미 이전부터 진행되었던 협상과 우
     호적인 정치적 환경 변화 등 내적 변수가 더 중요하였다는 주장도 제시되었다(Gaillard
     et al. 2008).
6   이는 관심전환전쟁이론(diversionary theory of war)과 비슷하지만 반대의 메커니즘으
     로 재난이 평화에 기여할 수 있음을 시사한다.

불식시킬 수 있다. 즉, 국제사회는 외교적 목적을 달성하기 위해서 재
난에 긴급하게 대응하고 자원을 제공하는데, 이러한 자원이 분쟁 당사
자에게 제공된다면 이는 새롭게 발견된 자원으로써 평화의 기반을 조
성할 수 있다.[7] 나아가 재난 상황을 극복하기 위해 지원 사업을 수행하
는 국제기구, 공여국, NGO 행위자들이 분쟁 지역에 상주하며 분쟁 상
황을 감시하고, 지원을 매개로 당사자의 분쟁 재발의 비용과 분쟁 해결
의 이익에 대한 인식에 영향을 미친다. 물론, 이러한 재난에 따른 평화
는 갈등의 근본적인 원인이 해결되지 않음에 따라 지속가능하지 않으
며 일시적인 현상에 그칠 가능성 역시 존재한다.

둘째, 기후변화·환경악화는 분쟁 당사자의 역량, 특히 전쟁수행능
력(war-fighting capacity)을 감소시켜 평화에 기여할 수 있다. 실제로
군비 지출은 기후변화를 악화시킨다는 논의가 지배적이며, 미중 전략
경쟁이 심화되는 상황에서 기후변화가 지구적 차원에서 군비 지출을
감소시킬 가능성은 희박하다. 그럼에도 불구하고, 기후변화·환경악화
에 대한 대응의 필요성은 장기적으로 군비 지출을 감소시켜 평화 조성
에 이바지할 수 있다.[8]

보다 직접적으로 기후변화·환경악화는 분쟁 당사자들의 역량, 즉

---

7 이와 유사한 맥락에서 UN은 2030년까지 지속가능발전목표(Sustainable Development
   Goals, SDGs) 달성을 위한 중요한 전략으로 인도주의-발전-평화 연계(Humanitarian-
   Development-Peace Nexus, HDP Nexus)를 제시하고 있으며, 이는 인도주의적 지원,
   발전, 평화의 각 영역을 서로 분리된 영역으로 접근하였던 기존의 정책, 방식을 지양하고
   이러한 분야 간 통합적이고 동시적인 접근을 통해 문제를 해결하고자 한다(World Bank
   and UN 2018).

8 이러한 맥락에서 2021년 12월에 50명이 넘는 노벨상 수상자들과 정치지도자들, 시민
   사회 지도자들, 일반시민들에 의해서 제안된 "Global Peace Dividend Initiative"는 군
   비 축소를 통해서 기후변화, 보건, 번영에 더 많은 재원(연간 모든 국가의 군비를 2% 감
   소)이 이전되어야 함을 주장한다. Global Peace Dividend Initiative 홈페이지, https://
   peace-dividend.org/ (검색일: 2022.12.1.).

전쟁 수행 능력과 준비 태세에 영향을 미치고 있다. 해수면 상승과 가뭄, 폭우, 폭염, 혹한, 산불 등은 취약 지역 및 해안 지역에 위치한 군부대 시설, 군수물자, 장비, 무기체계 등 물리적 환경뿐만 아니라 군인의 건강, 훈련, 사기 등에도 부정적 영향을 미쳐 작전 수행 능력을 감소시킬 수 있다(U.S. Army 2022, 4-5; Sikorsky 2022). 2010년 발간된 미국 국방부의 "4년주기 국방정책검토보고서(Quadrennial Defense Review, QDR)"에서는 기후변화가 미군의 작전 환경, 임무 수행, 시설 등에 영향을 미치는 등 미래 안보 환경에서 고려해야 할 중요한 요소라고 강조하였다(U.S. DOD 2010, 84). 이에 대해 미군은 회복탄력성을 제고하기 위한 전략을 수립하고 있으며, 2022년 미 육군은 기후변화에 대응하기 위한 구체적인 전략을 제시하였다(U.S. Army 2022). 미국 등 군사 강국의 경우, 기후변화에 대한 대응책을 마련하고 이를 실행하고 있지만, 많은 분쟁이 발생하는 취약국의 경우, 기후변화는 분쟁 당사자들의 전투 수행 능력—무기체계, 장비, 물자, 인력 등—을 감소시킴으로써 문제 해결을 위해 폭력적 수단에 의존하는 것을 어렵게 할 수 있다.

　　장기적으로 기후변화·환경악화 등 환경의 변화는 기후변화 완화와 대응에 국가 역량과 자원을 이전시키도록 함으로써 군비 경쟁을 완화할 수 있다. 특히 기후변화로 인해서 분쟁 지역에 대규모 재난이 발생할 경우, 역내 세력균형(balance of power)에 영향을 줄 수 있다. 예를 들면, 재난으로부터 상대적으로 안전한 분쟁의 한 당사자가 압도적인 힘의 우위를 차지하거나, 재난 결과 군사적 힘의 균형을 형성함으로써 폭력적 분쟁의 가능성이 감소할 수 있다. 또한, 모든 분쟁 당사자가 재난 극복을 위해서 국가 역량과 자원을 집중할 경우에 당사자들은 분쟁의 강도를 낮추고 분쟁 종식을 위해 노력할 가능성을 배제할 수 없다. 물론 이러한 평화는 물리적 폭력의 부재 상태라는 점에서 소극적 평화에 해당하지만, 적극적 평화로 가는 디딤돌이 될 수 있다.

셋째, 기후변화로 인해 분쟁의 원인이 되는 자연자원과 생계에 영향을 미침으로써 분쟁이 종식될 수 있다. 예를 들면, 기후변화·환경악화로 인해 큰 피해를 본 지역에서의 다른 지역으로의 이주는 해당 지역에서 희소한 자원에 대한 수요를 감소시킴으로써 갈등의 가능성을 줄이고 평화적 공존을 가능케 하는 경우이다. 물론 기후변화–이주–갈등 넥서스(climate change-migration-conflict nexus)에 관한 연구에 따르면, 일반적으로 이주는 수용국에서의 갈등을 초래하지만, 이 또한 필연적이지 않다(Gleditsch et al. 2007). 즉, 수용국의 수용 능력과 상황—정치적·경제적 환경, 문화적 동질성과 정체성, 정부 역량과 거버넌스, 국제사회의 지원 등—에 따라서 (폭력적) 갈등 상황이 발생하지 않는다면, 기후변화·환경악화 피해 지역과 수용국 내에서의 소극적 평화가 가능하다. 즉, 극단적 환경악화로 인한 이주를 통해서 특정 지역에서 폭력적 갈등의 높은 잠재력이 여러 지역, 특히 선진국으로 분산됨으로써 갈등이 폭력적으로 변할 가능성이 낮아지는 것이다. 하지만, 이역시 잠재된 갈등이 언제든 폭력적 형태로 전환될 수 있다는 점에서 제한적이다.

마지막으로, 기후변화는 대체로 자연자원과 생계를 위협함으로써 집단 간 갈등을 가져오지만, 국지적 차원에서의 갈등 완화 가능성도 있다. 예를 들어, 수온 상승으로 인한 해양 생태계와 수산자원의 변화가 국지적 차원에서는 자원 증가로 이어져 자원을 둘러싼 분쟁 해결에 도움을 주는 경우이다. 물론 북극권을 둘러싼 새로운 갈등에서 볼 수 있듯 새로운 자원의 등장은 이를 차지하기 위한 집단 간 갈등으로 이어질 가능성도 존재하며, 전 지구적 차원에서는 더 큰 갈등을 야기할 가능성 역시 크다는 점에서 이러한 국지적·일시적 분쟁 종식은 제한적이다.

2. 기후변화, 환경협력, 그리고 평화로의 우회로

기후변화와 환경악화는 다양한 행위자의 행태, 유인구조, 인식, 기술에 영향을 주고, 이는 협력적 행동을 통해서 평화로 가는 길을 닦을 수 있다. 이는 각각 확산, 제도 구축, 인식과 정체성 변화, 기술혁신이라는 경로를 통해서 평화에 기여하는 과정이며, 이러한 경로는 서로 독립적으로 작동하기보다는 중첩되고 상호작용하면서 평화 구축과 유지로 연계된다. 이를 구체적으로 살펴보면 아래와 같다.

　　첫째, 기후변화 등 환경 부문에서의 협력, 즉 하위정치에서의 협력이 상위정치에서의 협력으로 확산(spillover)될 수 있다. 국제정치이론 중 기능주의적 설명이 주장하는 것처럼 국가 간 기술적 수준에서의 대화와 협력이 정치적인 영역에서의 협력으로 연결될 수 있다는 점에서 환경 부문에서의 협력이 평화에 기여할 수 있다. 이러한 환경 부문에서의 협력은 정치적 경계, 특정 부문, 거버넌스 수준을 초월하여 확산됨으로써 지속가능한 평화에 기여한다(Dresse et al. 2019).

　　이스라엘과 요르단의 수자원협상이 1994년에 있었던 두 국가 사이의 역사적인 평화협정에 이바지한 사례는 이를 잘 보여준다. 중동 지역에서의 분쟁의 뿌리 깊은 요인 중 하나는 수자원을 둘러싼 갈등이었다. 실제로 이스라엘은 건국 이후 요르단강 및 지하수를 통제하기 위해 노력하였고, 이는 요르단과 팔레스타인의 강력한 반발을 초래하였다. 수자원을 둘러싼 갈등은 정치적 갈등과 결합되고 상승작용을 통해서 무력 분쟁의 원인을 제공하기도 하였다. 이스라엘과 요르단이 공식적으로 전쟁 상황에 있던 가운데에서 수자원을 공동으로 관리하기 위해 양국의 수자원 관리자들은 '피크닉 테이블'에서 만나서 논의를 진행하였고, 정치적·군사적 갈등이 첨예한 가운데에서도 이러한 대화는 지속되었다. 제프리 다벨코(Geoffrey D. Dabelko)에 따르면, 이러한 지속적인 기술적 의견 교환과 소통은 상호 신뢰와 개인적 연계를 구축하였고, 이는 1994년 양국 사이의 평화협정을 체결하는 초석을 마련하였다(Dabelko 2008, 42-43). 즉, 수자원과 같은 상대적으로 '하위정치' 영역에서의 대화와 협력은 '상위정치'에서의 협력을 위한 긍정적 피드백 역할을 수행할 수 있다.

둘째, 지구적, 지역적 환경문제는 관련 국가들이 대응책을 함께 마련하도록 하는 유인을 형성하고 나아가 제도 구축을 통해서 협력을 가져온다. 기후변화가 가져오는 파괴적 영향이 증대됨에 따라 환경과 관련된 국제협력의 필요성이 증가하였고, 실제로 많은 국제기구가 형성되고 협약이 체결되었으며, 양자·다자 대화가 이뤄지고 있다. 이렇게 형성된 국제제도는 당사자들의 시간적 지평(time horizon)을 확장시키고, 정보 제공 등 다양한 유인을 제공함으로써 이들의 보상 구조에 영향을 미쳐 협력적 행동의 가능성을 제고한다(Keohane 1984). 특히, 국제기구 등을 통해서 제도화된 상호작용은 분쟁 당사자 간 불신과 의심을 불식시키고, 상호 언약의 신뢰성을 높이며, 장기적으로 상호 이해와 신뢰를 제고한다(Shannon et al. 2010). 또한, 분쟁 당사자는 국제기구를 통해서 제공되는 정보와 경제적 지원, 중재 등을 통해서 분쟁 해결의 실마리를 찾을 수 있다. 마지막으로 국제제도를 통해서 다양한 규범들이 형성·확산되면서 분쟁 당사자들의 행동 변화를 가져올 수 있다.

실제로 세계은행(World Bank), 국제통화기금(IMF), 유엔세계식량계획(UN World Food Program), 유엔식량농업기구(UN Food and Agriculture Organization, FAO) 등 많은 국제기구는 식량 가격 상승,

식량 부족, 자연재해 등이 야기하는 정치적 불안정과 폭력적 갈등을 미리 예견하고, 긴급구호자금과 재정적 지원을 제공함으로써 분쟁을 방지하는 데 기여하고 있다. 또한, 유엔 평화유지활동은 환경적 평화 구축에 직접적으로 연계되어 있지 않지만, 중앙아프리카공화국, 말리, 남수단 등지에서 가축의 이동 방목 루트에서의 폭력을 방지하기 위해 농부들과 유목민들 사이의 대화를 주선하고, 이동 루트에 대한 합의를 도출하기 위한 공동체들을 지원하는 등 활동 영역을 넓히고 있다(Sarfati 2022, 8).

셋째, 기후변화와 환경악화는 다양한 행위자, 특히 비국가 행위자의 인식을 변화시키고 이러한 변화된 인식은 국가 행위자들의 행동 변화를 위아래에서 요구하고 있다. 기후변화가 가져오는 변화가 일상생활과 생계에 영향을 미치면서 가장 큰 변화 중 하나는 공유된 위기감(shared sense of urgency)이다. 비록 그러한 영향에 대한 대응은 행위자의 역량과 지리적 조건에 따라 상이하지만, 지구적 차원에서 발생하는 기후변화는 인류가 하나의 운명체라는 점을 상기시킨다. 이러한 점에서 기후변화는 다양한 행위자들 사이의 간주관적 이해(inter-subjective understanding)를 높이고 나아가 정체성의 변화를 가져옴으로써 평화에 기여할 수 있다.

보다 구체적으로, 기후변화는 개인, 시민사회, 기업, 과학자 집단의 역능성(empowerment)을 제고하고 있다. 기후변화·환경악화는 국가 간 장벽을 넘어서는 다양한 인식공동체(epistemic community)를 형성하였고, 이러한 인식공동체는 기후변화와 관련된 과학적 지식을 해설하고 담론을 형성하며, 아이디어와 정책 대안을 제시하고, 로비와 캠페인을 통해서 일반시민의 기후변화 관련 인식을 제고하며, 국제기구와 국가 및 지방정부 정책결정자를 설득시키는 데 중요한 역할을 수행한다(Gough and Shackley 2001).[9] 또한, 기업의 ESG 활동, '착한', '윤리적', '책임 있는' 소비자의 등장과 소비패턴의 변화 등은 지구적 차원에서 새로운 규범과 집단적 정체성 형성되고 있음을 보여준다(정헌주 2022). 특히, 미시적 차원에서 기업의 지속가능한 이윤 창출이라는 유인이 환경과 사회적 갈등을 악화시키는 기업활동에 대한 투자 감소로 이어지고 이는 결국 더 나은 환경과 평화라는 거시적 현상의 기틀을 마련할 수 있다.

이러한 점에서 와이스와 버크는 결국 기후변화가 현재의 경쟁적인 로크적 아나키에서 우정에 기반한 칸트적 아나키로 전환하는 데 촉매제 역할을 할 것이라고 주장한다(Weiss and Burke 2011, 1067-1068). 이들에 따르면, 기후변화가 갈등을 가져오지만 역설적으로 이러한 갈등은 비폭력의 규범과 집단적 정체성을 형성하고, 이는 칸트적인 협력의 문화로 연계될 수 있다. 보다 구체적으로는 세 개의 독립적이지만 서로 관련된 사회적 과정들을 통해서 기후변화가 평화적인 국제체제에 기여하는데 각각의 과정은 다음과 같다. 첫 번째 과정은 지난 수 세기, 특히 제2차 세계대전 이후 국가 간 구조적 유사성의 증가이다. 제2차 세계대전 이후 민주주의와 인권 규범이 국제화되면서 각 국가에서는 대표성과 책무성을 제고하고, 국가의 자의적 행동을 제약하는 거버넌스가 형성되었는데, 이로써 국가 간 구조적 동질성이 증대되어 국가들이 서로를 비슷하게 인식하고 동질화하는 집단의 일부로 인식하게 되었다는 것이다(Weiss and Burke 2011, 1063). 두 번째 과정은 앞서 설명한 바와 같이 기후변화로부터 기인하는 불안과 위험으

---

9 1980년대 기후변화가 핵전쟁 다음으로 중요한 안보위험임을 강조하며, 이를 국제정치의 의제로 부상시키는 데 중요한 역할을 하였던 과학자들의 담론 형성 과정에 대해서는 Allan(2017)을 참조하시오.

로 인해서 공동의 운명이라는 인식을 공유하게 되는데, 이러한 위협과 재난이 거대해지고, 자주, 지속적으로 발생하면, 이익에 기반을 둔 일시적인 협력을 넘어서는 정체성의 변화를 가져올 수 있다고 주장한다. 마지막 과정은 이미 기후변화와 관련된 공동의 가치와 규범을 보유하고 추구하는 인식공동체 등 비국가 행위자들이 성장하고 역능성이 강화되면서 이러한 가치와 규범이 국내외 정책과 제도에 더 큰 영향력을 미치게 된다. 이러한 과정이 결합되면서, 기후변화는 '경쟁자'로 구성된 국제사회를 '친구'의 세계사회로 변화시키는 원동력이 된다는 것이다(Weiss and Burke 2011, 1070).

넷째, 기후변화·환경악화를 완화하고 이에 적응하기 위한 노력은 기술혁신을 추동하고 이를 통해서 분쟁 해결에 기여하거나 분쟁 이슈를 기술적인 문제로 재구조화함으로써 탈안보화(de-securitization)할 수 있다. 먼저 기후변화·환경악화가 진행되면서, 기후변화 완화, 대응, 환경보존 등을 위해서 다양한 기술들이 개발되고 활용되고 있다. 예를 들면, 위성 관측자료, 글로벌항법위성시스템 등 우주 기반 자산·기술은 농작물·수자원의 효율적 관리, 생산성 향상, 재난 예측과 대응, 분쟁 지역 모니터링, 평화유지활동 지원 등 기후변화와 분쟁 해결에 동시 대응할 수 있다는 점에서 그 유용성이 있다(정헌주 외 2022). 나아가, 분쟁 이슈를 기술적인 이슈로 전환함으로써 분쟁 해결과 평화 구축을 가져올 수 있다. 특히, 수자원과 관련하여 발생하는 집단 간 (폭력적) 분쟁의 경우, 물 부족 이외의 다양한 정치적·사회적·문화적 갈등이 있음에도 불구하고, 수자원 부족 문제를 해결할 수 있는 기술적 혁신이 이뤄지면서 이를 기술적 문제로 프레임(frame)함으로써 수자원을 둘러싼 갈등이 탈안보화될 수 있다는 것이다(Aggestam 2018).

3. 집단 간 평화와 인간-자연환경 사이의 평화의 가능성

기후변화·환경파괴가 평화에 기여하는 가장 극단적인 방식은 역설적으로 지구가 생존하기 어려운 조건 속에 일종의 균형점으로 회귀하는 것이다. 기후변화는 폭력적 갈등, 전쟁, 기아, 물 부족 등을 통해서 지구적, 지역적, 국가적 차원에서 인구 감소를 가져오고, 감소한 인구수와 이들의 활동이 지구가 수용할 수 있는 능력(carrying capacity)에 수렴한다면, 집단 간 분쟁의 감소를 가져올 수 있을 뿐만 아니라 인간과 자연환경 사이의 새로운 관계가 형성될 수 있다. 하지만, 예측 가능한 미래에 이러한 변화가 발생할 가능성은 크지 않다.[10] 더구나 인구 감소로 인해서 폭력적 갈등이 필연적으로 감소하지 않을 것이라는 점은 과거 지구의 수용 능력이 충분했을 때도 전쟁과 폭력이 끊이지 않았다는 경험을 통해서 쉽게 반증될 수 있다.

보다 윤리적이고 현실적인 집단 간 평화와 인간과 자연 간 평화는 분쟁 지역의 자연보존을 통해서 가능하다. 대표적으로 평화공원(peace parks)은 이러한 가능성을 보여준다. 세계자연보전연맹(International Union for Conservation of Nature and Natural Resources, IUCN)에 따르면, 평화공원이란 "생물다양성과 자연 및 이와 연계된 문화적 자원들의 보존과 유지 및 평화와 협력 증진을 위해서 만들어진 접경지역의 보호된 지역"을 의미한다(Sandwith et al. 2001, 3). 평화공원 혹은 접경지역의 보존된 자연환경은 분쟁 당사국 사이의 완충지대 역할을 함으로써 분쟁 발발을 줄이고 당사국의 안보에 도움을 줄 수 있다. 또한, 접경지대에 대한 공동 관리와 다양한 이해관계자의 참여는 분쟁 당

---

10 세계 인구는 2064년까지 증가하여 정점에 다다르고 이후 하락할 것으로 예상되고 있다(김기범 2022).

사국 간 대화와 소통을 통해서 상호 신뢰를 쌓는 데 기여할 수 있다(Ali 2007).

나아가 보존된 자연은 시간이 흐름에 따라 더 많은 생태적·사회적·문화적·경제적 공유가치를 창출함으로써 분쟁 재발을 방지할 수 있다. 예를 들어, 자연보존을 통해서 다양한 동식물이 서식하고 생태계가 복원되면, 외국인을 포함한 민간인들이 평화공원을 방문하고, 관광지로서 다양한 가치가 창출되어 분쟁의 이익보다 평화의 이익이 더 크다는 인식이 확산된다면, 분쟁 당사자들의 행동이 변화할 수 있다. 실제로 평화공원은 영토 및 자원을 둘러싼 집단 간 분쟁 해결 및 접경지역의 환경보존, 즉 인간과 자연과의 지속가능한 관계 형성과 평화에 기여하고 있다

이러한 가능성을 보여주는 대표적인 예로는 페루와 에콰도르 사이 국경 분쟁 해결과 지속가능한 평화에 중요한 역할을 수행한 콘도르산맥(Cordillera del Cóndor) 평화공원을 들 수 있다(Ali 2007; 이상현·박윤주 2015; 조원선 2019). 페루와 에콰도르 사이에는 매우 오래된 국경 분쟁의 역사가 있다.[11] 19세기 초 남아메리카 대륙에서는 수백 년간 지속된 스페인과 포르투갈에 의한 식민 지배로부터 독립에 성공한 신생 독립국이 등장하였다. 하지만, 새롭게 독립한 국가들 사이에서는 국경을 둘러싼 갈등과 무력 분쟁이 빈번하게 발생하였고, 이 중 가장 오래된 갈등 중 하나는 안데스산맥의 줄기인 콘도르산맥 및 아마존강 유역을 둘러싼 에콰도르와 페루의 영토 분쟁이었다. 19세기 초반 스페인으로부터 독립한 페루와 에콰도르는 콘도르산맥 접경지역에서 잦은 분쟁에 휘말렸으며, 결국 1941년 양국은 전쟁에 돌입하게 되었다. 이

---

11   에콰도르-페루 영토 분쟁의 역사적 기원에 대해서는 이상현·박윤주(2015, 4-9)를 참조하시오.

전쟁에서 페루가 승리하면서 양국은 1942년 휴전에 합의하였고, 그 결과 에콰도르는 아마존강 및 주변 영토에 대한 접근권을 상실하였다. 그럼에도 불구하고 국경 설정 과정에서 부정확한 측량 정보로 인해 콘도르산맥을 가로지르는 78km 구간에서의 국경 설정은 중단되었고, 이후 양국은 콘도르산맥 접경지에서 지속적으로 충돌하였다.

1995년 1월 에콰도르와 페루는 양국 영토 분쟁의 오랜 역사 중에서 가장 심각한 무력 분쟁인 세네파(Cenepa) 전쟁에 돌입하였고, 그 결과 수백 명의 사상자가 발생하였다. 1995년 2월 양국은 휴전에 합의하였고, 이를 감시하기 위해 아르헨티나, 브라질, 칠레, 미국은 접경지역에 군대를 주둔시켰다. 양국은 협상 끝에 1997년 브라질리아 선언(Declaration of Brasilia)을 발표하였는데, 여기에는 상업 및 항행 협정, 양국에 필요한 발전을 추동하기 위한 국경 통합, 분쟁을 방지하기 위한 상호안보협정, 영토 경계 확정 등이 포함되었다. 선언 이후 구체적인 실행과 관련한 협상은 지지부진하게 이어졌지만, 1998년 10월 양국의 대통령은 마침내 영토 분쟁의 최종적인 해결을 발표하면서, 양

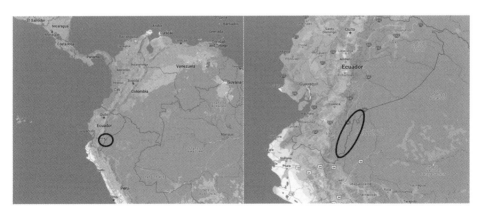

그림 8-2 에콰도르-페루 국경 지역과 콘도르 산맥(Cordillera del Cóndor)
출처: Google Maps.

국 접경지역을 보호구역으로 지정하고, 국제기구, 양국의 NGO, 지역 공동체 등 다양한 이해관계자를 포함하는 거버넌스를 통해서 콘도르 산맥 평화공원을 관리할 것을 확인하였다.

페루와 에콰도르가 오랜 영토 분쟁을 끝낼 수 있었던 원인에는 다양한 정치적, 사회적, 경제적 요인들이 있다. 베스 시먼스(Beth A. Simmons)에 따르면, 양국의 정치적 리더십이 보여주었던 문제 해결을 위한 확고한 의지, 분쟁 해결을 선호하는 양국의 여론, 보장국가 등 지역의 외부 행위자 등이 양국 간 영토 분쟁을 해결하는 데 중요한 역할을 수행하였다(Simmons 1999, 16-19). 또한, 당시 양국 모두 경제 상황은 매우 불안하였으며, 양국 지도자들은 평화협정 실패로 인한 정치적 부담까지 고려해야 했다는 국내정치적 요인 역시 중요하였다(조원선 2019). 물론 이러한 정치적, 경제적 요인은 양국 간 폭력적 갈등 해소와 평화협정 체결에는 중요했지만, 평화의 지속가능성까지 담보할 수는 없었다.

실제로 평화협정 이후 양국의 정치적, 경제적 상황이 변화하였음에도 불구하고 양국 간 평화가 지속된 중요한 원인 중 하나는 콘도르 산맥 평화공원의 역할이다. 실제로 평화협정 이후 해당 지역을 관리하기 위해서 양국의 프로젝트가 시행되었는데, 동 프로젝트는 NGO—Fundacion Natura와 CI-Peru—가 실행하고, 양국 정부와 국제보존협회(Conservation International), 국제열대목재기구(International Tropical Timber Organization, ITTO)가 기술적 지원과 모니터링을 제공하였다. 특히 이들은 해당 접경지역에 거주하는 토착민 집단을 거버넌스에 참여시켜 이들의 경험과 지식을 활용함으로써 다양한 공유가치를 창출하고 있다. 결과적으로 토착민 집단, NGO, 국제기구, 양국 중앙 및 지방정부가 함께 참여하는 평화공원 거버넌스는 다양한 이해당사자 간 신뢰를 구축하고, 다양한 경제적, 사회적, 정치적 가치를 창출함으로써 평화의 지속가능성을 높이고 있다. 나아가, 이러한 평화공원을 관리·유지하기 위한 노력은 양국이 공유하는 생물학적 다양성과 자원의 보존을 통해 인간과 자연 사이의 지속가능한 평화에도 이바지하고 있다는 점에서 중요한 시사점을 제공한다.[12]

IV. 결론

기후변화·환경악화는 지구상 모든 생명체와 무생물, 이들의 상호작용에 영향을 미치고 있다. 기후변화·환경악화는 특히 개발도상국과 최빈국 및 경제적·사회적으로 배제된 집단과 개인의 취약성을 높이고, 이러한 취약성은 갈등의 폭력성을 높이고 있다. 이러한 폭력적 갈등은 기후변화 완화와 대응 역량을 감소시키는 등 직간접적으로 다시금 취약성을 악화시키고 환경에 부정적 영향을 미치고 있다(Yayboke et al. 2022). 이러한 악순환은 특정 임계점에서 자연적으로—혹은 자연에 의한 폭력적 방식으로—해결될 수도 있지만, 분쟁 당사자의 인식, 역량, 가용자원의 변화, 외부 행위자의 개입 등을 통해서도 변화할 수 있다.

이러한 점에서 본 연구는 기후변화와 이에 대응하기 위한 개별적 노력이 집합적 수준에서 분쟁의 감소와 종식, 그리고 평화라는 현상을 초래하는 가능성을 탐색하였다. 특히 국가 중심적, 인간 중심적 안보와 평화라는 기존의 분석틀로서는 설명력이 한계적일 수밖에 없는 기후

---

12 물론 DMZ 평화공원 조성을 통해 남북한 신뢰 구축과 경제적 가치 창출에 대한 많은 논의가 있었지만(조한범 외 2016; 정대진 2019), 현재의 난맥은 평화공원을 둘러싼 맥락적 요인과 상위정치가 여전히 중요하다는 점을 보여준다.

변화, 환경문제는 비국가·비인간 행위자성이 고려되어야 한다는 점에서 신흥평화의 대표적 이슈이다. 기후변화와 분쟁 해결에 대한 국가 중심적인 접근이 한계적이라는 점이 확실해지는 상황에서 다양한 비국가 행위자—개인, 시민사회, 기업, 과학자·전문가 집단, 국제기구 등—의 역할은 갈수록 커지고 있다. 이러한 비국가 행위자는 분쟁 지역, 취약 국가, 재난 지역 등에 직접 개입하거나 재정 지원, 정보 제공, 인식 제고 등 간접적 방식으로 해당 지역의 행위자들에게 영향을 미치고 있다. 이들은 자신이 속해 있는 국가라는 정치공동체를 통해서 기후변화로 야기된 문제를 해결하기보다는 오히려 국가가 문제의 원천임을 강조하면서, 지구적·지역적·지방적 수준에서 다양한 행위자와 연대하며 새로운 집단적 정체성을 형성하고, 이를 기반으로 평화로운 문제 해결 방안을 모색하고 있다.

또한, 공유재로서의 자연은 이를 활용하는 행위자가 다른 행위자와 자연을 어떻게 인식하고 상호작용하는가에 따라서 갈등과 경쟁의 원천이 되기도 하지만, 그 자체로 해결 방안을 제시해 주기도 한다. 기후변화와 이로 인한 일상적, 때로는 파국적 효과는 인류가 서로 연결되어 있으며, 자연과도 필연적으로 연결된 운명공동체라는 점을 일깨워 주고 있다. 이러한 자각이 확산되고 공유되면서 개인의 정체성과 행동 변화를 가져온다면, 미시적 차원에서의 다양한 실천들이 누적되어 질적 변화가 창발할 가능성, 즉 신흥평화의 잠재적 가능성은 환경악화가 더욱 심각해질수록 커질 수 있다.

기후변화와 환경악화가 개인과 집단, 국가 간의 평화뿐만 아니라 인간과 자연 사이의 지속가능한 평화를 가져올 수 있다는 주장은 단지 희망적 사고(wishful thinking)일 수 있다. 하지만, 본 연구에서 살펴본 다양한 사례와 연구는 국가안보와 인간안보에 부정적 영향을 미치는 기후변화가 역설적으로 안보를 증진시키는 평화 구축과 유지에 기여할 수 있음을 보여준다. 물론 기후변화가 초래할 평화가 얼마나 깊고 지속적인지는 시간이라는 시험대를 통과해야 할 것이다. 기후변화·환경악화가 평화에 이르는 길은 매우 복잡하고 울퉁불퉁하며, 때로는 막혀 있을 수도 있다. 하지만, 이러한 길을 찾는 행위자들의 끊임없는 노력과 예측할 수 없는—운을 포함한—다양한 동태적 변화의 가능성은 기후변화와 평화 사이의 경로가 개척될 수 있음을 희망케 한다.

참고문헌

김기범. 2022. "세계 인구 2064년 정점 뒤 하락···금세기말 88억명, 한국 인구는 반토막." 경향신문, 2022.7.15. https://m.khan.co.kr/science/science-general/article/202007 151347001 (검색일: 2022.11.5.).

김상배. 2016. "신흥안보와 메타 거버넌스: 새로운 안보 패러다임의 이론적 이해." 『한국정치학회보』 50(1): 75-104.

김유철. 2021. "신안보 이슈의 안보화 과정: 기후변화와 팬데믹 이슈의 비교를 중심으로." 『국가안보와 전략』 21(3): 1-38.

반길주. 2021. "신냉전 시대 북극해 딜레마: 국제체제적 분석과 전망." 『한국과 국제정치』 37(2): 47-89.

이상현·박윤주. 2015. "에콰도르-페루 국경 분쟁의 결과와 의미." 『이베로아메리카』 17(1): 1-26.

이재승·김성진·정하윤. 2014. "환경협력을 통한 평화구축의 이론과 사례: 한반도에의 적용에 대한 고찰." 『한국정치연구』 23(3): 163-188.

정남기. 1992. "중동평화회의 수자원협상 개막." 한겨레, 1992.5.14. https://www.hani.co. kr/arti/legacy/legacy_general/L369534.html (검색일: 2022.11.15.).

정대진. 2019. "DMZ 평화적 이용을 위한 남북합의와 향후 과제." 『국가전략』 25(3): 97-120.

정헌주. 2022. "ESG와 글로벌 환경 거버넌스: 새로운 기회와 과제." 서울대학교 국제문제연구소 이슈브리핑 No. 145.

정헌주·백유나·정윤영. 2022. "우주와 국제개발협력: 우주기술을 활용한 지속가능발전목표 달성에 대한 탐색적 분석." 『사회과학연구』 33(2): 125-147.

조원선. 2019. "전망이론을 통한 에콰도르-페루 국경분쟁 해결과정 사례연구." 『21세기정치학회보』 29(4): 121-141.

조한범·김규륜·임강택·추장민·최용환. 2016. "「그린데탕트」 실천전략: DMZ 세계생태 평화공원사업을 중심으로." 통일연구원 KINU 연구총서 16-14.

최원기. 2013. "기후변화와 안보에 대한 국제적 논의 동향과 한국의 대응방향." 『주요국제문제 분석』 국립외교원 외교안보연구소, No. 2013-09.

Aggestam, Karin. 2018. "Depoliticisation, water, and environmental peacebuilding." in Ashok Swain and Joakim Öjendal. eds., *Routledge Handbook of Environmental Conflict and Peacebuilding*. New York: Routledge.

Ali, Saleem. 2007. "Introduction: A Natural Connection between Ecology and Peace?" in Saleem Ali. ed., *Peace Parks: Conservation and Conflict Resolution*. Cambridge: Cambridge University Press.

Allan, Bentley. 2017. "Second Only to Nuclear War: Science and the Making of Existential Threat in Global Climate Governance." *International Studies Quarterly*

61(4): 809-820.

Amster, Randall. 2018. "Environment, climate change, and peace." in Ashok Swain and Joakim Öjendal. eds., *Routledge Handbook of Environmental Conflict and Peacebuilding*. New York: Routledge.

Barnett, Jon. 2003. "Security and Climate Change." *Global Environmental Change* 13(1): 7-17.

Billon, Philippe Le, and Arno Waizenegger. 2007. "Peace in the wake of disaster? Secessionist conflicts and the 2004 Indian Ocean tsunami." *Transactions of the Institute of British Geographers* 32: 411-427.

Conca, Ken, and Michael D. Beevers. 2018. "Environmental pathways to peace." in Ashok Swain and Joakim Öjendal. eds., *Routledge Handbook of Environmental Conflict and Peacebuilding*. New York: Routledge.

Dabelko, Geoffrey D. 2008. "An Uncommon Peace: Environment, Development and the Global Security Agenda." *Environment: Science and Policy for Sustainable Development* 50(3): 32-45.

Dresse, Anaïs, Itay Fischhendler, Jonas Nielsen, and Dimitrios Zikos. 2019. "Environmental Peacebuilding: Towards a Theoretical Framework." *Cooperation and Conflict* 54(1): 99-119.

Gaillard, Jean-Christophe, Elsa Clavé, and Ilan Kelman. 2008. "Wave of peace? Tsunami disaster diplomacy in Aceh, Indonesia." *Geoforum* 39(1): 511-526.

Gleick, Peter. 2014. "Water, drought, climate change, and conflict in Syria." *Weather, Climate and Society* 6(3): 331-340.

Gleditsch, Nils, Ragnhild Nordås, and Idean Salehyan. 2007. *Climate Change and Conflict: The Migration Link*. New York: International Peace Academy.

Gough, Clair, and Simon Shackley. 2001. "The Respectable Politics of Climate Change: The Epistemic Communities and NGOs." *International Affairs* 77(2): 329-345.

IPCC. 2022. "Climate Change 2022: Impacts, Adaptation and Vulnerability." Contribution of Working Group II to the Sixth Assessment Report of the Intergovernmental Panel on Climate Change [H.-O. Pörtner, D.C. Roberts, M. Tignor, E.S. Poloczanska, K. Mintenbeck, A. Alegría, M. Craig, S. Langsdorf, S. Löschke, V. Möller, A. Okem, B. Rama (eds.)]. Cambridge, UK and New York, NY, USA.: Cambridge University Press.

Keohane, Robert. 1984. *After Hegemony: Cooperation and Discord in the World Political Economy*. Princeton: Princeton University Press.

Kelley, Colin, Shahrzad Mohtadi, Mark Cane, Richard Seager, and Yochanan Kushnir. 2015. "Climate change in the Fertile Crescent and implications of the recent Syrian drough." *Proceedings of the National Academy of Sciences* 112(11): 3241-3246.

Kelman, Ilan. 2005. "Tsunami Diplomacy: Will the 26 December, 2004 Tsunami Bring Peace to the Affected Countries?" *Sociological Research Online* 10(1). http://www.

socresonline.org.uk/10/1/kelman.html.

Milan, Andrea, Robert Oakes, and Jillian Campbell. 2016. *Tuvalu: Climate change and migration–Relationships between household vulnerability, human mobility and climate change*. Report No. 18. Bonn: United Nations University Institute for Environment and Human Security.

Raleigh, Clionadh, Lisa Jordan, and Idean Salehyan. 2008. *Assessing the Impact of Climate Change on Migration and Conflict*. Washington, D.C.: The World Bank.

Reuveny, Rafael. 2007. "Climate change-induced migration and violent conflict." *Political Geography* 26(6): 656-673.

Sandwith, Trevor, Clare Shine, Lawrence Hamilton, and David Sheppard. 2001. *Transboundary Protected Areas for Peace and Co-operation*. IUCN, Gland, Switzerland, and Cambridge, UK.

Sarfati, Agathe. 2022. "Toward an Environmental and Climate-Sensitive Approach to Protection in UN Peacekeeping Operations." International Peace Institute. Issue Brief. October.

Selby, Jan, Omar Dahi, Christiane Fröhlich, and Mike Hulme. 2017. "Climate change and the Syrian civil war revisited." *Political Geography* 60: 232-244.

Shannon, Megan, Daniel Morey, and Frederick Boehmke. 2010. "The Influence of International Organizations on Militarized Dispute Initiation and Duration." *International Studies Quarterly* 54(4): 1123-1141.

Sikorsky, Erin. 2022. "The World's Militaries Aren't Ready for Climate Change." *Foreign Policy*. September 22. https://foreignpolicy.com/2022/09/22/militaries-climate-change-security-threats-strategy-floods-fires/ (검색일: 2022.12.5.).

Simmons, Beth. 1999. *Territorial Disputes and Their Resolution: The Case of Ecuador and Peru*. United States Instutute of Peace.

Swain, Ashok, and Joakim Öjendal. 2018. "Environmental conflict and peacebuilding: an introduction." in Ashok Swain and Joakim Öjendal. eds., *Routledge Handbook of Environmental Conflict and Peacebuilding*. New York: Routledge.

U.S. Air Force. 2020. *Arctic Strategy*. July 21.

U.S. Army. 2021. *Regaining Arctic Dominance*. January 19.

_____. 2022. *Climate Strategy*. February.

U.S. Department of Defense. 2010. *Quadrennial Defense Review Report*. February.

U.S. Navy. 2021. *A Blue Arctic: A Strategy Blueprint for the Arctic*. January 5.

United Nations. 2009. "Climate change and its possible security implications." Report of the Secretary-General. September 11.

Weiss, Thomas, and Martin Burke. 2011. "Legitimacy, Identity and Climate Change: Moving from International to World Society?" *Third World Quarterly* 32(6): 1057-1072.

Wither, James. 2021. "An Arctic security dilemma: assessing and mitigating the risk of unintended armed conflict in the High North." *European Security* 30(4): 649-666.

World Bank, and United Nations. 2018. *Pathways for Peace: Inclusive Approaches to Preventing Violent Conflict.* Washington, D.C.: World Bank Group.

World Economic Forum. 2022. *The Global Risks Report 2022.* 17th Edition. WEF.

Yayboke, Erol, Catherine Nzuki, and Anastasia Strouboulis. 2022. "Going Green While Building Peace: Technology, Climate, and Peacebuilding." Center for Strategic and International Studies. March 3. https://www.csis.org/analysis/going-green-while-building-peace-technology-climate-and-peacebuilding (검색일: 2022.12.10.).

제9장   신흥평화 연구로서의
인권과 난민·이주

이신화(고려대학교 정치외교학과)

I. 서론

군사력 중심의 전통안보와 강대국 정치의 소용돌이 속에 각국이 생존 전략을 모색하는 것이 여전히 국가안보에 있어 핵심적인 사안인 가운데, 코로나19 팬데믹 이전부터 가시화된 전염병, 지구온난화, 난민, 테러 등 신흥안보 영역이 초래하는 정치적, 경제적, 사회적, 인도적 파장이 점점 확대되고 있다. 특히 경제와 안보 및 기술과 안보의 상호 연계성이 점점 높아지면서 강대국 패권경쟁의 '게임체인저'가 되고 있어, 신흥안보 이슈들이 어떠한 조건과 상호작용을 통해 불안정과 안보위협의 임계점을 넘어서는지에 대한 관점에서 국제관계 및 국가안보를 규명하고 대책을 마련하는 것이 시급해진 것이다.

　이렇듯 안보의 개념과 이슈와 특성이 전통적 군사 영역으로부터 확대되고 있는 국제관계에서 평화 연구도 전통안보의 시각에서만이 아니라 포괄적 안보, 특히 신흥안보 영역에서의 평화 개념이 무엇이고 평화에 대한 새로운 접근이나 담론을 모색할 필요가 있다. 전통적 안보 논의에서 평화는 불안정과 불안이 만연한 지역이나 상황에서 폭력, 갈등, 불안이 없는 상태를 의미한다. 여기서 한발 나아가 요한 갈퉁(Johan Galtung)의 평화 개념은 단순히 폭력과 갈등의 부재라는 '소극적 평화(negative peace)'를 넘어서 평화에 대한 포괄적이고 총체적인 접근을 지향한다. 그에 따르면 평화는 개인과 공동체가 존엄성, 안전 및 번영 속에 살 수 있는 조건을 만드는 것과 관련된 적극적 평화(positive peace)의 존재이다(Galtung 1985).

　하지만 탈냉전기 안보 연구가 비전통안보, 포괄안보, 신안보, 신흥안보 등의 용어로 활발하게 진행된 반면, 평화 연구는 학문적 노력이 없었던 것은 아니지만(하영선 2002; Anderson 2004; Diehl 2016; 이정우 2018; 김성철 2021), 시대적 변화를 읽어내는 역할을 하기에는 부족한 감이 크다. 신흥안보와 동시에 '신흥평화(emerging peace)'에 대한 이론적, 경험적 연구를 진작시킬 모멘텀이 필요한 시점이다.

신흥평화 개념은 분쟁 해결, 인간안보(human security) 또는 평화 구축과 같은 평화의 특정 측면에 더 초점을 맞출 수 있다. 예를 들어 안보(혹은 신흥안보) 측면에서의 분쟁 해결은 협상과 타협을 통해 평화적으로 갈등을 해결하는 데 초점을 맞추지만, 인간안보 측면에서의 신흥평화는 폭력과 불안으로부터 개인과 공동체를 보호하는 것을 강조한다. 또한 평화 구축은 지속가능한 평화를 구축하고 분쟁 후 사회에서 분쟁의 재발을 방지하기 위한 장기적인 노력에 중점을 둔다. 따라서, 보다 근본적으로 평화를 유지하기 위해 정치적, 사회적, 경제적 문제와 같은 갈등과 불안정의 근본 원인을 해결하고 다양한 그룹 간의 대화, 협력 및 화해를 촉진하고, 법치주의를 강화하고 인권을 보호하며 지속가능한 평화와 발전을 구축해야 한다는 측면에서 평화의 이론과 실천적 방안에 접근할 필요가 있다.

이러한 문제의식을 토대로 본 논문은 탈냉전기 이후 비전통안보나 인간안보 차원에서 논의되어온 인권과 난민·이주 이슈가 새삼 왜 신흥안보 이슈이며, 이러한 신흥안보의 틀 속에서 무엇이 진정한 '평화 상태'이고, 어떠한 '폭력/갈등/불안정-안정/안보-평화'의 과정을 거치는지에 대해 고찰할 것이다. 또한 이러한 이슈들은 왜 실천적 행동전략을 토대로 할 때 비로소 진정한 신흥평화 연구의 목적과 필요성을 달성할 수 있는지에 대해 논하고자 한다.

II. 전통적 평화 개념의 한계와 신흥평화 관점의 필요성

1. 요한 갈퉁의 평화 개념과 그 한계

평화(peace)란 좁은 의미로 '전쟁 부재의 상태'인데, 이는 유럽에서 로마 가톨릭 교회파와 프로테스탄트 교파 국가 간 벌어졌던 종교전쟁인 30년전쟁(1618~48년) 등을 겪으며 타국으로부터 공격을 당하지 않는 전쟁 억지력을 토대로 한 세력 균형 상태를 일컬었다. 그러나 현대 평화학자들은 이러한 전쟁이 없는 상황만이 아니라 보다 궁극적으로 인류가 적대감과 갈등 및 폭력 없는 상황에서 상호 이해하고 우호적으로 조화를 이루는 평화를 지향한다. 마하트마 간디(Mohandas Karamchand Gandhi)는 평화를 단순한 전쟁 부재가 아니라 정의(justice)가 실현되는 상태라 하였고, 마틴 루터 킹(Martin Luther King Jr.) 역시 진정한 평화를 이루기 위해서는 긴장이 없는 관계를 뛰어넘어 정의를 구현해야 한다고 주장한 바 있다(King 1999).

요한 갈퉁의 소극적 평화와 적극적 평화 연구는 국제관계에 있어 가장 대표적인 평화 개념으로 자리 잡았다. 그의 『평화적 수단에 의한 평화(*Peace by Peaceful Means*, 1996년)』에 따르면, 소극적 평화란 폭력이 없는 상태(absence of violence)로 전쟁, 테러, 범죄, 폭행을 포함한 직접적이고 물리적인 폭력의 부재를 일컫는다. 이 개념은 빈곤, 기아, 정치적 억압, 종교 및 사사의 차별, 인권침해와 같은 비물리적 침해에 의한 고통을 대변하지 못하는 한계가 있으므로, 구조적, 문화적 폭력까지 부재한 적극적 평화가 평화의 궁극적 목표라는 것이 갈퉁 평화학의 핵심이다(Galtung 1985). 그의 '평화적 수단에 의한 평화'를 골자로 하는 연구에 따르면, 폭력은 전쟁, 여성과 소수민족에 대한 차별이

나 감금, 경제제재, 사형제도 등 인간의 기본권을 해치는 것으로 정의
된다. 그리고 이러한 '구조적 폭력'을 야기하는 억압, 착취, 차별, 분리,
분열 등을 극복하기 위한 대응으로 인권, 평등, 연대, 통합, 수평적 조
직을 제안하였다. 결과뿐만 아니라 수단과 과정으로서의 평화도 중요
하다는 것이 핵심 요지이다(Galtung 1996).

갈퉁의 평화론을 이해하기 위해 그의 '다른 눈으로 보는 인권
(Human Rights in Another Key)'에도 주목할 필요가 있다. 그는 서구
중심적이고 국제법을 근간으로 하는 기존의 인권론의 한계를 지적한
다. 서양 인권을 인류 보편적 인권으로 간주하는 것은 개인, 국가, 국제
사회의 3차원적 맥락을 망라해야 하는 국제인권 담론에서 비서구 문
화권의 인권 전통은 간과한 채 서구인이 만들어낸 서양적 구성에만 의
거하는 것이라 보았다. 또한, 갈퉁은 사회과학에 보편적 법칙이 없듯
이 보편적 법이 존재하지 않고, 국제법에 기반한 인권론을 '피상적 인
권(shallow rights)'이라 지적하였다. 그는 인간의 필요(needs) 및 개개
공동체 역사와 문화 등에 대한 깊은 이해 및 이와 긴밀하게 연계된 맥
락에서의 인권을 다루는 것이 '보다 심층적인 권리(deeper rights)'이
며 진정으로 인권을 증진하는 것이라 주장하였다.

이러한 맥락에서 1948년 세계인권선언은 인권의 보편성을 발전시
켜나가는 과정 중 하나의 단계일 뿐, 보편성이란 모든 문화나 공동체
가 관계하는 끝없는 과정(endless process)임을 강조하였다. 따라서 갈
퉁은 인간의 필요에 생존(survival), 안녕(wellbeing), 정체성(identity),
자유(freedom)를 포함하고, 여기에 세계인권선언, 국제자유권 규약,
국제사회권규약에 명기하되 인권 리스트를 재배치하였다. 이를 토대
로 인권, 발전, 평화의 요소들을 연계시켜 구조적 접근을 강조하였다
(Galtung 1994).

갈퉁의 이러한 평화론은 그의 초기작인 1969년 "폭력, 평화, 평화연구(Violence, Peace, Peace Research)"에서 폭력의 3가지 핵심요소를 정의하기 위한 평화와 갈등 연구의 분석틀로 '갈등의 삼각형(Conflict Triangle)'을 제시한 데에서 비롯되었다. 그는 이 연구에서 평화는 널리 수용된 사회적 목표에 의해 정의 내려져야 하고, 모든 평화상태는 폭력이 없는 것을 특징으로 해야 한다는 원칙을 강조하였다.

또한 갈퉁의 적극적 평화론은 케네스 볼딩(Kenneth E. Boulding)과의 논쟁을 통해 그 한계를 노정시켰을 뿐 아니라 더욱 구체화되었다고 할 수 있다. 볼딩은 "요한 갈퉁과의 12개 우호적 논쟁(Twelve Friendly Quarrels with Johan Galtung)"이라는 논문을 통해 다음과 같은 비판을 한다. 우선 갈퉁의 평화이론은 구조적이고 정적(structural-static)이라는 것이다. 즉 갈퉁은 그가 나쁘다고 생각한 것들에 대해 변화가 필요하다고 보는 '규범적(normative) 인식'을 가지고 있으며, '구조적 폭력과 행태적 폭력(structural vs. behavioral violence)', '강자와 약자(top dogs vs. under dogs)', '중심과 주변(center vs. periphery)' 등과 같이 현실을 이분법적으로 분석하는 특성을 갖는다고 비판하였다. 그러면서 볼딩은 현실 세계는 무질서적 특성과 예측 불가한 매개변수들로 인해 이분법적으로 사고하는 것과 관련하여 한계가 존재한다고 주장하였다(Boulding 1977).

둘째, 볼딩은 갈퉁의 평등제일주의의 오류를 지적하였다. 볼딩에 따르면, 갈퉁은 적극적 평화를 저해하는 억압과 차별의 발생이 자산과 권력의 구조에서 비롯된다고 본다. 볼딩은 갈퉁의 평등은 자유(liberty)의 손실을 포함한 것임을 간과하고 있다고 지적하였다. 즉, 자유로운 재화(property)의 운용은 평등의 손실을 불가피하게 한다는 것이다. 불평등의 발생을 계서(hierarchy)에 기반한 지배의 결과로만 보는 데에는 문제가 있다는 것이다. 볼딩은 지배와 억압이 문제가 될 수 있으나, 이는 조직 속에서 해결해야 할 문제이지 계서 자체를 없앤다고 해결될 것은 아니라고 주장하였다(Boulding 1977).

갈퉁의 평화 개념은 평화를 소극적, 적극적 평화로 구분함에 따라 평화가 '국가안보'에서 '인간안보(human security)' 차원으로 확장되어 논의되는 초석을 마련했다는 점에서 그 의의가 있다. 그러나, 반대론이 강조했듯이 적극적 평화가 차별과 억압의 상태를 평등의 상태로 변화시킴으로써 달성될 수 있는 것인가에는 여전히 의문이 존재하며, 구조적이고 문화적인 폭력이 없는 상태가 구체적으로 어떤 상태인지 역시 모호하다는 한계가 있다.

더욱이 갈퉁의 평화 개념은 저서에서 서양적 평화 구성에서 벗어나야 한다고 주장하면서도 여전히 서구 중심으로 유사 입장(like-minded) 국가들의 사고방식에 천착해 있다. 이러한 평화 개념은 그와 중도 또는 대척점에 있는 비서구 국가나 입장이 다른(unlike-minded) 국가들을 비규범적(non-normative)인 것으로 단정하는 경향이 강하다. 또한, 갈퉁은 평화를 평화적인 수단(방법)으로 달성해야 한다고 주장한다. 즉, 평화적인 수단(방법)에 의해서만 평화의 달성이 가능하다고 보는 것이다(Galtung 1996). 그러나 독재와 같이 직·간접적 폭력 수준이 높은 정권 형태 하에서 비폭력적인 평화의 추구가 과연 얼마나 효과적일지에는 여전히 의문이 남는다.

2. 신흥평화 연구의 특성과 의의

전쟁의 부재는 평화의 가장 기본적 필수요건이라는 점에서 신흥안보 영역에서도 폭력의 부재는 핵심 조건이다. 그러나 사이버, 보건, 환경,

이주, 인권 등과 같이 소위 말하는 비전통안보 혹은 신흥안보 이슈가 점점 중요한 안보 의제로 자리매김해 가고 있는 추이를 고려할 때, 전통적 군사안보 측면에서 역점을 두는 평화의 조건과 상태만이 아니라 이러한 여러 신흥안보 이슈들이 공통으로 그리고 각기 다르게 드러내 보이는 평화의 조건과 상태를 연구할 필요가 있다. 요한 갈퉁이 지칭한 전쟁의 부재라는 '소극적 평화'를 넘어 구조적 폭력을 제거하는 '적극적 평화'로만 설명될 수 없는 새로이 부상한 신흥안보 위협 속에서 이슈별, 혹은 이슈 연계적인 면에서의 평화의 상태에 대한 논의가 필요한 시점이다.

둘째, 신흥평화 연구는 신흥안보의 맥락에서의 평화 상태를 연구한다는 점에서 어떻게 평화가 부상(emerging)하는지, 혹은 할 수 있는지에 대한 동적인 과정(dynamic process)을 설명하는 것이 중요하다. 즉 전통안보에 관한 학술적, 징책적 담론은 폭력을 제거하여 안보를 담보하고, 한발 더 나아가 평화를 구축하는 논리를 설정한다. 이러한 논리는 국가 간 전쟁뿐 아니라 탈냉전기 창발한 내전이나 정치인종 분쟁 등도 적용되는데, 유엔의 평화 활동(peace operation)은 평화 조성(peacemaking), 평화 유지(peacekeeping), 그리고 전후 평화 구축(post-conflict peacebuilding)의 스펙트럼을 띤다. 평화를 만들고 유지하는 것은 완전한 평화가 아니고 안정화(stablization) 과정이며, 제대로 된 평화 구축이 이루어지지 않는 한 내전 재발 우려가 크기 때문이다. 유엔평화구축위원회 조사에 따르면, 새로운 분쟁 발발보다 휴전이나 종전된 폭력 분쟁이 재발할 우려가 훨씬 크다. 이는 평화는 한번 이루어지면 정착되는 것이 아니라 불안정-안정-불안정으로 계속 떠다니는 '전쟁-평화의 연속체(continum)' 선상에서 이해해야 한다는 것과 맥을 같이한다(김상배 2022).

셋째, 신흥평화 연구는 복잡하고 불확실한 국제관계 속에서 새로운 혹은 확장된 안보 연구뿐 아니라 확장된 새로운 평화 담론을 개발해야 한다는 점에서 의의가 있다. 따라서 앞서 언급한 대로 전통안보뿐 아니라 신흥안보에서의 평화, 특히 이슈별 평화 상태를 규명하는 작업이 필요하다. 하지만, 신흥평화연구의 최종 목표(end state)는 신흥평화란 무엇인가에 대해 논하는 두뇌집단(Think Tank)의 담론을 뛰어넘어 실질적으로 사회적, 국가적, 지역적, 국제적 차원의 적극적 평화 달성을 위한 '실천 탱크(Do Tank)'의 전략이 수반되어야 한다. 결국 신흥평화 연구는 복잡하고 불확실한 오늘날 세계정세와 분열되고 갈등적인 국내 상황을 극복하는 건설적인(constructive) '신평화운동'으로 이어질 때 그 학문적, 정책적, 사회적 의의가 있을 것이다.

넷째, 신흥평화의 담론을 형성하고 이를 실천적으로 추진하는 과정에서 민주주의나 사회주의 국가 등 여러 형태의 국가 신념을 모두 아우를 수 있는 '신흥평화 개념'의 수립이 필요하다. 앞서 갈퉁 평화론의 한계에서도 알 수 있듯이, 1948년 당시 유엔 가입 전체 58개국이 선언문 완성을 위해 하나하나의 단어도 합의를 통해 면밀하게 검토하고 2년간 총 1,400번의 투표를 거쳐 만들어낸 인류 보편적이라는 세계인권선언문마저도(국가인권위원회 2016) 서구 중심으로 적용되고 있다는 비판이 커지고 있다.

그러나, 최근 우크라이나를 상대로 전쟁을 개시한 러시아에 대한 경제제재 움직임에서 인도·사우디아라비아·아랍에미리트 등 미국의 주요 우방국들이 대거 이탈하는 현상이 발생하는 등 유사 입장국들 간에도 이견 대립 현상이 발생하고 있다. 해당 국가들은 이탈에 대한 구체적인 이유를 분명히 밝히지는 않았지만, 경제적인 요인이 크게 작용한 것으로 보인다(이지민 2022). 갈퉁의 평화 개념은 바람직한 행위와 그렇지 않은 행위를 규범적으로 나누는 것에서 기인하는데, 이러한 특성으로 인해 '유사 입장국들이 공유하는 평화 개념'의 성격을 갖는다고 볼 수 있다. 하지만, 최근 들어 서구 주류 국가들과 비주류 국가들의 의견이 분열되는 현상이 자주 발생하고 있음을 고려했을 때, 갈퉁이 제시한 서구 중심의 유사 입장국들의 평화가 어느 정도까지 규범적인 것으로 해석될 수 있을지는 점점 더 논란이 되고 있다.

결국 평화에 반하는 '폭력'의 정의와 관련한 '최소한의 기준선(baseline)'을 수립할 필요가 있는데, 이를 위해 유사 입장국들이 어떠한 합의를 얼마나 지속적이고 강도 있는 연대를 통해 전통안보뿐 아니라 신흥안보의 맥락에서 평화의 개념을 굳히고, 이를 토대로 입장과 우선순위가 다르거나 중립적 견해를 가진 국가들을 어떻게 설득하여 함께 할 수 있는지에 대한 관여(engagement) 과정이 필요하다.

III. 인권과 난민·이주 이슈에 대한 신흥평화 연구

1. 인권 문제

인권은 자유, 정의, 평화의 가장 기초적 토대이다. '인류에 대한 존중(respect for humanity)'은 개인뿐 아니라 한 국가를 넘어 지역적, 국제적 차원에서 개인과 공동체가 진정으로 완전하게 발전할 수 있도록 한다. 평화란 해방을 추구하는 지속적인 과정으로, 젠더, 계급, 인종, 민족, 국적 등에 기반한 착취나 국가의 강압적 관행들을 해체하는 과정이다(Singh 2009). 따라서 인권의 발전은 세계 어디에서나 자유와 평등을 위한 투쟁이기도 하다는 점에서 인권은 단순히 보호해야 할 수

동적 개념이 아니라, '진정한 평화'를 구현하기 위한 적극적인 개념이자 접근방법이다. 2020년 유엔인권이사회의 '평화 구축과 지속가능한 평화에 대한 인권의 기여(The Contribution of Human Rights to Peacebuilding and Sustaining Peace)'라는 주제 논문도 강조하였듯이, 분쟁 예방, 평화 구축, 그리고 지속가능한 평화에 대한 유엔의 정책 및 운영적 대응은 인권, 평화, 안보, 개발의 축들을 통합적이고 결합한 방식으로 활용하여야 한다는 점을 강조한다(UNHCHR 2020).

　그러나, 유엔 및 국제사회에서 미국과 서구 주도의 인권 이슈에 대한 중국과 러시아를 중심으로 강한 저항이 발생하고 있으며, 주요 인권 탄압에 대한 대응 조치에 대해 반대 기류가 확산하고 있다. 우선 중국은 북한의 인권 문제에 관해 옹호하는 입장인데, 이는 기본적으로 서방의 인권 공세에 대응해야 한다는 점에서 북한과 취약성(vulnerability) 및 이해관계를 공유하고 있기 때문이다. 우크라이나 사태 이후 미국을 비롯한 서방 세계와 첨예한 대립 상태인 러시아 역시 유엔을 비롯한 국제무대에서 북한 인권은 아무런 문제가 없는데 미국과 서방이 조작하고 있다는 식의 비판을 쏟아내고 있고, 이에 벨라루스, 이란 등이 동조하고 있다.

　더 구체적인 예로, 2022년 10월 미중, 미러의 대결 심화로 중국 신장 위구르족 인권 침해에 대한 유엔인권이사회 표결이 부결되었다. 이는 4월 유엔총회가 3분의 2 이상의 찬성으로 우크라이나를 침공한 러시아를 유엔 인권이사회에서 퇴출했던 때와 큰 차이를 보인다. 이렇듯 위구르 관련 유엔 표결이 부결된 데에는 인도네시아의 반대, 말레이시아의 기권 등 이슬람 인종과 종교 정체성보다 중국의 차관, 인프라 개발, 경제적 자본 영향력이 컸다. 이러한 중국의 경제적 영향력뿐 아니라, "오늘은 우리가 타깃이지만, 내일은 너희일 수 있다"라는 중국의 레토릭도 개도국들 사이에서 공감과 설득력이 있다는 점은 향후 인권 문제가 이념과 체제를 달리하는 강대국 중심의 경쟁과 갈등에 있어 핵심의제로 부상할 공산이 크다. 이는 세계인권선언을 토대로 인류애와 개인의 자유를 표방하며 인권 침해와 싸워온 유엔 개입의 종말, 안보리의 분열을 알리는 시작일 것이라는 우려가 커지고 있다.

이렇듯 인류 보편적으로 지향해야 할 가치인 인권이 복잡다단한 국제정세와 국가 간 경쟁 격화로 인해 갈등과 신흥안보의 이슈로 급부상하였다. 지역 차원에서도 향후 인도태평양 지역에서의 미·중 전략 경쟁이 격화됨에 따라 미국과 중국의 강화된 인권 요구에 대응하여 한국 정부의 태도를 분명히 밝혀야 할 상황이 점점 잦아질 것으로 보인다. 그러나 그간 양국의 유사한 인권 요구에 대하여 한국 정부가 채택해 온 대응 방식은 '전략적 모호성'과 유사한 맥락으로 적극적인 동조나 거절이 아닌 어정쩡한 입장을 견지해 왔다.

2019년 '탈북 선원 강제 북송사건'에서처럼 대외적인 인권 행동(정책)과 배치되는 이중적인 태도를 내부적으로 견지하는 것과 같은 상황이 반복된다면, 향후 한국이 인권 관련 문제에서 대외적으로 어떠한 견해를 밝히든 간에 일관성 없는 태도를 이유로 국제사회와 주변국 압력에서 벗어나지 못할 것이다. 한국이 2020년 10월 유엔 내 인권 문제와 관련한 최고 의결기구인 인권이사회 연임에 최초로 실패한 것은 국제기구 선거들에 과도한 출마, 지난 정권 아래 북한과 중국의 인권에 대한 소극적 입장으로 국제사회에서 '아시아의 인권 대표국'으로서의 이미지 퇴색 등 여러 요소가 복합적으로 작용한 결과였다. 그 결과를 전임 정부 탓으로 단언하여 정치화하는 것은 바람직하지 않으나, 자유, 법치, 인권을 표방하며 '글로벌 중추국가'를 내세운 현 윤석열 정부의 가치 외교 이미지 확대에 어느 정도 제동이 걸린 것은 사실이다.

더욱이, 인권과 가치를 강조하는 현 정부에서조차 미중 사이에 '낀 국가'로서 제반적인 국익을 고려한 전략적 고민은 계속되고 있다. 대표적인 예로 한국 정부는 중국 신장 인권 상황에 대한 국제사회의 논의가 이루어질 필요가 있다는 취지에서 제51차 인권이사회 결정안에는 찬성하였으나, 유엔총회 제3위원회 동일 사안 관련 규탄 공동성명에는 중국과의 관계를 고려하여 불참하였다. 미국, 캐나다, 일본, 호주, 유럽 연합국가들을 포함한 50개국이 참여한 것을 볼 때 한국의 향후 입지를 정하는 것은 매우 어려운 신흥외교·안보 이슈일 수밖에 없다. 이러한 상황일수록 '원칙적 접근(principled approach)'과 '실용적 접근(practical approach)'에 대한 학술적 배경과 정책적 고민 및 대중적 합의가 필요하다.

따라서 한국 정부는 일차적으로 미국 및 그 동맹국들과 중국 및 그 동맹국들이 주장하는 인권 논리와 실태를 정확히 파악하고, 그와 관련한 역사적 사건과 결과를 통해 향후 양 세력이 어떤 방식으로 인권 문제를 이슈화할지 예상하고 대비해야 할 필요가 있다. 이와 더불어 한국의 인권 실태 또한 정확하게 파악하고, 다양한 인권 문제에 대한 한국 정부의 태도를 분명히 정리하고, 국민의 지지를 토대로 단일화할 필요가 있다. 이를 위해 인권 문제를 가시적으로 폭력과 갈등을 유발하는 신흥안보 이슈의 관점에서 접근하기보다는, 개인과 특정 그룹의 기본권을 보장하고 구조적 폭력에서 해방한다는 측면에 있어 신흥평화적 개념으로 접근하는 것이 더 지속적이고 설득력 있는 담론을 형성하고, 이를 위한 행동전략을 수립하는 데 유리할 것으로 보인다.

2. 난민·이주 문제

난민과 불법 이주민의 문제는 이주의 빈도와 규모, 유동성, 복합성, 비정규성이 과거와 비교해 커지면서 국내를 넘어 외교·안보적인 쟁점이 되고 있다. 특히 2015년을 전후하여 벌어진 유럽 난민사태는 당시 제 2차 세계대전 이래 최대의 안보 위기로 받아들여져, 유럽연합의 단일성(unity)을 위협할 정도였다. 난민이라는 특정 이슈를 좀 더 넓게 확대하여 이(異)문화와의 공존이라는 측면에서 볼 때, 국제결혼, 취업, 노동, 이주 문제 등과도 연관 지어 생각할 수 있다.

이러한 난민이나 불법 이주민 문제를 설명하는 데 있어 갈퉁의 평화 개념이 한계를 드러내는 것은 예측 불가한 변수의 발생으로 위험이 증가하는 데 있다. 과학기술이 발전함에 따라 수집 가능한 정보의 범위가 확대되고 그 정확성과 용이성 또한 높아졌으며, 국제사회 주체들 간에 비공개적인 연락이 더욱 용이해졌다. 그 결과 갈퉁이 평화 개념을 제시했던 시기와는 달리 예측 불가한 변수의 발생 위험 역시 증가했다고 볼 수 있다.

대표적인 예로 벨라루스-폴란드 난민 사건을 들 수 있는데(이정봉 2021), 2021년 9월, 폴란드는 벨라루스와의 국경지대에 집결하는 난민의 수가 급격히 증가함에 따라 국가 비상사태를 선포한 바 있다. 해당 사건은 벨라루스가 아프가니스탄·시리아·이라크 등 중동발 난민의 비자 발급을 허용하고 이들의 입국을 적극적으로 장려함에 따라, 해당 난민들이 EU 회원국인 폴란드로 넘어가기 유용한 환경이 조성된 것에서 기인했다. 해당 사건과 관련하여 EU는 벨라루스가 이 같은 행동을 하게 된 배후에 러시아가 있을 것이라고 강력하게 의심하였다. 분명, 이 사건에서 난민의 입국을 허용한 벨라루스의 행위 자체로만 보면 적극적 평화에 반하는 행위로 해석하기 어렵다. 그러나 폴란드의 입장에서 벨라루스의 행위는 난민을 이용하여 자국 국경지대의 국가안보를 위협하는 행위로 인식되었음을 알 수 있다. 즉, 벨라루스의 행위의 기저에 깔린 동기와는 별개로 적극적 평화에 해당하는 행위가 오히려 소극적 평화에 위협적인 환경이 형성된 것이다(Grześkowiak 2022).

1) 한국의 난민과 이주 문제

아직 한국에서 난민 문제가 안보 문제라고 보기는 어렵지만, 대표적으로 2018년에 있었던 제주 예멘 난민사태와 2021년 아프가니스탄 난민/특별기여자 사례가 확대 혹은 지속될 경우 어떠한 사회문제나 신흥안보 이슈가 될 수 있는지 고려해볼 수 있다. 우선 예멘 난민들의 경우, 2016년과 2018년 예멘 출신 난민 500여 명이 제주도에 입국해 난민 지위 인정을 요청한 사건으로, 짧은 시간 내 한국과 문화적 유사성이 낮고, 통제되지 않은 채로 입국한 난민들이 대거 유입한 사건이어서 더욱 주목받았다. 물론 수천, 수십 만이나 심지어 수백만 명의 난민사태로 골머리를 앓아온 유럽, 중동, 아프리카, 남아시아 등에 비하면 대규모라 할 수 없지만, 1970년대 베트남 보트피플 사례를 제외하고는 난민사태가 큰 사회적 문제나 안보 이슈가 된 적이 없었던 한국 사회로서는 그 규모가 컸다.[1] 예멘 난민 문제 당시, 논란이 커지면서 한국 국경심사 시스템 전반에 대한 문제가 제기되고, 무사증, 무비자 입국 등에 대한 전면적인 재점검이 필요하다는 목소리가 높아졌다. 이후, 법무부는 난민 심판원 도입, 난민법 개정 추진, 난민 심사관 증원, 난민에게 실시되는 적응 교육 강화 등을 실시해왔다.

---

1   예멘인 난민 신청자의 경우, 1994~2013년 38명, 2014년 130명, 2015년 39명, 2016년 92명, 2017년 131명, 2018년 1~5월까지 552명(제주 입국자: 527명)임.

2021년 아프가니스탄 카불 함락 직전 시점부터 작전에 착수하여 '한국 조력자' 아프가니스탄인 73가구 378명을 한국으로 안전하게 이송하였다. 다만, 이들은 난민이 아닌, 특별기여자 자격으로 단기체세사증을 발급받고, 이후 장기체류자격으로 변경되었다. 이는 예멘 난민사태를 통해 크게 분열되었던 여론을 의식한 조치라 할 수 있다. 난민 수용에 대한 대중의 반응은 무관심에서 거부, 그리고 선택적 수용이라는 변화 과정을 보인다. 난민제도를 처음 도입할 당시에는 난민 문제는 소수 시민단체와 정부 간의 사안일 뿐 다수 대중의 관심을 끌지 못하였다. 예멘 난민사태 때 비로소 난민 수용이 전 국민적 의제로 대두되었고 대중의 무지와 가짜뉴스가 맞물려 반대 여론에 무게가 실리게 되었다. 아프간 기여자에 대해서는 정부 및 언론의 긍정적 보도에 힘입어 수용적 반응이 다수를 차지하는 양상이 나타났다.

주목할 점은 아프가니스탄 내 '한국 정부 조력자'들에게 장기 체류 및 취업 허용에 대한 공감 여부를 묻는 여론조사에서 68.7%가 공감을 표했지만, '난민'의 수용에 대한 의견을 물은 여론조사에서는 수용 찬성이 57.6%(수용 찬성 27.3%, 선별 수용 30.3%)로 10%나 차이가 났다는 점이다. 선별 수용을 선호하는 비율이 30%나 된다는 점은 향후 기여자가 아닌 난민의 수용이 문젯거리가 되면 반대의견이 대두될 수 있으리라는 여지를 남긴다(류은지 2021).

한국에서의 난민 문제는 심각한 사회적 문제는 아니지만, 한국 사회에서도 난민에 대한 사회적 공론화 및 논의의 필요성이 제기되었다. 난민 수용의 문제는 인도적인 차원에서 이루어져야 한다는 당위성을 갖지만, 한국의 경우, 단일민족에 대한 자부심이 상당히 높고, 타 문화와의 어우러짐이 상대적으로 잘 되지 않는다는 점에서 난민 문제는 그 당위성, 타당성에도 불구하고, 사회적인 공감을 얻기는 쉽지 않을 수 있다. 또한, 난민은 아니지만 북한이탈주민(탈북자)들이 이미 3만 4천 명이 된 시대이다. 북한 급변사태를 포함하여 미래에 다가올 수 있는 난민 문제에 대한 대비와 논의가 있어야 한다는 지적이 커지고 있다.

 궁극적으로 난민 위기의 본질은 난민들의 생존에 관한 위기임에도 불구하고, '난민 수용국'의 위기로 인식되면서 수용국들의 일부 정치인들과 반(反)난민 단체들은 난민 유입으로 인한 범죄율의 급증, 테러리즘과의 연계성, 복지체계의 부담 등을 주장하면서 난민 문제를 급속히 정치화시키면서, 이를 신흥안보 문제로 몰아가는 경향이 있다(이신화 2022).

 하지만 난민들은 분쟁과 불안정의 직접적인 결과로 폭력과 착취에 취약하고, 평화의 부재는 그들의 고통을 가중하기 때문에 국제사회는 분쟁 지역이나 수용국에 평화를 구축할 뿐 아니라 난민 문제를 평화 과정에 통합하는 신흥평화적 관점에서 난민 문제에 접근할 필요가 있다. 왜냐하면 난민 위기의 본질에 집중하고 근본 원인뿐 아니라 이들이 왜 정치화, 안보화되는지에 대한 과정을 분석하는 것은 이동의 근본 원인을 해결할 뿐 아니라 화해를 촉진하고 난민들이 안전하고 자발적으로 귀국하거나 수용국 내에 정착할 수 있는 여건 조성에 도움이 되기 때문이다. 특히 평화지향적 접근방식은 정부, 지역사회 및 국제기구 간 협력을 촉진하고, 평화 과정과 이주에 대해 난민들이 해결책 마련에 스스로 적극적으로 참여하도록 하여 난민의 권리와 필요가 효과적으로 해결될 수 있도록 한다(Bradley et al. 2019).

 한국의 이민자 문제의 경우, 2006년 53만 6천여 명에서 매년 증가하여 2009년 100만 명, 2014년 150만 명, 2018년 200만 명을 넘어서는 등 급증하였다. 2021년 말 기준 외국인 주민[2]은 외국 국적 동포 34만 5천여 명(20.4%), 결혼이민자 17만 3천7백여 명(10.2%), 유학생 14

만 2천5백여 명(8.4%), 기타 외국인 57만 9천 명(34.1%) 등 215만 명
이었다. 이는 한국 전체 인구 대비 4.1%인데, 매년 꾸준히 증가하던 외
국인 주민이 2020년 대비 코로나19 여파로 7만 명 정도 감소한 수치이
다.[3]

1991년 3월 해외노동력 '수입'을 둘러싸고 정부 부처 간 격론이
벌어진 후 단순한 노무직 해외인력 수입을 원칙적으로 허용하지 않는
방침이 결정되었다. 이후 2000년대 들어 국제결혼이 증가하고 이주
민 수가 늘어나면서 '외국인근로자의 고용 등에 관한 법률', '다문화가
족 지원법', '재외동포의 출입국과 법적 지위에 관한 법률', '난민법' 등
이 제정되었고, 외국인력지원센터, 사회통합프로그램, 다문화가족지원
센터와 같은 제도적 장치도 만들어졌다. 하지만, 한국에 진정한 이주민
정책이 있는지에 대한 비판의 목소리가 크다. 단순노무직 해외인력 수
입을 불가한 것은 철폐되었으나 지속해서 머무르는 것(상주)은 여전히
금지하고 있다. 특히 체류 자격은 차치하고라도 한국 사회가 이주민들
을 받아들이는 주목적은 저출산으로 노동인구 감소에 따라 국민이 꺼
리는 업종과 직종의 인력난을 벌충하는 것이다. 또한 한국의 이주민 법
은 이들과 공존하려는 목적보다는 이민자 2세 문제로 인해 유럽의 갈
등 사례가 한국에서 재현될 수 있다는 우려가 정책 추진의 주된 동력
이었다. 한국 법무부의 난민 정책이나 이주민의 체류 자격 관련 법이나
절차는 이들을 수용하는 데 기준이 있는 것이 아니라 거부하는 데 있
다는 지적이 있다. 저출산, 고령화라는 한국 사회의 급격한 인구변동은

---

2   이민자는 조사일 기준 15세 이상으로 국내 거주 90일을 초과한 외국인이나 귀화 허가자
     를 통칭함.
3   경제협력개발기구(OECD)는 한 국가에서 외국인 주민 비율이 5%를 넘어서면 다문화,
     다인종 국가로 분류한다.

이민정책의 중요성을 점점 부각하고 있다.

그간 한국 이주민 정책의 문제는 외국인을 우수 인재 유치전략 및 3D 기피 업종의 노동력 벌충이라는 국가경쟁력 강화의 도구로서 간주해온 점이다. 실제로 2007년 외국인 정책본부는 '국가경쟁력 강화를 위한 외국인 정책의 전략적 추진'을 제시한 바 있다. 예멘 난민사태에서 보듯 개도국에서 유입되는 이주민이나 난민들을 잠재 범죄자 취급하거나 차별하는 것은 인권침해의 문제일 뿐 아니라 2005년 프랑스 이민자 소요 사태나 호주의 인종 간 폭력 사태 등에서 보듯 사회안보 문제로 비화할 수 있다. 이들 국가가 갈등과 폭력 예방을 위해 사회통합 강화 정책을 추진하듯이, 한국도 공존과 포용의 관점으로 이주민 정책 방향을 전환할 필요가 있다. 이는 단순히 난민이나 이주민 문제가 신흥안보 이슈로 안보 위협이 될 수 있다는 우려에서뿐 아니라, 평화 인권 교육이나 정책을 통해 난민과 이주민에 대한 여론이나 정책이 보편적 인권의 원칙과 기준에 부합하고 궁극적으로는 평화로운 공동체를 구축하는 신흥평화적 측면에서도 매우 필요하고 중요한 의제이다.

3. 인권과 난민·이주에 대한 신흥평화 관점의 접근

신흥평화 개념은 민주주의·사회주의 국가 등 여러 정치 형태의 국가들이 평화에 대한 공통된 이해와 책임을 공유할 수 있도록, 평화에 반하는 '폭력'의 정의와 관련하여 '최소한의 기준선(baseline)'을 제시하고 추후 이를 확장 및 구체화하는 방향으로 구상할 필요가 있다. 그 기준선은 '인간·인류에 대한 존중(respect for humanity, RFH)'으로 이는 물리적, 비물리적 폭력을 넓게 아우를 수 있는 기준의 역할을 할 수 있을 것이다. 다만, RFH의 기준은 해석하는 주체에 따라 '존중'의 정도가 상이할 가능성이 있으므로, 그 정도를 가늠할 수 있는 추가적인 기준 제시가 필요하다. 이를 위해 주요 국제인권법[4] 가입/비준 여부, 국제인권법의 국내법화 여부 등에 따라 기준을 세분화하면 다음과 같다.[5]

첫 번째 단계는 RFH 최소의 수용 및 준수 단계로, i) 국제인권규약에서 '훼손(derogation)할 수 없는 인권'으로 규정하고 있는 생명권·사형·고문 및 잔학행위 금지 등 물리적, 직접적 폭력에 관한 제반 규정들을 위반하지 않는(준수하는) 단계;[6] ii) 이에 해당하는 국제인권법으로는 집단살해(학살)죄의 방지와 처벌에 관한 협약(CPPCG), 시민적 및 정치적 권리에 관한 국제규약(B규약), 고문 및 그 밖의 잔혹한 비인도적, 굴욕스러운 대우나 처벌 방지에 관한 협약(CAT) 등을 적용할 수 있다.

두 번째 단계는 RFH의 보편적 수용 및 준수 단계로 i) 생명권·사형·고문 및 잔학행위 금지 등 '훼손할 수 없는 인권'에 대한 높은 수준의 준수, 그리고 그 외의 국제인권법 전반에 대한 보편적 수용(준수)이 이루어지는 단계이다.

세 번째, RFH의 국내법화 단계로 국제인권법을 가입 및 비준하

---

4   대한민국 외교부 〉 외교정책 〉 인권 〉 국제인권규범, 「주요 국제인권협약문」, https://www.mofa.go.kr/www/wpge/m_3996/contents.do (검색일: 2022.11.3.).

5   국제인권법과 관련한 조사는 고려대학교 정치외교학과 석사과정 김도희 학생의 도움으로 이루어짐.

6   시민적·정치적 권리규약(B규약), 제2부 제4조 제2항.
     [제1조] 국민의 생존을 위협하는 공공의 비상사태의 경우에 있어서 그러한 비상사태의 존재가 공식으로 선포되어 있을 때는 이 규약의 당사국은 당해 사태의 긴급성에 의하여 엄격히 요구되는 한도 내에서 이 규약상의 의무를 위반하는 조처를 할 수 있다. 다만, 그러한 조치는 당해국의 국제법상의 여타 의무에 저촉되어서는 안 되며 또한 인종, 피부색, 성, 언어, 종교 또는 사회적 출신만을 이유로 하는 차별을 포함하여서는 안 된다.
     [제2조] 제6조, 제7조, 제8조(제1항 및 제2항), 제11조, 제15조, 제16조, 제18조에 대한 위반을 허용하지 아니한다.

는 것을 넘어서, 국내법으로 입법화된 단계이다. 대표적인 예로 난민과 관련하여 캐나다의 이민 및 난민 보호법(Immigration and Refugee Protection Act. IRPA), 미국 1980년 난민법안(Refugee Act), 한국 2012년 난민법 제정 등을 들 수 있다(정동재·허준영 2020; 최유경 2017).

　　그러나 주요 국제인권법 가입과 비준 여부, 국제인권법의 국내법화 여부 등에 따라 세분화하는 것은 한계를 수반할 수 있다. 즉 조약에 가입 혹은 비준했는지는 상당히 명확하게 파악할 수 있다는 장점이 있지만, 국가가 조약에 가입·비준하는 것과는 별개로 그 준수 정도가 낮을 수 있다. 특히 이러한 현상은 개도국, 독재국가 등 인권 존중 수준이 낮은 국가에서 드러날 확률이 높다. 이들은 국제사회에 협조한다는 신호(signal)를 보내기 위해 국제인권법 가입하거나 비준하는 경향이 높기 때문이다(Hathaway 2002). 일례로 북한도 유엔의 5개 협약(자유권 규약, 사회권 규약, 아동 권리협약, 장애인권 권리협약, 여성차별철폐협약)에 가입해 있다. 이는 여성과 아동 및 장애인과 같은 취약계층 위주의 '선별적 이행' 기조를 통해 성과 도출이 쉬운 부문에 가입하여 인권 탄압의 이미지를 희석하고 국제사회의 공세를 차단하려는 의도가 크다.

　　더욱이 국제인권법은 강제성이 없다는 점에서, RFH의 최소 수용·준수 단계조차 준수하지 않는 국가들을 관련 조약에 강제적으로 가입하도록 하는 것이 불가능하다. 때에 따라 일부 국제인권법 영역에서 RFH의 국내법화 단계가 이루어진 국가일지라도, 그 최소 수용·준수 단계에 해당하는 조약의 비준·가입이 이루어지지 않은 경우가 존재한다. 예를 들면, 미국의 경우는 유엔의 고문방지협약에는 가입하지 않고, 난민법의 국내화 과정만 추진하고 있다.

　　이러한 한계에도 불구하고 신흥평화 정착을 위한 인류에 대한 존중의 단계적 실행은 특정 국제인권조약에 대한 비준·가입을

하지 않은 국가들의 참여를 이끌어내거나, 특정 조항에 대해 유보
(reservation) 의사를 밝힌 국가들이 해당 의사를 철회할 수 있도록 유
도하여, 국제인권 담론에 대한 '통일성(unity)' 확보의 가능성을 높일
수 있다. 또한, 개별 국가의 정치형태로부터 비교적 자유로운 국제인권
담론 형성이 가능할 수 있다.

IV. 결론

인권이나 난민·이주 문제를 신흥안보를 규명하고, 그 틀에서 이 이슈
들이 갖는 공통적, 그리고 이슈별 평화 개념을 도출하기 위해 국내 민-
관 거버넌스 구축이 필요하다. 이를 위해 정부의 기존 난민 정책과 여
론 형성의 메커니즘에 대한 이해가 선행되어야 한다. 신흥안보의 성격
을 갖는 이주·난민 문제가 급격히 국내 안보와 직결되는 시기에 이르
렀을 때, 해당 문제에 대한 여론 문제가 인구·이주·난민·인권 문제의
조속한 처리에 걸림돌이 되는 상황이 발생할 여지가 충분하다. 앞서 언
급한 2018 제주 예멘 난민 사건이 국내 여론의 큰 반발과 논란을 가져
온 반면, 2021년 아프가니스탄 난민 수용은 별다른 동요 없이 이루어
진 것을 볼 때, 난민에 대한 정부 인식 및 대응(정책)의 중요성이 크다
는 것을 알 수 있다.

　통신 및 인터넷 기술이 발달함에 따라 미디어와 언론은 기본적으
로 정부 정책을 전달하는 역할을 하기도 하지만, 정부 정책과 관련된
정보를 확대·재생산하는 역할도 한다. 따라서 정부가 초기 정책결정
과정에서 어떠한 표현과 태도를 보이는지에 따라 향후 여론의 향방은
정부의 의도와는 달리 부정적이거나 혹은 긍정적으로 굳어질 수 있다.

이러한 미디어와 언론 그리고 여론의 특성을 고려하여 난민과 관련된 정책 대응을 하는 것의 중요성은 난민 그 자체에 대한 국민의 인식을 제고하는 것만큼이나 필요하다. 이는 일회성 혹은 임시적 신흥(사회) 안보이슈가 아니라, 한국이 평화롭고 공존 가능한 글로벌 공동체의 책임 있는 이해당사자(stakeholder)로서 추진해야 하는 정책이라는 점에서 신흥안보 맥락에서의 평화 관점이라 할 수 있다.

국제적 차원에서는 유사 입장국들과 입장이 다른 국가 및 중립을 지향하는 국가 간 세계평화라는 궁극적 목표와 인류에 대한 존중이라는 최소한의 기본선에 대한 합의를 위한 메타 거버넌스의 구축이 필요하다. 인권과 난민·이주 문제의 경우, 이는 적합력과 복원력을 위한 글로벌 거버넌스이다. 이주, 난민, 인권 개선 등을 위한 국제공조는 세계인권선언문, 즉 국제사회가 절대적 지지를 통해 만든 결의안의 취지인 보편적 인권존중의 문제이지 정쟁이나 안보 대립의 결과물이 되어서는 안 된다는 기본선에 대한 국제적 합의가 필요하다. 이는 인권 문제를 전통적 안보 이슈의 경중도에 따라 '꺼졌다 켜졌다 하는 스위치(on-off switch)'로 치부하는 국제적 관행을 끊는 데서 시작되어야 한다는 점에서 군사적 문제와 인권 문제를 '동전의 양면'으로 동일선상의 외교안보 및 평화의 의제로 삼아야 한다.

끝으로 인권과 난민·이주 문제와 관련한 신흥평화 연구는 다음과 같은 과제를 안고 있다. 첫째, 그동안 한국을 비롯한 국제사회는 대부분의 경우 난민과 이주민 문제에 있어 근본적 해결 모색보다는 관리적 차원에서 이슈를 둘러싼 많은 다층적 이해관계자 간 조정에 주목해왔다. 뜻을 같이하는 사람이나 국가들과 그렇지 않은 사람이나 국가 간 사실에 기반한 정책 조율을 위해 효과적인 메타 거버넌스 메커니즘을 구축하고, 효율적 작동을 위한 실천 방안 제시를 통해, 난민과 이주민

이슈가 안보위협의 논쟁거리가 될 수도 있지만, 글로벌 공동체의 공존을 위한 새로운 평화 의제일 수 있음을 강조할 필요가 있다.

둘째, 난민 유입으로 인한 문제는 전통안보만큼이나 국가 생존에 큰 위협이 될 수 있다. 그러나 신흥안보의 특성상 초국적 차원에서 역동적으로 변화하기에 변화 메커니즘을 개별 국가의 힘만으로는 조기에 예측하거나 대응하는 것이 거의 불가능하다. 그러므로 한 국가가 글로벌 차원의 협력, 신흥안보에 적합한 거버넌스로 유연하게 전환할 수 있는 메커니즘을 가졌는지 아닌지가 신흥안보 대응에 중요한 요소가 된다(윤정현 2019). 그러나 지구촌 곳곳에서 국경 통제 등 난민의 유입을 제한하는 정책이 강화되는 가운데 난민제도의 실효성에 의문이 제기되고 있다. 난민위기의 본질은 난민들의 생존에 관한 위기이지 난민 수용국의 위기가 아닌 점을 분명히 함으로써, 초국가적인 메타 거버넌스가 효과적으로 작용하고, 국내 거버넌스의 적합력, 복원력을 강화하는 방식으로 난민 문제 해결을 이루려는 갈퉁이 제시했던 '인간의 필요'에 의한 평화 개념을 도입할 필요가 있다.

셋째, 복잡성, 비정형성, 가변성의 특징을 띠는 신흥안보 위험의 속성을 이해하고 이를 완벽하게 차단하기보다는 국내적으로는 사회 시스템, 국제적으로는 다양한 양·다자적 외교채널과 국제기구를 통해 '회복력(resilence)'을 강화하는 방향으로의 대응이 강조되어왔다. 이러한 맥락에서 인권이나 난민·인권의 문제는 확산의 피해를 최소화하고 사회적 기능을 유지하는 가운데 위기에 대한 적응을 강구하는 신흥안보적 차원을 뛰어넘어 새로운 시스템 진화의 기회로 활용하는 신흥평화적 접근이 궁극적으로 더욱더 효과적이라는 점을 강조할 필요가 있다.

넷째, 동아시아의 경우 제도화된 지역 공조 체제의 역사와 견고성이 취약한 현실에서, 역내 행위자들의 자율적 참여를 통한 공고한 신흥안보 대응체계의 조성 역시 단기적으로는 여전히 요원하다. 그런데도 코로나19가 촉발한 위기 국면은 팬데믹이라는 하나의 사건에 그치지 않고 미래의 또 다른 신흥안보의 도전에 대비해야 하는 경고가 되고 있다. 이러한 맥락에서 인권적 혹은 인도주의적 맥락에서의 신흥안보에 대한 접근은 단순히 안보위협을 제거하는 것이 아니라 인류에 대한 존중과 평화 관점으로의 인식론적 전환과 대안적 거버넌스가 필요함을 일깨워주고 있다.

끝으로, 신흥안보 이슈는 위협으로 창발하기 전까지는 수면 아래에 잠재해 있는 비가시성의 특징을 지닌다. 이로 인해 미래의 위협을 인지하는 데에는 '안보 담론'이 중요한 역할을 한다. 특히 난민과 외국이주민의 경우 위협이 정부나 여론에 의해 구성되는 '안보화' 과정이 어떤 식으로 얼마만큼 이루어지느냐에 따라 동일한 잠재적 위협 요소에 대한 인지나 수요 방식이 매우 다르게 나타날 수 있다. 미래의 위협에 대응한다는 점에서 어느 정도의 안보화는 필요한 것이나, 이는 본질을 간과한 채 과잉 담론을 통한 '과잉 안보화'의 위험을 수반한다. 특히 안보 위협이 전례가 없던 것일수록 안보 담론의 역할이 위험의 가시화에 핵심적인 역할을 하게 될 것이다(김상배 2016).

신흥평화 연구의 경우도 똑같은 오류를 범할 수 있다. 그러므로 막연하거나 위장적 성격을 띤 '과잉 평화화'의 담론이나 행동전략에 빠지는 것을 경계하되, 인류에 대한 존중과 사회적 공존이 궁극적인 평화의 기초가 된다는 국내외적 합의가 이루어져야 할 것이다. 물론 '인권과 난민의 평화'가 '인도적 설교'나 정책적 해법 창출로 이루어지는 것은 아닐 것이다. 이슈의 성격과 상황의 심각성에 따라 국가나 사회공동체 수준의 문화적, 윤리적, 법적 고려가 동시에 필요한데, 이는 생각과 입장과 우선순위가 다른 국가나 사회공동체들뿐 아니라 유사 입장을 지닌 국가나 공동체들 사이에도 지난한 대화와 설득 및 상호 인정과 이해의 과정을 요구한다. 이를 위해 극단적인 공동체주의 사고나 극단적인 자유주의 인식을 지양하고, 그 중간적 균형점을 찾는 노력을 통해 신흥평화의 조건형성 가능성을 높이는 노력이 민·관·학 차원에서 동시에 이루어져야 할 것이다.

참고문헌

국가인권위원회. 2016. "인권을 위해 세계가 정한 첫 번째 약속: 세계인권선언." 『인권』 12월.

김상배. 2016. "신흥안보와 메타 거버넌스 새로운 안보 패러다임의 이론적 이해."
　　　『한국정치학회보』 50(1): 75-104.

＿＿＿. 2022. "신흥평화의 개념적 탐구: 신흥안보 연구의 새로운 지평." 〈신흥평화연구회〉
　　　중간 발표 자료.

김성철. 2021. "평화학의 진화: 연원, 계보, 복합화." 『통일과 평화』 13(2): 5-78.

외교부. 2022. 「주요 국제인권협약문」. https://www.mofa.go.kr/www/wpge/m_3996/
　　　contents.do

류은지. 2021. "한국 난민 수용과 안보화 움직임: 예멘, 아프간 난민 수용의 비교연구." 2021년
　　　working paper. 고려대학교.

서보혁. 2015. "한국 평화연구의 현황과 과제." 『한국과 국제정치』 31(2): 115-148.

윤정현. 2019. "신흥안보 거버넌스: 이론적 고찰과 대안적 분석틀의 모색." 『국가안보와 전략』
　　　19(3): 1-46.

이신화. 2022. "평화의 새로운 위협: 환경, 난민, 분쟁의 역학." 하영선 편. 『21세기 평화학』.
　　　서울: 풀빛.

이정봉. 2021. "중동 난민 신고 와 숲에 뿌렸다? 벨라루스 기상천외 EU 공격." The JoongAng,
　　　2021.11.30. https://n.news.naver.com/mnews/article/025/0003155050?sid=100
　　　(검색일: 2022.11.2.).

이정우. 2018. "평화를 향한 국제정치학 패러다임의 일고찰: 한반도 평화체제의 미래상에
　　　대한 함의." 『평화학 연구』 19(3): 7-26.

이지민. 2022. "국익 따라 갈린 '대러 제재' 동참… 냉혹한 국제질서 다시 부각 [뉴스
　　　인사이드]." 세계일보, 2022.4.16. https://www.segye.com/newsView/20220415512
　　　077?OutUrl=naver

정동재·허준영. 2020. 『글로벌 환경변화 대응을 위한 난민행정 개선방안 연구』.
　　　한국행정연구원.

최유경. 2017. "미국 난민법 체계와 시사점-전문 비호심사관 제도의 확충을 위한 제언."
　　　『공법학 연구』 18(4): 397-430.

하영선 편. 2022. 『21세기 평화학』. 서울: 풀빛.

Anderson, Royce. 2004. "A Definition of Peace." *Peace and Conflict: Journal of Peace
　　　Psychology* 10(2): 101 – 116.

Boulding, Kenneth E. 1977. "Twelve Friendly Quarrels with Johan Galtung." *Journal of
　　　Peace Research* 14(1): 75-86.

Bradley, Megan, James Milner, and Blair Peruniak. 2019. *Refugees' Roles in Resolving
　　　Displacement and Building Peace: Beyond Beneficiaries.* Washington D.C:

Georgetown University Press.

Diehl, Paul F. 2016. "Exploring Peace: Looking beyond War and Negative Peace." *International Studies Quarterly* 60(1): 1-10.

Galtung, Johan. 1985. "Twenty-Five Years of Peace Research: Ten Challenges and Some Responses." *Journal of Peace Research* 22(2): 141-158.

_____. 1994. *Human Rights in Another Key*. Cambridge: Polity.

_____. 1996. *Peace By Peaceful Means: Peace and Conflict, Development and Civilization*. New York: Sage Publishing.

Grześkowiak, Maciej. 2022. "The "Guardian of the Treaties" is No More? The European Commission and the 2021 Humanitarian Crisis on Poland – Belarus Borde." *Refugee Survey Quarterly* 42(1): 81-102. https://doi.org/10.1093/rsq/hdac025

Hathaway, Oona A. 2002. "Do Human Rights Treaties Make a Difference?" *The Yale Law Journal* 111(8): 1935-2042.

King, Mary. 1999. *Mahatma Gandhi and Martin Luther King Jr: The Power of Nonviolent Action*. Paris: UNESCO.

Singh, Kumar. 2009. *Human Rights and Peace: Ideas, Laws Institutions and Movements*. New York: Sage.

UN Office of the High Commissioner for Human Rights (UNHCHR). 2020. Thematic Paper, The Contribution of Human Rights to Peacebuilding and Sustaining Peace, *2020 Review of the UN Peacebuilding Architecture*.

찾아보기

지은이

김상배 서울대학교 정치외교학부 교수
서울대학교 외교학과를 졸업하고 동 대학원에서 석사학위를 받은 뒤 미국 인디애나 대학교에서 정치학 박사학위를 받았다. 서울대학교 국제문제연구소 소장을 맡고 있으며, 한국국제정치학회 회장을 역임하였다. 주요 연구 분야는 신흥안보, 사이버 안보, 디지털 경제, 공공외교, 미래전, 중견국 외교 등이다. 대표 저서로『미중 디지털 패권경쟁: 기술·안보·권력의 복합지정학』(2022),『버추얼 창과 그물망 방패: 사이버 안보의 세계정치와 한국』(2018),『아라크네의 국제정치학: 네트워크 세계정치이론의 도전』(2014) 등이 있다.

전재성 서울대학교 정치외교학부 교수
서울대학교 외교학과를 졸업하고, 미국 노스웨스턴대학교에서 정치학 박사학위를 받았다. 주요 논저로『동북아 국제정치이론: 불완전주권국가들의 국제정치』(2020),『주권과 국제정치: 근대주권국가체제의 제국적 성격』(2019) 등이 있다.

민병원 이화여자대학교 정치외교학과 교수
서울대학교 외교학과와 동 대학원을 졸업하고, 미국 오하이오주립대학교에서 정치학 박사학위를 받았다. 주요 연구 분야는 국제정치이론, 문화와 정치, 정보화 시대의 정치 등이며, 주요 논저로는 "탈근대 전쟁과 속도의 정치학"(2022), "네트워크 국가의 등장과 국가론"(2022), "최선의 가능한 세계: 자유주의 국제질서의 기원에 관한 고찰"(2022) 등이 있다.

윤정현 국가안보전략연구원(INSS) 부연구위원
전 과학기술정책연구원(STEPI) 선임연구원, 전 국가과학기술자문회의 전문위원을 역임하였다. 서울대학교에서 외교학 박사학위를 취득했으며, 전문 분야는 신기술과 기술지정학, 메타버스, 신흥안보 및 미래리스크 연구이다. 주요 논저로 "반도체 공급망 안보의 국제정치(2023)", "메타버스 시대 남북 교류·협력의 가능성과 숙제 (2022)", "디지털 안전사회의 의미(2022)", "국방분야의 인공지능 기술도입의 주요 쟁점과 활용 제고 방안"(2021), "신흥안보 위험과 메타거버넌스(2020)" 등이 있으며, 과학기술과 인문사회를 아우르는 학제간 융합 연구에 많은 관심을 갖고 있다.

송태은 국립외교원 안보통일연구부 조교수
성균관대학교 정치외교학과 학사, 미국 캘리포니아대학교 샌디에고(UCSD)에서 국제관계학 석사학위, 서울대학교에서 외교학 박사학위를 받았다. 현재 정보세계정치학회 총무이사, 한국사이버안보학회 편집위원장, 한국정치정보학회 연구이사, 국회도서관 의회정보자문위원(외교분과)이며, 주요 연구 분야는 신기술, 사이버 안보, 정보전·심리전·인지전, 하이브리드전 등 신흥안보 및 전략커뮤니케이션(SC)이다. 주요 논저로 "북한의 사이버 위협 실태와 우리의 대응"(2023), "연합 사이버 전력의 역할과 한미 사이버 안보협력의 과제"(2023), "현대 전면전에서의 사이버전의 역할과 전개양상"(2022), "러시아-우크라이나 전쟁의 정보심리전"(2022) 등이 있다.

이승주 중앙대학교 정치국제학과 교수
연세대학교 정치외교학과를 졸업하고, 미국 캘리포니아대학교 버클리캠퍼스에서 정치학 박사학위를 받았다. 주요 논저로 "South Korea's Economic Statecraft in a Risky High-Tech World"(2022), "Changes in Interdependence, US-China Strategic Competition, and the New Dynamics of the East Asian Regional Order" (2022), 『패권의 미래: 미중 전략 경쟁과 새로운 국제 질서』(2022) 등이 있다.

조한승 단국대학교 정치외교학과 교수
고려대학교 정치외교학과를 졸업하고, 미국 미주리대학교 컬럼비아캠퍼스에서 정치학 박사학위를 받았다. 주요 논저로 "코로나 팬데믹과 글로벌 보건 거버넌스: 실패 원인과 협력의 가능성"(2021), "동아시아 보건안보의 쟁점과 협력"(2018), 『멀티플 팬데믹』(2020, 공저) 등이 있다.

정헌주 연세대학교 행정학과 교수
고려대학교 독어독문학과를 졸업하고, 미국 펜실베니아대학교에서 정치학 박사학위
를 받았다. 주요 논저로 "An Empirical Analysis on Determinants of Aid Allocation
by South Korean CSOs"(2021), "South Korea's outward direct investment and
its dyadic determinants"(2020), 『우주안보와 국방우주력』(2022) 등이 있다.

이신화 고려대학교 정치외교학과 교수 겸 북한인권국제협력대사
미국 메릴랜드대학교에서 국제정치학 박사학위를 받았다. 전 유엔사무총장 평화구
축기금 자문위원을 역임했다. 주요 저서로는 *The United Nations, Indo-Pacific and
Korean Peninsula: An Emerging Security Architecture* (Routledge, 2023, 책임편
집), "팬데믹 시대 인간안보 국제협력: 자유주의 국제질서 복원을 위한 소고"(2021)
등이 있다.